MUJER, COMIDA Y DESEO

Alexandra Jamieson

Mujer, comida y deseo

Cómo utilizar el apetito para vencer los malos
hábitos y reivindicar el propio cuerpo

URANO
Argentina – Chile – Colombia – España
Estados Unidos – México – Perú – Uruguay – Venezuela

Título original: *Women, Food, and Desire*
Editor original: Gallery Books, A División of Simon & Schuster, Inc., New York
Traducción: Alicia Sánchez Millet

1.ª edición Junio 2015

NOTA PARA LAS LECTORAS: los nombres y los detalles que podrían identificar a las clientas que se mencionan en este libro han sido modificados. En algunos casos, la información que se presenta son rasgos combinados de distintas clientas.

Esta obra refleja las opiniones e ideas de su autora, y su finalidad es facilitar material informativo y útil sobre los temas presentados. Se entiende que ni la autora ni el editor proporcionan ningún tipo de servicio médico, sanitario o de cualquier otra índole profesional personal. Las lectoras deberán consultar con su médico, un profesional de la salud o cualquier otro profesional competente antes de poner en práctica los consejos que aquí se dan o iniciar un plan de desintoxicación o dieta.

La autora y el editor declinan toda responsabilidad por cualquier percance, pérdida o riesgo personal o de cualquier otra índole derivado, directa o indirectamente, del uso o aplicación de cualquiera de los contenidos de este libro.

Reservados todos los derechos. Queda rigurosamente prohibida, sin la autorización escrita de los titulares del *copyright*, bajo las sanciones establecidas en las leyes, la reproducción parcial o total de esta obra por cualquier medio o procedimiento, incluidos la reprografía y el tratamiento informático, así como la distribución de ejemplares mediante alquiler o préstamo público.

Copyright © 2015 by Alexandra Jamieson
All Rights Reserved
© 2015 de la traducción *by* Alicia Sánchez Millet
© 2015 *by* Ediciones Urano, S.A.U.
Aribau, 142, pral. - 08036 Barcelona
www.edicionesurano.com

ISBN: 978-84-7953-908-5
E-ISBN: 978-84-9944-842-8
Depósito legal: B-10.126-2015

Fotocomposición: Ediciones Urano, S.A.U.
Impreso por: Rodesa, S.A. - Polígono Industrial San Miguel - Parcelas E7-E8
31132 Villatuerta (Navarra)

Impreso en España – *Printed in Spain*

*A mis amigos y familia, que siempre me han apoyado
en la búsqueda evolutiva de mi verdad.*

*A todas las clientas y lectoras que han escuchado el anhelo de su alma
de gozar de salud y felicidad, y me han invitado a su viaje.*

Manifestemos nuestros deseos juntas y sin avergonzarnos.

A mi madre, Annabeth Eve Parker Jamieson.

A mi amiga y mentora Annie Fox.

*Tu cuerpo es muy valioso. Es tu vehículo para el despertar.
Trátalo con cariño.*

Buda

*Los ancianos son amables. Los jóvenes son ardientes.
El amor puede ser ciego. El deseo no.*

Leonard Cohen

Índice

Introducción. Conecta con el deseo 13

1. ¿Qué se te antoja? 29
2. Cómo se generan los hábitos 47
3. La conexión cuerpo-mente 73
4. Saber estar en tu cuerpo 91
5. Desintoxícate para descubrir quién eres realmente 107
6. Reconcíliate con la comida 127
7. La importancia de confiar en tu intestino 143
8. Disfruta de la capacidad de placer de tu cuerpo 165
9. Descanso y rejuvenecimiento 187
10. Toma el sol 203
11. Parte de cero con la comida 217
12. Por qué te libera el deseo 237

Agradecimientos 251

INTRODUCCIÓN

CONECTA CON EL DESEO

El miedo es la reacción natural cuando nos acercamos a la verdad.
PEMA CHÖDRÖN

¿Qué quieres? Ésta puede parecer una pregunta simple, incluso infantil, pero creo que es la pregunta esencial en la vida de toda mujer. Sin embargo, por desgracia, no solemos hacernos esta pregunta entre mujeres, y mucho menos a nosotras mismas. Para muchas es una pregunta peligrosa porque implica que hemos de ser fieles a quienes somos realmente y estar dispuestas a compartir esa verdad con los demás. Por experiencia propia sé que cada vez que han llegado esos momentos de vital importancia en mi vida en los que no he tenido otra opción que plantearme esta pregunta —y estar dispuesta a aceptar la respuesta— han sido momentos decisivos para mí. Cuando por fin he tenido el valor suficiente para afrontar este tema con toda franqueza, me he dado cuenta de que las dudas han desaparecido y ha aumentado mi confianza en mí misma. Cada vez que he aceptado mi poder como mujer, he experimentado inmediatamente más vitalidad, fuerza y pasión.

A medida que voy madurando, voy perdiendo el miedo a que surja esta pregunta, porque ahora tengo suficiente experiencia para saber que, cuando me veo obligada a ser sincera, me suceden cosas buenas. Y como quiero que otras mujeres también puedan experimentar los profundos cambios que sólo se pueden producir cuando conectas con tus deseos, me he fijado como objetivo en mi vida mirar directamente a los ojos a otras personas y preguntarles: ¿qué es lo que más desea tu corazón? Las respuestas pueden ser tan dispares como «Quiero adelgazar doce kilos», «Quiero conocer al amor de mi vida», «Quiero superar mi adicción al dulce», «Quiero recuperar mi poder y mi capacidad para influir positivamente en el mundo». Esto es lo que más me gusta de mi trabajo de *coach* de nutrición funcional. Mi función es aportar fiabilidad, conocimientos y confianza a todas las mujeres que han decidido emprender el camino de regresar a su corazón y a su cuerpo, a fin de volver a sentirse vivas y completas.

Cuando le hago esta pregunta por primera vez a una clienta, es bastante habitual que se eche a llorar, aunque nos acabemos de conocer. Esto se debe a que esta pregunta encierra un sentido tan profundo que suele esquivar la cabeza e ir directamente al corazón. Además es un poco raro que alguien te haga esta pregunta sin más razón que un interés genuino. Cuando otra persona desea conocer cuáles son nuestros secretos más íntimos, enseguida nos volvemos exquisitamente vulnerables. Salimos a la luz en ese mismo instante. Y si respondemos con sinceridad a la pregunta, entonces sucede lo más aterrador, y es que llegan a conocernos.

Puede asustarnos tanto que nos vean y nos conozcan que lleguemos hasta el extremo de provocar que evitemos el deseo. Es más fácil, o al menos lo parece, ser buena, sumisa y agradar a los demás. Pero vivir de ese modo no satisface a nadie. Muchas mujeres malgastamos mucho tiempo intentando ser algo que no somos o intentando ser lo que otra persona quiere que seamos, por lo tanto, esta pregunta se queda en el tintero de una vida demasiado ocupada. Sin embargo, todas las mujeres —sin importar su edad, peso, relación, ni cuánto dinero tengan en su cuenta bancaria— nos merecemos hacernos esta pregunta y pasar a la acción. Porque si no nos hacemos la pregunta y la respondemos, ¿qué es lo que estamos haciendo aquí realmente?

Sentirnos bien es nuestra intención primordial.
DANIELLE LAPORTE

La siguiente pregunta que hemos de plantearnos es: ¿cómo quiero sentirme? Las mujeres vienen a verme porque no se sienten bien. No están a gusto en su cuerpo por una amplia serie de razones, que en la mayoría de los casos se podría resumir diciendo que han perdido la capacidad para confiar en sí mismas.

Muchas mujeres sólo pueden identificar esta falta de autoconfianza en lo que respecta a su aspecto o a sus sentimientos. Cuando alguna mujer se siente demasiado pesada, cansada, falta de contacto físico, de sexo, de risa o de sol, surge su instinto de conservación y hace algo para mejorar. Entonces es el momento de plantear y responder preguntas. La primera pregunta que suelo oír es: «¿Cómo puedo sentirme más a gusto respecto a la comida?»

La otra palabra maldita

Estoy firmemente convencida de que la comida, además de aportarnos el combustible nutricional que necesitamos para nuestro buen funcionamiento, ha de hacernos felices. Así es: la comida ha de deleitarnos, apasionarnos, hacernos sentir bien, no sólo bien, sino fenomenal.

Pero la mayoría de las mujeres vemos la comida justo al revés. La comida nos avergüenza, hace que nos veamos gordas, feas y no deseables. Consigue que nos sintamos mal y a disgusto en nuestro cuerpo. Y cuando se nos olvida que tenemos poder sobre nuestra relación con la misma, permite que nos escondamos de la vida.

«Comida», en nuestra cultura actual, se ha convertido en otra palabra maldita. La mayoría de nuestras interacciones con los alimentos nos llenan de vergüenza, culpabilidad y malestar. Cuando comemos y, especialmente, cuando comemos en exceso o comemos cosas que no nos convienen, tendemos a engullir los alimentos como si fueran un mal necesario por el que hemos de pasar lo antes posible. Comer deprisa es la forma culturalmente más aceptada de hacerlo (¿por qué si no le llaman «comida rápida»?).

Pero en nuestra relación con la comida no debería primar la «rápidez» y tampoco debería ser una relación furtiva. ¿Y si nos propusiéramos comer más despacio? ¿Y si nos propusiéramos tener una relación con la comida que satisficiera la complejidad y el cambio constante de nuestras necesidades y nuestras vidas? ¿Y si decidiéramos plantearnos nuestra relación con la comida con una actitud de respeto y de toma de conciencia, en vez de hacerlo con vergüenza y sentido de culpa? ¿Y si nos comprometiéramos con la práctica de comer conscientemente, saborear y experimentar cada bocado que damos? ¿Y si nos preocupáramos lo suficiente de nuestro cuerpo como para querer estar muy presentes cuando lo alimentamos?

Éstas son las preguntas que hemos de plantearnos sobre nuestra relación con la comida, si realmente pretendemos hacer ajustes drásticos en nuestra forma de comer. Hemos de despertar nuestra conciencia sobre cómo se siente nuestro cuerpo con la comida y cuando la ingiere y cómo nos gustaría que se sintiera. Esto nos servirá para darnos cuenta de que no estamos indefensas frente a ella, y entonces podremos empezar a contemplar nuestros hábitos alimentarios con curiosidad. Sólo entonces podremos cambiar nuestra relación con la comida.

Pero eso no es todo. Ésta no es la única relación que reclama nuestra atención. También hay otros antojos que hemos de satisfacer. ¿Qué pasa con nuestros deseos de tener un trabajo que nos agrade, de desinhibirnos jugando, de una sexualidad satisfactoria, de compañía, de estímulo intelectual, de descanso? Todos estos anhelos, como el de la comida, hemos de tratarlos con un respeto profundo y duradero hacia nosotras mismas y con jovial curiosidad. De lo contrario, nos quedaremos atrapadas en nuestros antojos, que nos tendrán demasiado distraídas como para que seamos conscientes de nuestros más profundos y verdaderos deseos.

Cuando comemos en exceso, dormimos poco, no jugamos lo suficiente, no tenemos bastante sexo o contacto físico íntimo, o nos pasamos la vida trabajando en algo que no nos llena, perdemos una frágil cualidad del espíritu. Nos resignamos a «no tener» y a «no merecer» y perdemos el contacto con nuestra identidad más profunda. Cuando no estamos en sintonía con nosotras mismas, solemos tener respuestas que pecan por exceso o por defecto —especialmente con la comida—, lo que nos causa desequilibrio y malestar. Cuando no prestamos atención a nuestros sentimientos, reaccionamos de manera desproporcionada. Entonces son nuestros antojos los que nos gobiernan. Y cuando los seguimos ciegamente, sin preguntarnos qué significan, es como si estuviéramos dando golpes con una maza cuando lo que necesitamos es el suave toque de una pluma. Cuando no escuchamos el mensaje que hay detrás de esos antojos, no tenemos el menor sentido del matiz y de la medida, que son cualidades esenciales del deseo femenino. Cuando estamos a merced de ellos, nos es imposible escucharnos para saber lo que realmente necesitamos.

Por qué nos escondemos detrás de nuestros antojos

Del deseo surge el sufrimiento, del deseo nace el miedo.
Si para aquel que se ha liberado del deseo no hay sufrimiento,
¿cómo podría tener miedo?
BUDA

Las adictas al chocolate describirán su pastel favorito con toda suerte de detalles. Las amantes del queso gemirán de placer al recordar un brie caliente. Nuestros apetitos nos conducen a un estado de placer sublime porque tienen el poder de activar nuestros sentidos de un modo difícil de superar. Cuando nos permitimos lo que más nos gusta, experimentamos un éxtasis cuerpo-mente completo. Pero hasta lo bueno puede ser excesivo, como bien sabemos todas las que hemos estado traumatizadas por nuestros antojos.

Muchas tendemos a desaparecer en nuestros apetitos sin darnos cuenta de ello. Cuando nos enfrentamos al dilema de elegir entre un helado artesanal o un exquisito café, no prestamos atención a cómo nos sentimos realmente. Los antojos son tan fáciles de ocultar porque nos alejan de nuestra capacidad de ver más allá de la satisfacción inminente, y hacen que adquiramos hábitos que nos impiden estar en contacto con nosotras mismas. Y así empieza de nuevo el ciclo de los antojos.

Si estamos totalmente distraídas dando vueltas en el tiovivo de los antojos, no tenemos que hacer el esfuerzo de cuidarnos. Ésta es la ventaja implícita de esconderse en la cueva de los deseos: evita que tengamos que cuidarnos activa y conscientemente.

No obstante, hay formas de romper este ciclo, de salir de la maldición de los antojos. En este libro exploraremos muchas maneras de encontrar el valor para cortar con esto, liberarnos, empezar de nuevo y cambiar nuestra forma de pensar respecto a lo que nos aportará placer duradero. Descubrirás la habilidad de vivir bien en tu cuerpo tal como es ahora. Ha llegado el momento de descubrir lo que realmente quieres, de saber qué es lo que de verdad deseas.

Cómo pueden salvarnos nuestros antojos

Comemos como comemos porque tenemos miedo
de nuestros sentimientos.
GENEEN ROTH

¡Ay, el seductor canto de las sirenas de los alimentos prohibidos! Todas lo conocemos. Nos encontramos mal y recurrimos a la comida para consolarnos. Comemos, y mientras lo hacemos nos distraemos de nuestras emociones, y así disfrutamos de un momento de paz. Pero cuando hemos acabado con las galletas y tirado la bolsa, ¿qué nos queda? Nuestras necesidades insatisfechas y un subidón de glucosa que no tardará en convertirse en una resaca de azúcar. El antojo vuelve a surgir y nos dice «¡Aliméntame!», y volvemos a la vía fácil de atiborrarnos de comida. Intentamos desesperadamente ahogar nuestros sentimientos comiendo en lugar de escuchar. Este hábito, porque es un hábito, de sucumbir a nuestros apetitos antes de haberlos examinado hace que en algún momento de nuestra vida nos sintamos pesadas, cansadas, solas y estancadas.

Pero ¿y si, por el contrario, aprendiéramos a escuchar a nuestros antojos? ¿Y si aprendiéramos a hacernos la pregunta de «¿Qué es lo que quiero realmente?» antes de rendirnos? ¿Y si fuéramos capaces de saber estar con nuestro malestar mientras nos llega la respuesta? Entonces puede que descubriéramos que lo que pensamos que deseamos y lo que realmente deseamos son dos cosas muy distintas.

Cuando somos capaces de escuchar con sinceridad la sabiduría de nuestros antojos, pueden empezar a sucedernos cosas mágicas que cambiarán nuestra vida. Cuando respetamos nuestros antojos por lo que son, es decir, mensajes profundos de nuestra alma, una transformación verdadera es posible. Nuestros más profundos y verdaderos deseos sólo pueden emerger de nuestro corazón, cuando nos liberamos de nuestros antojos. Entonces, si estamos dispuestas a ser vulnerables, frágiles, a tener miedo, a estar abiertas y a ser valientes, podremos realizarlos.

Por qué hemos de fracasar para triunfar

Mi vida ha sido una serie de lo que yo llamo «fracasos con éxito». Hasta aproximadamente los veinticinco años cambié de profesión tres o cuatro veces, buscando la que pensaba que me engancharía y apasionaría más. Todas las veces me entregué de lleno al trabajo, y le dediqué a cada puesto al menos un año entero, convencida de que era ése el tiempo que necesitaba para estar lo suficientemente preparada y saber si ese trabajo era el adecuado para mí.

Después de trabajar un año de asistente de planificación de gestión de medios para una de las más grandes agencias de publicidad del mundo, me di cuenta de que Clorox no me importaba lo más mínimo; ni siquiera usaba lejía, entonces, ¿por qué iba a malgastar mi tiempo intentando vendérsela a otras personas? Empecé a hablar con mis amistades sobre sus planes y sus trabajos, y me encontré con un amigo de la universidad que se marchaba al lago Tahoe a trabajar en una estación de esquí. Después de una visita de fin de semana y de revisar la lista de puestos vacantes de la estación de esquí, tuve claro que quería marcharme de la ciudad para ir a la montaña, donde podría pasar la mayor parte del tiempo al aire libre. Mi corazón me decía que lo que me apasionaba era el esquí, no la monotonía de trabajar en una empresa. En realidad me aterraba decirles a mis padres que iba a dejar el trabajo que tanto me había costado conseguir. Mi padre incluso me había ayudado a pagar mi mudanza a San Francisco y me había comprado el billete de avión para que fuera a la entrevista gracias a la cual conseguí el trabajo. ¿Creería que me había dado por vencida? ¿Me consideraría una fracasada? Éstas fueron algunas de las preguntas que me planteé, pero luego pensé que probablemente mi padre me apoyaría en mi nueva aventura, porque, a pesar de que iba a abandonar toda la parafernalia del éxito (la ropa propia de mi trabajo, los largos desplazamientos), iba a ganar prácticamente lo mismo en la estación de esquí.

No obstante, viví con ese temor hasta que tomé la decisión. Pasé mucho tiempo dudando de mí y mortificándome, pero cuando notifiqué mi renuncia y empecé el trabajo de redefinir mi vida, comencé a sentir mucha más energía y entusiasmo por el futuro. Curiosamente, también tenía mucha más confianza en mí misma. Empezaba a darme cuenta de que tachando cosas de mi lista de posibilidades y probando cosas nuevas, me acercaba más a ser yo misma. Renunciar a las cosas con las que no te sientes bien es tan importante como aceptar aquello con lo que te sientes bien.

Desde entonces, cada vez que he dejado un trabajo, una ciudad, o incluso a una pareja y me he adentrado en el vasto espacio de lo desconocido, me ha sucedido algo mágico.

Se trata del espacio de la posibilidad que todos tenemos. Pero sólo podemos acceder a él cuando somos capaces de resistirnos a los antojos que nos atan a hábitos de pensamiento y de acción que ya no nos sirven.

Para mí, este «espacio intermedio» era y sigue siendo un lugar donde se adquiere un profundo conocimiento sobre nuestro cuerpo. Cuando por fin tomo la decisión de hacer un cambio, mi cuerpo responde con señales que indican «¡Sí, estupendo! ¡Haz esto!» Siempre que doy un paso en la dirección correcta, por pequeño que sea, dejo atrás quedarme anclada en el miedo. Salgo del hábito y me adentro en la posibilidad.

Así que me trasladé al lago Tahoe y conseguí un puesto en el departamento de planificación de eventos de una hermosa estación de esquí de la cadena Sierra. Siempre me había gustado planificar fiestas, y en el primer puesto que me ofrecieron se valoraba esta aptitud, además lo tenía todo cubierto, incluso un pase para las pistas de esquí. También estaba rodeada de atractivos veinteañeros fanáticos del esquí, que se encontraban en la mejor forma física de su vida y que se pasaban la mayor parte del tiempo fumando marihuana y practicando *snowboard*. Compartir mi vida con ellos fue divertido durante unos meses, pero lo que ellos llamaban «vida» a mí me cansó bastante rápido.

No obstante, invertí mi tiempo allí y, al cabo de un año de acarrear cajas con carpetas para los participantes que venían a la estación a hacer sus reuniones y retiros, de salir con «esquiadores» y de tener que tratar con coordinadores de congresos estresados, me di cuenta de que la planificación de eventos tampoco era mi vocación, así que me marché a la ciudad de Nueva York, donde vivía mi hermano. Viví durante unos meses en una habitación que le sobraba en su oficina de East Village y durante el día trabajaba de camarera en un famoso *pub* irlandés de Saint Mark's Place. Era una zona muy de moda y me pasaba el día sirviendo cervezas a escritores y actores famosos. No tardé mucho en sentir esa molesta sensación de que tenía que marcharme de allí. Trabajar en un bar oscuro mientras brillaba el sol en la calle empezó a afectar a mi cerebro, así que me presenté para un puesto de asesora jurídica en un bufete de abogados dedicados al mundo del espectáculo.

¿Te has enterado de que ahora se dice que estar sentada es peor que el tabaco? Pues bien, en mi caso, trabajar de administrativa para un bufete de abogados casi resultó ser letal. En el bufete donde trabajé, estaba todo el día sentada en una silla que me provocaba terribles dolores de espalda en un despacho con luz artificial. No se me permitía usar Internet porque, como auxiliar, podría «abusar» de ese privilegio. (Supongo que esta regla no lo era para un compañero al cual pillé viendo pornografía en su ordenador.) La jornada laboral de diez horas era la norma, no la excepción. Se me había pasado por la cabeza estudiar derecho, pero al cabo de unos pocos meses de días de trabajo largos y monótonos, empecé a sentirme tan mal físicamente que en lo único que podía pensar era en hacer algo para encontrarme mejor. Tenía migrañas casi a diario, y tomaba analgésicos a puñados en mis desesperados intentos por aliviar el dolor. Estaba deprimida y agotada, incluso tras dormir diez o doce horas por la noche durante los fines de semana. Tenía la espalda destrozada y comía barritas de chocolate, bollería y bebía cafeína todo el día para combatir el malestar.

Al final fui al médico porque los dolores de cabeza eran constantes. Las historias de los suicidios de mi tía materna y de mi abuelo materno por sobredosis de calmantes me perseguían cada vez que me tomaba un par o tres de Adviles. Era consciente de que tener tantas migrañas era un aviso de que algo iba francamente mal. A los pocos minutos de estar en la consulta y tras haber explicado brevemente mis síntomas, el doctor me entregó dos papeles: una receta de calmantes y una receta de Prozac.

Me quedé helada. Todo en mi cuerpo me decía: «No quiero recetas para enmascarar el dolor. ¡Necesito curarme!»

Salí de la consulta del médico con las recetas en mi bolso, pero sin la menor intención de hacer uso de ellas. Empecé a preguntar y me recomendaron un doctor más holístico, que me dio hora para el día siguiente.

Mientras estaba en su sala de espera, vi una estatua de Buda, una fuente con una cascada de agua y helechos naturales junto a una serie de suplementos nutricionales. No se parecía en nada a ninguna otra consulta de los médicos que había visitado, pero había diplomas en las paredes, bastantes por cierto, así que me quedé algo más tranquila. Una enfermera me acompañó a la sala de reconocimiento médico, me senté en la camilla y esperé.

Entró el doctor y se sentó frente a mí. Se presentó y me pidió que le explicara mi problema. A los pocos minutos, me preguntó qué comía. Me quedé un poco sorprendida. Ningún médico me había preguntado nunca eso. Le describí mi dieta: un cruasán con un café con leche y un toque de vainilla descremado por la mañana, comida rápida de Subway y McDonald's con un refresco para comer (el menú de dos hamburguesas de queso era mi favorito), y comida china o pasta para llevar para la cena.

«No me extraña que esté enferma. Su dieta se compone únicamente de alimentos refinados y eso es lo que le está provocando las migrañas.» Me explicó que el azúcar y todos los aditivos que se emplean en los alimentos refinados estaban provocando una proliferación de cándidas (una levadura) en mi cuerpo y que ésa era la causa de mis dolores de cabeza. Antes de marcharme me dio una lista de los alimentos que debía tomar (principalmente, verduras frescas) y los que tenía que evitar (lácteos, café, azúcar, trigo, maíz, carne), y me sugirió algunas vitaminas para ayudarme a sustituir los nutrientes que me faltaban debido a mi dieta.

¿Sin azúcar? ¿Sin cafeína? ¿Sin McDonald's? Este médico me estaba aconsejando que para encontrarme mejor eliminara casi el 75 por ciento de lo que comía habitualmente. Decir que estas recomendaciones me asustaron es quedarse corta: me quedé en estado de *shock*. Pero me encontraba tan mal que estaba dispuesta a probar cualquier cosa, así que cuando salí de su consulta me fui a una biblioteca para sacar algunos libros sobre el tema. Encontré libros de cocina que trataban sobre este nuevo estilo de comida «limpia» y también varios libros sobre nutrición para mejorar la salud. A medida que me paseaba por las estanterías, me fui dando cuenta de que había secciones enteras dedicadas a comer de forma saludable.

Comencé por deshacerme de las cosas sencillas, como la bollería, la comida rápida y los sofisticados cafés de diseño. Pero pronto fui más allá de las recomendaciones del médico y empecé una dieta cien por cien vegetariana. En cuestión de una o dos semanas, todo mi cuerpo comenzó a cambiar. La cabeza dejó de dolerme. Mi depresión y agotamiento desaparecieron. Podía concentrarme mejor, y volví a sentirme más ligera y fuerte. Y los once kilos que había engordado desde que había dejado el trabajo en la estación de esquí desaparecieron en el transcurso de unos meses, sin tan siquiera darme cuenta. ¡Hasta que un día me desperté y me di cuenta de que me encontraba de *fábula*!

Sabía que si tenía que ceñirme a esa dieta milagrosa iba a tener que aprender a hacer algo más que mezclar lechuga con tofu. Descubrí el Natural Gourmet Institute, una escuela de cocina de Manhattan, prácticamente vegetariana, donde daban clases nocturnas y de fin de semana. Me apunté y tomé un curso de cocina básica durante un fin de semana. Al final del curso ya estaba enganchada. Entonces me surgió la idea de dedicarme a confeccionar este tipo de comida para ganarme la vida y pedí información sobre el programa de formación profesional que ofrecía la escuela.

Con la ayuda de mi padre y de mi madrastra, pedí otro préstamo de estudios, dejé el trabajo y me puse a estudiar cocina. En los trece años siguientes he ayudado a concebir y a realizar el documental *Super Size Me*, he obtenido un diploma del Institute for Integrative Nutrition y he publicado tres libros sobre nutrición. He aparecido en múltiples revistas, en programas de noticias y en documentales donde se cuenta mi historia y mi nueva perspectiva sobre la comida. Me he codeado con los «grandes veganos» de Nueva York, y he dado conferencias sobre educación infantil vegana. Me casé con un productor de cine famoso, viajé por todo el mundo y pisé la alfombra roja con él.

Hasta que un día todo se derrumbó. Al poco tiempo de haber nacido nuestro hijo descubrí que no podía confiar en mi esposo y empecé a visitar a un consejero. El terapeuta no tuvo mucho éxito en ayudarnos a restablecer nuestro vínculo roto y empezamos un largo y lento proceso de divorcio. Me sentía totalmente fracasada. Mi carrera hacía aguas, mi matrimonio había terminado y ahora era madre soltera. Algo empezó a cambiar en mi organismo y mi ciclo menstrual se aceleró; tenía la menstruación cada quince o dieciséis días. Tenía dolores, me sentía débil, agotada y deprimida.

Un día empecé a tener ganas de comer carne, y de tener relaciones sexuales. Hacía tanto tiempo que no hacía ninguna de estas dos cosas que tardé meses en identificar el malestar que estos antojos despertaron en mí. Terminé recorriendo los pasillos de los supermercados en busca de algo que satisficiera mi profunda carencia, pero no podía averiguar qué era.

Un día entré en mi supermercado-cooperativa para *hippies* de Brooklyn y estuve diez minutos dando vueltas con la cesta vacía. Debía parecer una vagabunda medio loca, porque acababa de dejar a mi hijo en la guardería y hacía días que no me duchaba. Llevaba unas mallas de yoga que estaban dadas, andaba arrastrando los pies y balbuceaba mientras buscaba algo, *cualquier cosa*, que me satisficiera, pero al final me marché sin comprar nada. Había elegido chocolate, helado, patatas fritas e incluso col rizada, pero no me *apetecía* nada de aquello.

Quería —necesitaba— algo, pero no sabía qué era.

Por aquellos tiempos, un día salí a cenar con una pareja de amigos en Manhattan y ellos pidieron carne y pescado. Yo elegí el plato de pasta vegano, con tofu y verduras, un vaso de vino, y un apetitoso gazpacho. Cuando llegaron nuestros platos, mis ojos se fijaron en las carnes que les sirvieron a mis amigos. Me sentí acalorada en el pecho y la frente y se me despertó el anhelo. Se me empezó a hacer la boca agua. Quería su carne.

Mal asunto.

¡Se suponía que no me tenía que apetecer la carne! ¡Era asesora de salud vegana, por el amor de Dios! Intenté hacer caso omiso de ese «detestable» sentimiento y me concentré en mi pasta y en beber más vino. Al final acabamos hablando de amores y mis amigos me preguntaron con tacto si ya estaba dispuesta a volver a tener una cita. Como venía haciendo por aquel entonces, respondí diciendo que era demasiado pronto. Ésa era la historia que me había estado contando a mí misma durante algún tiempo y, cuando mis amigos me mostraron su comprensión, yo me enfadé. Me disgusté porque ni siquiera intentaron sacarme esa idea de la cabeza, y porque su comida me apetecía más que la mía.

Quería albóndigas y quería un hombre.

Una noche durante esa época estaba buscando algo en mi cajón de la ropa interior y redescubrí mi vibrador. Hacía tanto tiempo que no lo había usado que al principio no estaba muy segura de qué hacía allí. Me quedé desconcertada, hasta que volví a reconocer algo que, aunque remoto, era inconfundible. Mi cuerpo tenía ganas de jugar, aunque mi cerebro no quisiera reconocerlo. Afortunadamente, escuche a mi cuerpo, en vez de escuchar a mi cerebro. Le cambié las pilas, y me puse en faena.

Todas esas frustraciones y «callejones sin salida» eran oportunidades para preguntarme qué era lo que quería. ¿No te interesa tu carrera? ¿Qué es lo que quieres? ¿Estás en una ciudad demasiado pequeña? ¿Dónde quieres vivir? ¿Quieres una relación que no sea estable o una que te llene? ¿Con qué tipo de persona quieres estar? ¿Qué es lo que hará que te sientas bien?

¿Estás dispuesta a volver a intentarlo? ¿Una y otra vez?

Sí. La respuesta siempre ha sido y será: *sí*.

Cada vez que he probado algo nuevo he aprendido algo importante. ¿Y si probaba con otro hombre? Aprendería a saber qué es lo que le gustaba a mi cuerpo y a pedir lo que quería. ¿Y si probaba una nueva dieta? Descubriría a qué alimentos era adicta o sensible y dejaría de tomarlos. ¿Y si probaba con otro trabajo? ¿Y si aprendía otra profesión? Tenía que encontrar otro trabajo que me llenara más, donde tuviera una red de apoyo más sólida, una profesión que tuviera más sentido.

¿Y qué pasaría si «fracasaba»? ¿Y si el novio, la dieta o el trabajo no funcionaban? Entonces habría conseguido una información muy valiosa sobre lo que necesitaba. Para acercarme a lo que realmente quería tenía que recopilar datos. La cuestión era estar preparada para volver a intentarlo. Porque cada vez que me he arriesgado a tratar de descubrir quién soy realmente y qué es lo que quiero he dado un paso más para acercarme a mi objetivo.

Esta práctica de decir sí a mis anhelos, antojos y deseos me ha proporcionado un cuerpo y una vida que adoro. Escucho a mi cuerpo. Le pregunto qué es lo que realmente necesita. Cada comida me brinda una oportunidad para conversar conmigo misma sobre los alimentos que me ayudarán a sentirme bien; no sólo ahora, en este momento, sino durante las próximas horas, días o años. No hago ejercicio para quemar calorías o castigarme por mi último postre; ahora aprovecho los momentos en que puedo moverme y estirarme, mediante actividades que hacen que me sienta fuerte, relajada y sexy. Ahora mi forma de pasar el tiempo, lo que como, el trabajo que hago, con quien comparto mi vida coincide con lo que quiero sentir. Y quiero sentirme a salvo, sexy, libre y atrevida. Estás invitada.

1
¿QUÉ SE TE ANTOJA?

Antojo
Sustantivo
1. Apetito, gana de comer
2. Movimiento natural que inclina a la persona a desear algo con vehemencia

Todos tenemos antojos y anhelos. Todos los seres humanos anhelamos conectar con las personas y las cosas que nos hacen sentir realizados, vivos, amados y satisfechos. Me atrevería a decir que toda nuestra experiencia humana se basa principalmente en sentir deseo intenso de algo. Al fin y al cabo, ansiar, sentir antojos, anhelar, querer y desear forma parte de la naturaleza humana.

Así que yo te pregunto con curiosidad e interés genuinos: ¿cuáles son tus antojos y anhelos?

Estoy segura de que, en realidad, no es ese bote de mantequilla de cacahuete que acabas de sacar de la guantera de tu coche, o el café triple Venti Latte con un chorro de sirope que te tomas cada tarde para recompensarte por otro día de trabajo estresante.

Estoy segura de que no es ese vaso de vino que te tomas automáticamente para que te ayude a relajarte al final de un día largo y duro. Ni las galletas, pasteles y otras delicias en las que piensas demasiado.

No es el impulso de salir corriendo y abandonar a tu pareja, o de gritarle a tus hijos, o de dejar impetuosamente tu trabajo que no te conviene; todos hemos pasado por esos momentos.

Lo que quiero saber es qué hay detrás de esos incómodos y desagradables sentimientos. ¿Qué necesidades esenciales y vitales sientes que no están cubiertas, reconocidas o alimentadas? ¿Qué es lo que no te da tu comida, tu entorno y tu *vida,* que te hace creer que no tienes otra opción que comer en exceso, trabajar en exceso, fingir, aislarte y gastar demasiado?

Es decir, ¿qué es lo que más deseas? ¿Qué es lo que te haría sentirte más apasionadamente viva? Creo que éstas son las preguntas más importantes que te puedes hacer y las respuestas las encontrarás en tus antojos y anhelos.

Sea lo que sea lo que necesitas, rara vez se compra con dinero, pero está —y seguirá estando— bajo la profunda influencia de lo que te llevas a la boca, lo que haces durante el día, o lo que dices o dejas de decir. Si estás en ese punto en que aquello con lo que te alimentas o lo que te dices a ti misma te llena, pero no te satisface, eso significa que todavía no has descifrado el mensaje que se oculta tras ese antojo.

Lo que desean la mayoría de mis clientas es sentirse radiantes de vitalidad y a gusto. Quieren levantarse cada mañana y afrontar sus vidas con autenticidad y sinceridad, sabiendo que lo que van a hacer, las decisiones que van a tomar, van a reflejar fielmente sus valores más genuinos. Quieren creer firmemente, en lo más profundo de su alma, que son valiosas y que sus opiniones cuentan. La clave para lograr esta profunda afinidad contigo misma es simple: aprende a escuchar tus antojos. Escúchalos y respétalos. Es fácil, pero también es lo más difícil que aprenderás a hacer en tu vida, porque implica darte prioridad a ti misma como nunca lo has hecho hasta ahora, de formas que incluso a la mayoría pueden asustarnos. Pero ha llegado la hora. Ha llegado el momento de dejar de intentar inconscientemente que nuestros antojos no nos molesten. Lo más irónico es que sólo dejarán de agobiarnos cuando nos comprometamos a hacer una pausa, a escucharlos y a aprender de ellos. Sólo cuando seas capaz de hacerlo, cuando aprendas a dejar de reaccionar, a estar en silencio y a escuchar atentamente, tus antojos se convertirán en lo que realmente son: tu mejor guía.

En este libro te enseñaré a escucharlos. Te ayudaré a reconciliarte con tu cuerpo y con tu corazón para que por fin puedas sentirte a gusto en el mundo. Porque a fin de cuentas lo que nos apetece realmente a las mujeres es encontrar nuestro lugar, ser amadas y estar a gusto, especialmente, con nosotras mismas. Todas queremos saber que somos seres humanos perfectos, sin que nos juzguen por nuestro aspecto, por quién hemos decidido amar, o por el tipo de aportaciones que hagamos en nuestra vida. Hemos perdido el tiempo luchando contra nuestro cuerpo, cediendo ante la presión de una sociedad que nos dice qué aspecto hemos de tener, cómo hemos de ser, qué hemos de comer «sólo para», y lo hemos hecho a costa de esconder nuestra verdad a nosotras mismas y a los demás. Ya basta de agachar la cabeza avergonzadas.

Ha llegado la hora. Ahora es el momento de entregar nuestras armas de autodestrucción; de convertirnos en esmeradas cuidadoras de nuestros más profundos deseos.

Para ello hemos de entender, respetar y aceptar nuestros antojos.

Los antojos son complicados

Desde el mismo día de nuestro nacimiento, llegamos a este mundo con unas ganas arrolladoras de experimentar con todos nuestros sentidos. De bebés nos sentimos atraídas hacia la extraordinariamente nutritiva y dulce leche materna, así que desde nuestros primeros días de vida aprendemos a asociar el sabor «dulce» con el amor, la nutrición, la seguridad y estar saciadas. Y esto es muy hermoso.

Pero luego sucede algo. Crecemos y cambia algo. La leche materna es sustituida por cereales azucarados procesados, leche con chocolate en polvo y bollería envasada que tiene tanto azúcar que sólo de pensarlo me duelen los dientes. Lo que se nos ofrece cuando crecemos puede ser dulce, pero en cuanto a calidad nutricional es justamente lo opuesto a la leche materna, de modo que nuestra tendencia natural al dulce queda alterada por lo que recibimos a cambio. Nuestra necesidad de azúcar es secuestrada. Queda enterrada bajo capas y capas de azúcar. Cuando sucede esto, nuestra necesidad de dulce se transforma en algo más que en un antojo saludable; queda condicionada a indicarnos la dirección incorrecta, a alejarnos del tipo de dulzura que realmente necesitamos.

De modo que se inicia un círculo vicioso. Nos apetece algo desesperadamente. Tenemos ganas de dulce. Respondemos a ese antojo picando lo primero que se nos pone por delante, ya sea una barrita de chocolate y caramelo, una bebida isotónica o la última ración de tarta de cumpleaños que queda en tu cocina. Nos comemos ese «dulce» y nos sentimos mejor, de momento. Pero ese bienestar no dura demasiado. No tardamos en tener algún problema. Y entonces parece que nos empiezan a pasar todo tipo de cosas malas a la vez, lo que requiere mucha energía y esfuerzo por nuestra parte para recuperarnos. Cuando inevitablemente volvemos a tener el antojo, éste regresa con más fuerza, con más insistencia que antes. Nos rendimos a ese antojo comiendo algo que es superdulce y con valor nutritivo igual a cero. Seguimos con este círculo vicioso hasta que un día nos despertamos y nos damos cuenta de que estamos gordas, cansadas y nos sentimos fatal.

Entonces nos entra el pánico. Decidimos que ya no queremos seguir viviendo a merced de nuestros antojos. Ignoramos esos molestos apetitos «negativos». Cuando el deseo de azúcar vuelve a la carga, intentamos no hacerle caso. Pero no desaparece. Se queda con nosotras y nos pone nerviosas, de mal humor o tensas. Y sigue sonando como cuando se dispara la alarma de un coche injustificadamente, y no para de decirnos que necesitamos algo dulce. En nuestro frenesí, nos lanzamos a comer otro tipo de cosas, como alimentos salados, grasos o crujientes. Ahora no sólo hemos hecho caso omiso de nuestro antojo de dulce, sino que hemos despertado otro apetito, la de las cosas saladas igualmente pobres en valor nutritivo.

Hemos llegado al extremo de encontrarnos en un grave aprieto y somos incapaces de afrontarlo. Normalmente, es cuando recurrimos a los profesionales, a los gurús de las dietas, y nos aferramos a la última dieta de rabiosa actualidad. Como una persona que se está ahogando, luchamos por sobrevivir, convencidas de que esta dieta, la que hemos escogido como salvavidas, será nuestra solución. Puede que así sea, al menos a corto plazo. Pero también es posible —y las estadísticas lo demuestran— que, aunque la mayoría adelgacemos al principio, con el tiempo recuperaremos el peso perdido e incluso aumentaremos un poco. Resumiendo, las dietas no funcionan. Y creo que es porque la mayoría se basan, al menos en parte, en la negación. Se basan en suprimir algunas o muchas cosas. La mayoría de las dietas se basan en esquivar tus antojos, o sencillamente, en ignorarlos.

Hace poco leí un estudio que demostraba que las dietas no funcionaban porque nos agotaban mentalmente. Es decir, cuando estamos a dieta nuestra mente está tan ocupada tratando de contar los puntos, las calorías, de llevar la cuenta de nuestras transgresiones o éxitos alimentarios que se nos acaba la fuerza de voluntad y nuestra capacidad para resistirnos al canto de las sirenas de nuestros antojos. Los psicólogos han descubierto no hace mucho que las personas que hacen dieta autogeneran antojos y fantasean sobre los alimentos prohibidos con mucha más frecuencia que las que no siguen ninguna dieta. Ése es el dilema de hacer dieta: estar demasiado pendiente de lo que comes puede sabotear tus intentos de ser más consciente de lo que te llevas a la boca.

Te propongo que dés un paso adelante para tener una relación más saludable contigo misma —y con tu cuerpo— cuando decidas dejar de hacer dieta y escuchar a tus apetitos. La negación no funciona. La abstención no funciona. Pero lo que sí funciona es aceptar tus deseos, tus verdaderas necesidades. Descubrir lo que te apetece con locura, es lo que te liberará.

Parece directo y fácil, ¿verdad? Pero por experiencia propia todas sabemos que identificar y respetar nuestros más profundos antojos es un gran reto. Nos han condicionado para ocultar nuestros antojos, especialmente, si están relacionadas con algo que se considera decadente, indulgente o exagerado. Lo mismo sucede con todos los aspectos verdaderamente importantes de nuestras vidas, en especial, con todo lo que esté relacionado con el *placer*. Hablaré de todos estos temas en este libro, pero de momento voy a ceñirme a la comida, porque sentirse avergonzada, indigna de confianza o condenada al ostracismo por nuestros antojos suele producirse con la comida.

Primero nuestras familias, luego la sociedad, y luego, de un modo más agresivo, la industria dietética y los fabricantes de alimentos procesados nos han enseñado que nuestros antojos son malos, que no podemos confiar en ellos, que si cedemos, lo menos malo que nos puede pasar es que engordemos o enfermemos, lo peor, no ser amadas y quedarnos solas.

Por supuesto, constantemente conspiran contra nosotras para que fracasemos; quiero decir: ¿quién de nosotras tiene la voluntad férrea para resistirse a las montañas y montañas de comida basura envasada que bloquea el acceso a las manzanas orgánicas, que en la mayoría de los supermercados suelen estar escondidas en un oscuro rincón? Por supuesto, también sabemos que una manzana es la mejor opción, pero cuando estamos en las garras del antojo, tiramos nuestro «sentido común» por la borda. Cuando el antojo aparece con fuerza, nuestro GPS nutricional interno se queda fuera de cobertura. Por lo que no es muy difícil que la irresistible llamada de lo fácil, barato y que está a mano, que la mayoría de las veces es muy poco saludable, nos desvíe de nuestra hoja de ruta.

A pesar de que hay algo en nuestro fuero interno que intenta advertirnos de que nos hemos desviado, acabamos cediendo y compramos las galletas o el helado que satisfarán momentáneamente nuestro antojo. Pero ¿con qué fin? Cuando respondemos a la llamada de un apetito con urgencia y desesperación, solemos hacerlo de manera exagerada e indulgente. Si adoptamos la actitud contraria y decidimos no ceder, nos arriesgamos a que se vuelvan a desencadenar otros antojos nuevos (igualmente nocivos) y más fuertes. Cuando respondemos a nuestros antojos de forma exagerada (por exceso o por defecto), simplemente, nos sale mal.

Pero nuestros antojos no están equivocados. Lo que sucede es que no sabemos cuál es la mejor forma de responder a ellos. Te enseñaré a interpretar su lenguaje para que puedas entenderlos, y cuando seas capaz de hacerlo, empezarás a adentrarte en un estado de salud y bienestar radiante.

Cómo actúan nuestros antojos

La pregunta que siempre me plantean es: si los antojos surgen porque necesitamos algo, ¿por qué nos dirigen hacia cosas tan poco saludables? O sea, ¿por qué nos apetece el chocolate o las galletas, en lugar de la col o la zanahoria? Si mi cuerpo necesita nutrirse, ¿por qué me siento atraída hacia alimentos que no tienen ningún valor nutricional?

La respuesta es un poco complicada, así que hablaré de la anatomía del antojo más adelante en este mismo capítulo. Pero primero la respuesta corta a esta pregunta es muy lógica: nuestro cerebro responde con un nivel de intensidad que se corresponde con la potencia del estímulo que recibe. Es decir, si pones un plato con galletas de chocolate delante de una persona hambrienta, su cerebro se iluminará como un árbol de Navidad ante el fuerte estímulo que le has puesto ante sus narices: un tentador cóctel de azúcar, sal y grasa. Si a esa misma persona le pones delante un puñado de zanahorias, su cerebro reaccionará de un modo mucho más tranquilo (hasta me atrevería a decir que incluso se *relajaría* delante de las zanahorias, que llegaría a sentir una sensación de paz por todo su cuerpo, en vez de la sobreexcitación que producirían los galletas de chocolate). Nuestra reacción a los antojos es un tipo de llamada y respuesta innata. Recientemente, en las investigaciones sobre este tema se han realizado interesantes descubrimientos sobre la neurociencia de los antojos y lo que sucede en nuestro cerebro cuando nos asalta una.

Los antojos y el cerebro

«¿Por qué intenta mi cerebro acabar conmigo?», me preguntó Susan cabizbaja y triste.

Estaba en una cafetería tomando una taza de té con mi nueva cliente, que me hablaba de su frustración, impotencia y desesperación. Durante casi la mitad de su vida había estado intentando adelgazar nada menos que entre 18 y 54 kilos. Ahora sentía que se había estancado en casi 45 kilos por encima de su peso ideal y no sabía por qué.

Pero tenía una ligera idea sobre cuál podía ser la respuesta a su pregunta, y yo asentí con la cabeza en señal de que estaba de acuerdo y que la entendía.

Susan es la clásica adicta al dulce y a las grasas. Siempre que está estresada le invade un fuerte deseo de comer algo frío y dulce, así que recurre una y otra vez a sus queridas tarrinas de helado de la marca Ben and Jerry.

«Cuando llego a casa y estoy estresada, cansada y frustrada, engullo una tarrina de helado», me dijo.

Me contó que inconscientemente sobrecargaba su antojo añadiéndole bastoncitos salados a la mezcla.

«En realidad pensaba que si mezclaba el helado con los bastoncitos salados compensaba el efecto del exceso de calorías.»

En lugar de mitigar el perjuicio que le estaba ocasionando a su salud —y a su estado de ánimo— el festín de helado, los bastoncitos salados no hacían más que acrecentar el problema. Aunque Susan no era consciente de ello, estaba creando la tormenta perfecta de sabores que cuando se combinan dejan al cerebro totalmente fuera de combate, haciendo que pierda la capacidad de razonar y el sentido de las medidas y el control.

Los científicos incluso tienen un nombre para este fenómeno: el «punto de felicidad máxima», que es el subidón que tiene el cerebro cuando recibe el trío perfecto de azúcar, sal y grasa. Cuando se combinan estas tres sustancias, sucede algo en el cerebro que cortocircuita su capacidad para identificar la alta intensidad que posee cada uno de estos ingredientes. Para que te hagas una idea de lo que te quiero decir, imagina que tienes tres tazones delante de ti. En uno de ellos hay sal de mesa blanca. En otro, azúcar blanco refinado. Y en el tercero, grasa. Si alguien te pidiera que te comieras todo lo que hay en cada uno de los tres recipientes, pensarías que esa persona está loca, porque cada una de esas sustancias por separado es demasiado intensa para ingerirla en grandes cantidades. Pero mézclalas con otros ingredientes ligantes y algunos sabores irresistibles (el chocolate es el rey de los antojos, especialmente para las mujeres) y ya está. Has conseguido una galleta que es tan deliciosa y te proporciona tanto placer que es un desafío para tu cerebro comer sólo una. Cuando se combinan los tres grandes —azúcar, grasa y sal—, tienes todos los números para que el cerebro pierda su capacidad para discernir que está ingiriendo una deliciosa bola de basura.

Big Food (Comida Grande) es el nombre que le he puesto al complejo de los alimentos industrializados, que nos tienta por todas partes con sus alimentos nocivos, pero ingeniosamente creados con alta tecnología. Hay equipos de científicos que inventan cosas como el factor disolución de los Cheetos —lo que los científicos alimentarios denominan «desaparición de la densidad calórica»—, una propiedad que engaña a tu cerebro y le hace creer que no ha ingerido ninguna caloría. Las sensaciones de placer que proporcionan los alimentos obtenidos mediante ingeniería alimentaria desencadenarán el mismo tipo de subidón —en lo que a receptores del cerebro respecta— que la droga callejera más sofisticada. La ingeniería alimentaria o la búsqueda de ese «punto de felicidad máxima» es un negocio, un negocio muy serio, y cuanto mejor entienden los científicos cómo responde el cerebro a las sustancias alimentarias, mejor pueden manipularnos a todos.

Y con esto me refiero a que quién en su sano juicio podría resistirse al caramelo salado recubierto de chocolate, especialmente mezclado con delicioso helado o incrustado en una densa y correosa galleta.

Pero no desesperes, porque el conocimiento es poder, y todas podemos ser tan inteligentes como esas mentes retorcidas que no dejan de inventar nuevas combinaciones de sabores y texturas que despiertan los apetitos a los que tanto nos cuesta resistirnos. La clave está en saber cómo responderá tu cerebro cuando sea seducido por la comida basura. Cuando conozcas lo que sucede realmente en el momento en que se enciende la neurona del dulce, podrás tomar una decisión racional sobre lo que quieres hacer al respecto.

Tu cerebro y la comida

Existe una sencilla razón bioquímica por la que nos gustan tanto los alimentos grasos, sabrosos y dulces. Estas sustancias tan potentes liberan opiáceos (que son tan somníferos y parecidos a una droga como indica su nombre) en nuestro torrente sanguíneo, y cuando se unen con los receptores de nuestro cerebro, experimentamos una intensa sensación de placer, quizás hasta un pequeño subidón. Cuando sentimos placer, satisfacemos un deseo y nos sentimos bien. Aunque esta felicidad sea breve (aunque sólo sean los momentos en que ingerimos algo, como un caramelo), el recuerdo de esa experiencia queda almacenado en nuestro circuito cerebral. La próxima vez que veamos la fuente de ese placer, puede que se nos active un antojo.

Curiosamente, los investigadores han demostrado que podemos anhelar la fuente de ese «chute» de placer, aunque no esté ante nuestra vista, porque las personas que hacen dieta y se abstienen de ciertos alimentos pueden invocar esos placeres prohibidos, y el mero hecho de pensar en ellos puede activar un poderoso antojo. Es decir, las personas que hacen dieta pueden tener fantasías sobre la plena satisfacción de sus antojos, por el mero hecho de identificar algo que perciben como deseable o placentero. (Por ejemplo, hay una tarta de almendras en el escaparate de la pastelería de la esquina, esa con la que has estado soñando los tres últimos días. O el suflé de chocolate en el menú del restaurante adonde vas a ir a cenar con tu amigo la semana que viene. Al pensar en ese postre se te hace la boca agua cada vez que miras tu agenda y ves el nombre del restaurante con que lo identificas.) El poder de la sugestión es tan fuerte que sólo el hecho de pensar en algunos alimentos desencadena un deseo. En los anuncios nocturnos de televisión se ve muy claro esto.

Los antojos no afectan sólo a una sino a varias partes clave del cerebro, dificultando su ubicación. El *hipocampo*, que procesa todo tipo de datos sensoriales como el olfato, el gusto y la textura, almacena esta información como memoria reciente o memoria a largo plazo. La *ínsula*, procesa nuestro estado físico (si tenemos hambre, sed, estamos cansados o tenemos frío) y te indica qué es lo que necesitas socialmente. El *núcleo caudado* es el centro del placer que se encuentra en las profundidades del cerebro y que controla la secreción de dopamina. Éste es el centro de la recompensa que se siente tan bien atendido cuando comes algo dulce y mantecoso que enseguida se tranquiliza. La dopamina es la hormona del «orgasmo», la que hace que el sexo sea tan fantástico, que tomar drogas sea tan peligroso y que excederse con los alimentos inadecuados sea tan fácil.

El estrés y los antojos

Cuando nos sentimos vulnerables y nuestra fuerza de voluntad está debilitada, somos más susceptibles a nuestros antojos, y nada nos hace más vulnerables que el estrés. Para muchas mujeres estar estresadas es la norma, en vez de la excepción, debido a la complejidad de nuestra vida moderna. Pero el estrés constante de baja intensidad no es normal —o saludable— para tu cuerpo o para su capacidad de responder a sus deseos de una forma saludable.

El estrés hace que nuestro cuerpo segregue hormonas muy potentes y que tienden a saturarnos con sensaciones de urgencia y emergencia. Cuando estas hormonas (como el cortisol) empiezan a circular por el torrente sanguíneo, es muy difícil resistirse a los antojos, puesto que el cerebro se queda rápidamente sin fuerza de voluntad y nos dice que nuestro estrés sólo se aliviará si satisfacemos ese deseo. Por supuesto, en la práctica, eso no es cierto, pero cuando no te encuentras bien, el razonamiento y la paciencia suelen brillar por su ausencia, y cuesta bastante volver a la sensatez. Reducir o eliminar el estrés de tu vida es el requisito previo para poder escuchar la sabiduría que encierran tus antojos. A lo largo de este libro te iré mostrando cómo afrontar el estrés desde múltiples puntos de vista y con múltiples herramientas.

Los antojos alimentarios y las mujeres

Las investigaciones indican que las mujeres somos más susceptibles a los antojos que los hombres. De hecho, algunos estudios dicen que la ratio es de diez mujeres por cada siete hombres, lo cual es bastante significativo. La razón por la que tenemos más antojos, en términos neurofisiológicos, se encuentra en nuestra biología: como portadoras de bebés, estamos diseñadas para comer por dos. Esto también explicaría por qué nuestros antojos se disparan en el momento más álgido de nuestro ciclo menstrual; nuestras alteraciones hormonales activan una «señal» de necesidad, y esa parte ancestral de nuestro cerebro que quiere almacenar y acumular grasa para los momentos de escasez. Nuestros ciclos menstruales también hacen que la mayor parte de la glucosa de nuestro cuerpo vaya hacia nuestros órganos reproductivos, dejando al cerebro sin su combustible favorito, lo que a su vez genera más antojos. Aumentar un poco de peso durante la fase álgida del ciclo menstrual es algo bastante habitual, que es cuando se segregan más hormonas y todavía se han de descamar las paredes del útero. Es como si el cerebro primitivo dijera: «¡Espera! ¡Puede que tengamos que alimentar a algún pequeñín por ahí abajo, seamos precavidos!» Luego, cuando llega la regla, nuestro cerebro vuelve a relajarse, recobra su acceso a la glucosa, y siente que ya no es necesario almacenar. Este ritual mensual de preparación para la fertilidad es un ciclo interesante. Y tiene sus manifestaciones exquisitamente personales, extraordinariamente fascinantes y típicamente femeninas en la forma de los antojos. Me encanta que mis clientas me cuenten qué les apetece comer durante el ciclo menstrual, qué es lo que sus cuerpos parecen necesitar de forma urgente ante la perspectiva de albergar otra vida.

Por supuesto, también tenemos los famosos antojos de las embarazadas. Los científicos creen que estos curiosos antojos se deben a la montaña rusa hormonal en la que vamos montadas cuando gestamos a otro ser humano. Y aunque pensar en helado y encurtidos puede sonar extravagante, es una mezcla que incluye al trío del azúcar, la grasa y la sal. Así que desear eso para mí tiene sentido.

En qué se diferencian los antojos del hambre

Parte de mi trabajo se basa en ayudar a mis clientas a comprender la diferencia entre los antojos, que son una súplica del cerebro para que le des algo agradable, y el hambre verdadera, que es la indicación del cuerpo de que necesita nutrirse. La diferencia entre antojos y hambre es de suma importancia, pero muchas veces no es fácil darse cuenta, porque ambos se solapan de muchas maneras y hace falta tener ciertos conocimientos y paciencia para aprender a separarlos.

Debido a nuestras ajetreadas vidas y a nuestra sobrealimentación, es difícil reconocer la verdadera señal del hambre, pero no es difícil de entender. El hambre es simplemente la forma que tiene el cuerpo de decirte que necesitas combustible. Mientras el antojo indica que necesita una experiencia placentera, las verdaderas punzadas de hambre nos indican que hemos de renovar nuestras reservas de energía. Mientras que un antojo surge de repente, con fuerza, premura y, generalmente, respecto a algo específico («¡Me muero por comerme una bolsa de palomitas de maíz!»), el hambre es una quemazón lenta que se puede posponer, y que al final se acomoda a una extensa variedad de opciones alimentarias. El reto estriba en no confundir nuestros antojos —de ningún tipo— con la verdadera sensación de hambre.

La mayoría sabemos que un ser humano no puede vivir mucho tiempo sin agua. Pero ¿sabías que un ser humano puede llegar a vivir casi un mes sin comida? Esto es así porque nuestros cuerpos están diseñados para almacenar energía en las células adiposas, para prevenir las etapas de escasez. Para los primeros humanos —y por desgracia, también para demasiadas personas en la actualidad—, conseguir una alimentación adecuada era y es muy difícil. Para nuestros antepasados implicaba ser rápidos, fuertes y estar alerta, y cuando tenían éxito en la caza, comían como si no hubiera un mañana, porque había muchas probabilidades de que no lo hubiera, al menos en lo que a tener alimento fresco y nutritivo respectaba.

De modo que tener hambre era —y puede ser— un estado relativamente normal. Nuestro cuerpo está diseñado para funcionar, y para hacerlo relativamente bien, aun cuando nuestras reservas de energía estén vacías. Pero hay un momento en que hemos de comer para saciar esa hambre, a fin de lograr nuestro máximo rendimiento. Nuestra meta es aprender a comer para mantener nuestro cuerpo y mente con su mejor aspecto y en el mejor estado de ánimo. Descubrir cómo escuchar a tu cuerpo y cuándo estás «al borde del hambre» te abrirá a toda una nueva relación con la comida. Tengo la gran esperanza de que aprender a valorar tus propios apetitos —para un placer, nutrición, descanso, trabajo y juego saludable— te ayudará a aceptar tus más profundos deseos.

Considera los antojos como un truco de la mente. Sin embargo, el hambre se origina realmente en el cuerpo, pero no es tan sencillo como comida sí/comida no, como piensan la mayoría de las personas. Tal como sucede con los apetitos, la sensación de hambre es desencadenada por hormonas, concretamente, la insulina, que regula el metabolismo del azúcar/energía, y las grelin, que se producen en el estómago cuando el cuerpo detecta un descenso en diversas fuentes de energía. La hormona grelin es, básicamente, la hormona del hambre. Estas hormonas (y por supuesto muchas otras) activan ciertos impulsos, y si entendemos cómo actúan, tendremos más probabilidades de responder de manera adecuada a los mismos. Los científicos, por ejemplo, han descubierto que el estómago libera pequeñas cantidades de grelin con regularidad, aproximadamente cada veinte minutos, y después de cuatro chutes de grelin, es fácil que sintamos la sensación que identificamos con tener hambre. Esta sensación suele activarse más o menos cada noventa minutos. Cuando nuestro estómago está parcialmente vacío, suele «quejarse» mientras procesa lo que le queda, pero esto no significa que tengamos hambre; todo lo contrario, ¡significa que todavía hay comida que se está convirtiendo en energía! Sabemos que tenemos hambre cuando un vaso de agua no nos ayuda a sentirnos mejor, o cuando al cabo de un rato, se ha intensificado la sensación de hambre (los antojos suelen desaparecer a los diez minutos, mientras que podemos pasar hambre durante horas, incluso días). Cuanto más se agudiza nuestra hambre, cuando experimentamos pereza mental o sentimos que se nos va la cabeza, cuando nuestro azúcar en la sangre, o como yo lo llamo, nuestro «cerebro del azúcar», está a niveles bastante bajos, nos queda bastante claro que hemos de hacer una pausa y comer.

Si tienes problemas con tu producción y consumo de insulina, puede que tengas sobrepeso y que, sin embargo, siempre tengas hambre, como mi clienta Sarah. Uno de los retos a los que ella y muchas mujeres hemos de enfrentarnos es al hecho de que nuestro cuerpo puede estar indicándonos que tiene hambre, cuando en realidad no es así. No obstante, puede que no sea capaz de acceder a la energía nutritiva que almacena en sus células.

Pero no comer no es la forma de resolver este dilema, en modo alguno. Cuando nuestro cerebro se queda sin glucosa, se nos acaba la fuerza de voluntad. Resumiendo, tu «cerebro de azúcar» ha de mantener unos niveles constantes para que puedas conservar tu fuerza de voluntad. La sensación constante de tener hambre y de estar estresada conduce a que te atiborres de calorías para que el cerebro consiga el combustible que necesita. Sé por experiencia propia que resistirse a los antojos o intentar hacer caso omiso del hambre puede *sabotear* nuestros intentos para adelgazar. En mi caso, cuando hice cambios radicales en mi forma de comer en mi desesperado intento por encontrarme mejor, me di cuenta de que, sorprendentemente, perder el exceso de peso fue un agradable efecto secundario de haber cambiado mis hábitos alimentarios.

La única forma de transformar nuestro cuerpo es comiendo con regularidad, alegría y plena conciencia. Sólo así podemos llegar a vivir en armonía con nuestros antojos y descubrir qué es lo que verdaderamente nos apetece.

Recordemos lo que comemos

El gran escritor francés Marcel Proust estaba en lo cierto cuando escribió con tanta elocuencia sobre el tremendo poder de un trocito de pastel:

Me llevé a los labios una cucharadita del té en el que había empapado un trozo del pastel. En cuanto el líquido templado mezclado con las migas tocó mi paladar, todo mi cuerpo se estremeció y me detuve, para sentir aquello tan extraordinario que me estaba sucediendo. Un placer exquisito invadió mis sentidos.

Siempre que comemos algo delicioso, peligroso o memorable, se activan varias áreas de nuestro cerebro, entre las que se incluye la memoria, la recompensa y el placer.

Piénsalo: la mayoría tenemos ciertos alimentos a los que recurrimos cuando nos ponemos enfermas. Puede ser sopa de pollo con fideos, un bocadillo de queso caliente, una tónica o la infusión mágica de mamá. Sea lo que fuere, suele ser algo que nos hacía nuestra madre o nuestro padre cuando éramos pequeñas, de modo que las propiedades curativas de ese alimento están vinculadas a sentirnos queridas, cuidadas y bien alimentadas.

Lo mismo sucede cuando comemos algo en mal estado y sufrimos una intoxicación alimentaria: la mayoría recordamos exactamente qué fue lo que comimos y dónde estábamos cuando empezaron los síntomas. Si nos enfermamos seriamente, un gran número de nosotras no podemos volver a comer ese alimento.

Tanto si la experiencia es buena como si es mala, se creará una fuerte asociación con ese alimento, a veces incluso muchos años después del suceso, debido a la profunda huella que nos dejó en nuestra memoria.

Cuando experimentamos antojo por algún alimento en particular, sucede algo muy interesante en nuestra memoria: ésta se vuelve borrosa, se ofusca, cuando se desborda con las sensaciones de éxtasis que le proporciona ese alimento. Recuerda cuando estás a oscuras en un cine, comiendo esas palomitas recién hechas a las que les han añadido sabor a mantequilla y sal. Al final de los 120 minutos de la sesión, tienes muchas probabilidades de haber ingerido centenares de calorías vacías sin darte cuenta.

Ese mismo tipo de «amnesia» alimentaria puede atacarte cuando te has acostumbrado a seguir tu rutina nocturna, que puede consistir en limpiar la cocina y, justo antes de apagar la luz, servirte «sólo un vaso más de vino» o comer ese chocolate que tienes guardado para que no lo encuentren los niños. A la mañana siguiente, hay bastantes probabilidades de que no recuerdes que te tomaste ese tentempié nocturno.

Los antojos —o más concretamente, la satisfacción de los mismos— pueden ofuscar nuestro recuerdo de lo que hemos comido. Y estos recuerdos hemos de reavivarlos si queremos cambiar nuestros hábitos alimentarios para mejor.

2
CÓMO SE GENERAN LOS HÁBITOS

Somos lo que hacemos repetidamente.
Luego la excelencia no es un acto, sino un hábito.

ARISTÓTELES

El vínculo que existe entre nuestros antojos y nuestros hábitos ha sido objeto de muchos estudios minuciosos, realizados principalmente por quienes desean descubrir el misterioso poder de las adicciones, que, dicho de la manera más simple posible, son hábitos nocivos. Las adicciones son antojos que doblegan nuestra fuerza de voluntad y nuestra capacidad para tomar decisiones saludables. Cedemos a esos antojos, empezamos a creer que no tenemos otra opción o alternativa y perdemos el control de ese hábito. Entonces, es cuando los hábitos se convierten en adicciones y cuando cambiamos nuestra voluntad —y nuestra fuerza— por el impulso del antojo. De hecho, podríamos argüir que un verdadero estado de adicción es aquel en que la persona que lo experimenta ha perdido la capacidad de tomar decisiones.

Así es como los antojos pueden convertirse en hábitos: normalmente se entiende que cuando nos apetece algo y cedemos a ese antojo, ese momento *puede* suponer la creación de un hábito. Pero no siempre es así. Una persona que utiliza una pipa para fumar *crack* una vez no necesariamente se convierte en adicta, pero hay muchas razones —además de la fuerza de voluntad de la persona— que pueden influir en ello. Por ejemplo, algunas cosas que nos apetecen son muy difíciles de conseguir, o prohibitivamente caras, o están tan alejadas del tono y del tempo de nuestras vidas cotidianas que no tenemos ni tiempo ni ganas de ir tras ellas.

Para desarrollar un hábito o una adicción, hace falta tiempo. Implica que respondemos de inmediato cada vez que nos asalta el antojo. La repetición y los hábitos van de la mano. Esto queda perfectamente ilustrado en el hábito de fumar, que muchos expertos consideran que es el más difícil de romper. Eso se debe a que la nicotina, la sustancia que hay en los cigarrillos que nos tranquiliza y despierta, tiene una vida media muy corta: una vez apagado el cigarrillo, la nicotina ya no está activa en nuestro cuerpo. Así que el fumador, se fuma otro cigarrillo. Y otro, y uno tras otro. Si alguien se fuma un paquete al día, cantidad que muchos fumadores consideran moderada, eso significa que ha satisfecho la súplica de nicotina del cerebro *veinte* veces al día.

Si has sido fumadora alguna vez o si conoces a algún fumador, sabrás que el deseo de nicotina ejerce tanto control sobre esa persona que es capaz de reorganizar su vida en función de las «pausas para fumar».

El año después de haber terminado mis estudios universitarios llegué a fumar hasta un paquete al día, y mis pausas eran para huir del despacho y salir al exterior. Pero en realidad no eran pausas; eran acciones de una persona que ya no podía tomar decisiones sobre cómo responder a un poderoso antojo. De hecho, había entregado todo mi poderoso autocontrol a una sustancia que era extraordinariamente perjudicial para mí. Era adicta y utilizaba mi adicción para regalarme un tiempo libre extra y ausentarme de un trabajo que odiaba; como lo que conseguía era un dos por uno, la adicción me resultaba aún más atractiva.

Todas somos culpables de esto, de ceder sin darnos cuenta, y con lo que más lo hacemos es con la comida. Especialmente, si no somos conscientes y no estamos preparadas cuando nos surge el antojo.

Uno de los hechos sorprendentes respecto a los hábitos que me parece fascinante es éste: se calcula que casi el 40 por ciento de las acciones que realizamos a diario son hábitos. Esto significa que casi la mitad de lo que hacemos todos los días, lo hacemos sin pensar demasiado. Sí, vamos al baño arrastrando los pies para cepillarnos los dientes y pasarnos la seda dental, y mientras tanto pensamos en cualquier otra cosa, salvo en lo que estamos haciendo. Vamos con el piloto automático. No es necesario que pensemos en ello. Y hay muchos momentos al día, quizá demasiados, en que actuamos de esta manera sonámbula, como cuando hacemos una pausa en nuestro trabajo para buscar algo en Internet, y luego vemos que ha pasado una hora (¡o más!) sin que nos diéramos cuenta. O cuando nos arrastramos hasta la cafetera por la mañana y nos tomamos tres tazas de café sin pensar en ello. Repasa cuántos de estos hábitos hemos de incluir en el recuento hasta llegar al 40 por ciento de nuestro día. Y nuestros hábitos son pegajosos: les gusta pegarse entre ellos para crear cadenas de hábitos. Por ejemplo, si solemos ir por el mismo camino a casa cada noche, esto puede reforzar el hábito de pasar por un restaurante para encargar una ración grande de patatas fritas cuando salimos tarde del despacho, algo que, si lo piensas bien, ocurre siempre (ya ha nacido otro hábito). Sin que nos demos cuenta, el hábito de ir a casa por el mismo camino nos ha conducido a detenernos en el restaurante de la esquina para comprar otra dosis de patatas fritas después de un día de mucho estrés. Cuando te detienes a pensarlo, ¿no te parece que es un poco grave el hecho de que hagamos tantas cosas prestando tan poca o ninguna atención? Y esto nos lleva a preguntarnos: ¿qué más hacemos sin pensar? ¿De qué otra forma gastamos nuestro valioso tiempo actuando sin darnos cuenta? Pues parece ser que una gran parte de ese tiempo en que hacemos cosas inconscientemente lo dedicamos a la comida.

La inconsciencia y la comida

La comida es nuestro combustible, nuestro gran refugio, la fuente de consuelo a la que recurrimos, tanto cuando comemos acompañadas, como, en el peor y más patético de los casos, cuando comemos solas. Los hábitos que desarrollamos las mujeres en torno a la comida reflejan el mayor escaparate posible de nuestras necesidades, antojos y deseos inconscientes. Uno de los aspectos de mi trabajo más gratificantes para mí es ayudar a las mujeres a superar sus múltiples sentimientos contradictorios respecto a su relación personal con la comida. No es tarea fácil, puesto que para conseguirlo se necesita apoyo y tiempo. Pero cuando aprendemos a controlar la ansiedad, el miedo y las críticas que inevitablemente aparecen cuando somos capaces de hacer una pausa... y observar, empezamos a superar nuestros antojos, nuestros arraigados hábitos alimentarios que han creado estos antojos y a tener una vaga idea de lo que realmente deseamos.

Hablo con muchas mujeres que están muy avergonzadas de su relación con la comida cuando están solas. Todas estamos solas de vez en cuando, a veces durante largas temporadas en nuestra vida, y sin embargo, por la característica de nuestro género, tendemos a tratar el tema de alimentarnos, de nutrirnos, con cierta displicencia, como si fuera una labor un poco vergonzante o casi tediosa que hacemos con prisa.

Por alguna razón, nuestra relación con la comida nos hace acumular mucha deshonra, y esto se acentúa cuando estamos solas. Creo que abordar nuestra forma de comer en privado, que es cuando suelen manifestarse nuestros hábitos alimentarios más arraigados y nocivos, es un proceso de suma importancia que muchas veces es emocional.

Patricia vino a verme con el ardiente deseo de adelgazar los nueve kilos de más que engordó desde que tuvo a su hija hacía veinte años. Después de divorciarse, su hija se marchó a estudiar a la universidad, y ella se quedó sola en su piso de Manhattan. Aunque Patricia era una brillante ejecutiva que trabajaba para una importante empresa de contabilidad, y hacía décadas que tenía equipos de trabajadores bajo su supervisión, era incapaz de controlar sus propios hábitos alimentarios cuando salía del trabajo y se quedaba en casa sola.

Su rutina matinal era siempre la misma. Se paraba en una tienda de comestibles con cafetería que había cerca de su oficina y se tomaba una taza de café «regular», que en el argot neoyorquino significa con leche y azúcar. A las diez de la mañana, con la puntualidad de un reloj, se comía una saludable magdalena integral que también compraba en la misma tienda. Esta magdalena tenía el tamaño de un pequeño pan de molde y estaba cargada de azúcar y gluten (una proteína difícil de digerir que se encuentra en el trigo), entonces todavía no se había dado cuenta de que en parte era una de las razones por las que se sentía tan hinchada. Normalmente, trabajaba durante la hora de comer o iba a comidas de negocios, donde podía escoger un plato de pasta vegetariano, una ensalada o alguna otra cosa «ligera».

Por la tarde, trabajaba a un ritmo frenético, y generalmente, a eso de las cuatro, de nuevo como un reloj, abría el cajón de su mesa de despacho y sacaba el cruasán de chocolate «secreto» que también se había comprado por la mañana. Cuando hacía esto, llevaba sentada casi tres horas, y sin tan siquiera levantarse, engullía el cruasán en un desesperado intento de reabastecer sus almacenes de glucosa y compensar la sensación de estar espesa que le producía el alto nivel de concentración que le exigía su trabajo y su total inactividad física. A eso de las siete de la tarde estaba crispada y cansada, llegaba a casa, se derrumbaba delante del televisor y encargaba comida china o italiana.

Me contó que odiaba su hábito de comerse un cruasán de chocolate por la tarde, pero que al mismo tiempo era algo que le encantaba hacer. Sabía que tenía sobrepeso y que eso no le ayudaba a recobrar fuerzas. Pero el dulce del chocolate y el sabor de la pasta blanda y mantecosa era lo único que ansiaba cada tarde. Comerse un cruasán le aliviaba. Y todos los días se compraba uno autoengañándose con la idea de que quizá no llegaría a comérselo. Pero cada día su atención se dirigía lentamente hacia esa bolsita de papel escondida en su cajón y empezaba a pensar lo bien que se sentiría comiéndoselo. Y todos los días se sentía momentáneamente un poco mejor después de cerrar la puerta de su despacho y comerse el cruasán. Pero luego, en general, al cabo de quince minutos, se sentía fatal. El pico de azúcar bajaba y su mente empezaba con lo que ella llamaba el «juego de la culpa y la vergüenza».

«Culpa y vergüenza es cuando mi cerebro me dice que soy una idiota por haberme comido otro cruasán y que me merezco estar gorda por mi falta de voluntad», me dijo en una de nuestras visitas.

Entendía que su vida laboral le exigía mucho y que hacía todo lo que podía en su situación. Pero yo me preguntaba cómo era su vida privada en casa. ¿Le gustaba vivir sola?

«No. No soporto llegar a una casa vacía. Es deprimente», me respondió bajando los ojos.

Luego le pregunté si tenía el hábito del cruasán de chocolate cuando todavía vivía con su hija.

«Me comía uno cada quince días, pero no se convirtió en un hábito diario hasta que mi hija se marchó de casa», respondió Patricia pensativa, mirando por la ventana que daba a Central Park.

Observé cómo se iluminaba su rostro al ser consciente de lo que estaba diciendo.

«Entonces, ¿he estado comiendo cruasanes de chocolate para compensar la pérdida de mi hija? —Sus ojos se llenaron de lágrimas—. Debo sentirme realmente sola», añadió.

Luego me confesó que se tomaba un helado antes de acostarse, hábito que no me había contado ni a mí, ni a nadie. Cada noche se tomaba unos 115 gramos de helado de chocolate sentada en su sofá mirando las noticias de la noche. Luego se iba a la cama.

Me habló de su soledad y de cómo le afectaba. ¿Se manifestaba en su cuerpo?

«No sé en qué parte de mi cuerpo se aloja, nunca me he permitido sentirla. Para eso son el cruasán y el helado, ¡para distraerme de ese sentimiento!»

Los ojos de Patricia adquirieron una claridad que yo no había visto hasta entonces.

«¿Estarías dispuesta a estar con tu soledad durante todo un día y a observar lo que sientes? —le pregunté—. ¿Observarías cómo te sientes cuando te apetece algo, y en lugar de ceder a ese impulso, escribirías qué sensaciones corporales tienes y qué está pasando por tu mente en esos momentos? ¿Estarías dispuesta a poner tu soledad en palabras para mí? ¿Para ti?»

Tenía la intuición de que cuando se permitiera sentir las sensaciones naturales de la soledad, experimentaría la verdad: que estar sola era duro y que los alimentos que ansiaba eran fruto de los intentos que hacía su mente para frenar ese sufrimiento.

Al día siguiente me mandó un correo electrónico. «No te voy a mentir Alex, anoche fue duro. He pasado la tarde en una reunión fuera de la oficina para no estar a solas con mi cruasán en mi despacho. Opté por ir a cenar a un restaurante, en vez de encargar comida para llevar, y eso también me ayudó un poco. He seguido tus consejos y he encargado la cena en la barra. Mientras estaba allí sola, los camareros fueron muy amables y conversé un poco con ellos. Pero en cuanto llegué a casa, ¡la tentación de sentarme en el sofá y comerme el helado fue tremenda! Me di una ducha con agua caliente y me acosté temprano, pero tardé una hora en dormirme, ¡fue muy frustrante! Quería mi recompensa y ver las noticias, como hago siempre.

»Me levanté, me preparé la infusión de hierbas que me recomendaste, y me senté en el sofá. No quise sentarme en la mesa de la cocina, que apenas uso ya, ¡porque estaba muy cerca del helado! Me costaba creer que ¡tuviera tan poco control sobre este alimento! Estaba obsesionada y como loca. Me senté con mi taza de infusión en la mano, que por cierto estaba bastante buena, y me puse a mirar por la ventana la ciudad iluminada. Sentirme así de abrumada me ponía de mal humor, y entonces recordé que me dijiste que escribiera todo esto. Empecé a escribir, y me puse a llorar encima de mi infusión. Hubo un momento en que mi cerebro me llamó "perdedora solitaria", y sólo quería salir corriendo a cualquier parte. Sin embargo, me quedé allí sentada. Me pareció una eternidad, pero los sentimientos negativos desaparecieron en cuestión de minutos. El helado había dejado de importarme, lo que me importaba era que estaba sola. Llorar me agotó y me fui a la cama. Esta mañana al despertarme todavía me encontraba un poco mal, pero tenía más claridad. Hoy voy a volver a intentarlo. Voy a intentar sentir, en vez de reaccionar cada vez que tengo un antojo.»

Al cabo de un par de meses de estar descubriendo sus verdaderos sentimientos, y sus sensibilidades a ciertos alimentos, como el gluten y el azúcar, los cuales incrementaban sus antojos, Patricia empezó a sentirse más ligera y a tener un aspecto más relajado. Los kilos de más empezaron a desaparecer, y comenzó a dar los pasos necesarios para sentirse más realizada en su vida, menos sola y más conectada. Puede que hayas oído el dicho: «Estás tan enferma como lo están tus secretos». Esto es justamente lo que sucede con la comida. Pero, tal como aprendió Patricia, lo mismo sucede con nuestros sentimientos, pues si los guardamos sólo para nosotras o los ocultamos, incluso a nosotras mismas, es muy probable que acabemos deprimidas. El aislamiento mata y nos deja a solas con nuestra mente, que no siempre piensa como debería. Y cuando nos sucede esto, es muy probable que tomemos malas decisiones.

Yo lo entiendo perfectamente. Cuando tenía veintitantos años y trabajaba en una empresa en la que estaba sometida a mucho estrés y hacía algo que no me interesaba lo más mínimo, mis hábitos alimentarios reflejaban mi desconexión con mis deseos. Tenía la costumbre de tomar mucha cafeína o azúcar, preferiblemente ambas cosas a la vez, para no pensar en mi desesperación. Comía de una forma que me engordaba sin ser consciente de ello, se me hizo piel de naranja, llené de toxinas mi intestino y me provoqué horrendas migrañas que me impedían hacer bien mi trabajo.

Uno de mis hábitos menos saludables durante esta época era mi pausa de las tres en punto para comer chocolate. Cada día —y lo digo literalmente, de lunes a viernes— me desplomaba sobre mi mesa, el cuello y los hombros me dolían de estar sentada con la espalda encorvada en una silla que era todo menos ergonómica, frente a una mesa aparcada en un deprimente y mal iluminado cubículo sin ventilación. A eso de las tres de la tarde, me sentía tan descargada y mustia que creía que lo mejor que podía hacer era comer chocolate. Así que empecé a llevarme barritas de chocolate al trabajo, y cada día, a eso de las tres de la tarde, mi cerebro esperaba entusiasmado su «recompensa» de chocolate. Comer chocolate siempre funcionaba, por supuesto, pero por poco tiempo. Cuando salía del trabajo un par de horas después, siempre me encontraba peor que a media tarde. Proseguí con este triste círculo vicioso hasta que conocí al médico que me sugirió que me fijara en lo que estaba comiendo y cuál era la causa y el efecto de esos hábitos. Lo primero que hice fue observar la costumbre de la pausa del chocolate de las tres de la tarde, y cuando pude eliminar ese hábito, se produjo un maravilloso efecto dominó, porque me di cuenta de que podía romper mis malos hábitos alimentarios.

Esto es lo que hice: durante una semana anoté todo lo que comía (las tartaletas Reese eran mis favoritas), cómo me sentía después de comérmelo, cómo me sentía al cabo de una hora, y al cabo de tres horas. Empecé a darme cuenta de que toda esa cantidad de azúcar corriendo por mis venas, sin ningún otro nutriente que mitigara el impacto sobre mi cuerpo, haría que me apeteciera tomar más azúcar. Observé que después de la pausa del chocolate de las tres, ingería más azúcar sin pensarlo. En esa época padecía distensión abdominal grave, y no sabía que mi salud intestinal estaba hecha polvo. Tampoco sabía que el tracto digestivo se vuelve loco cuando se satura de azúcar, lo que provoca el crecimiento descontrolado de ciertas levaduras y bacterias, que son las causas de la distensión, de los gases y de las irregularidades intestinales. La pausa del chocolate de las tres de la tarde resultó ser la «vía de escape» que hacía que mi salud intestinal fuera tan deplorable. Cuando por fin prescindí de ese chute diario de azúcar, empecé a ser más consciente de en qué momentos me apetecía el azúcar, así que pude controlar mucho mejor mi consumo de esta droga (sí, el azúcar es una droga).

Tras la primera semana de ser verdaderamente consciente de la causa y el efecto de este hábito (todavía comí chocolate esa primera semana), decidí hacerlo de otro modo. Haría mi pausa del chocolate, pero sin el chocolate. Dejé de aprovisionarme de barritas de chocolate durante el fin de semana, así que llegué al trabajo libre de mercancía. Mentiría si dijera que, durante esos primeros días, saber que no tenía ninguna barrita de chocolate me estresaba. Cuando me entró el bajón de las tres de la tarde, me levanté, fui a la cocina de la oficina y me tomé un gran vaso de agua fresca. Luego fui al aseo y me lavé la cara y las manos. Cuando volví a mi despacho, no me morí. Por el contrario, me puse a trabajar, y esa tarde me marché con un poco de dolor de cabeza, pero mucho menos cansada.

Al día siguiente, cuando se hicieron las tres de la tarde, me levanté dispuesta a andar un poco por el exterior y a tomar el sol unos minutos. Aluciné cuando al salir a la calle vi que estaba rodeada de gente (era el centro de Manhattan) y fui consciente de que estaba allí absorbiendo la energía de la ciudad a esa hora. Di una vuelta a la manzana, y cuando regresé a mi despacho a los pocos minutos, me sentía totalmente renovada y animada.

Al día siguiente, a las tres en punto, abandoné mi cubículo y me fui a socializar unos minutos con un compañero, y al otro día a la misma hora, me hice una taza de té verde. Empecé a llevarme zumos de verduras frescos o batidos de proteínas que me hacía en casa. Cada día elegía conscientemente hacer algo distinto a la hora del chocolate, y eso me animó respecto a mi capacidad para elegir cosas saludables y para cuidarme de verdad. Empecé a notar que no me sentía tan atada no sólo al chocolate, sino a mi trabajo, a mi cubículo y a la aburrida rutina de todo aquello. Me fui *convenciendo* de que tenía mucho más control sobre las cosas importantes, sobre mis deseos, mi cuerpo —mis hábitos— y mi salud. Me di cuenta de que bastaba con cambiar un hábito —solo uno— para cambiar toda yo, de forma muy positiva. Había encontrado el camino.

Cómo se transforman los hábitos

Todas sabemos lo que sucede el 1 de enero. Cada año nos despertamos con una larga lista de buenos propósitos sobre lo que nos gustaría cambiar de nosotros o de nuestra vida. Si eres una mujer moderna y trabajas fuera de casa, tienes hijos, mascotas o tienes que cuidar a otras personas, ésta podría ser tu lista de propósitos de Año Nuevo:

Adelgazar (esto está siempre en el primer puesto de la lista).
Gastar menos dinero.
Pasar más tiempo con mis hijos, o mis seres queridos, o mis padres.
Hacer más ejercicio.
Dormir más.

Es una lista bastante básica, que puede ser, y con frecuencia lo es, más larga (beber menos, dejar de fumar, comprar una casa, vender una casa, casarme, divorciarme, etc.). Todas estas metas son estupendas y están cargadas de buena intención, pero la forma en que intentamos hacer estos cambios no tiene en cuenta cómo se crean los hábitos y cómo se pueden modificar. De modo que año sí, año no, la mayoría, por no decir todas, fracasamos en cumplir nuestros propósitos. Lo intentamos, fracasamos, nos rendimos y nos sentimos peor con nosotras mismas que el año pasado. Suspiro.

Uno de los grandes mitos respecto a los hábitos es la idea de que se pueden romper. En mi opinión, la idea de «romper» algo implica utilizar una gran cantidad de energía, creer que con un acto gigante de voluntad, que de un solo plumazo mental, podemos acabar con algo que hemos tardado semanas, meses o años en desarrollar. Pero utilizar este tipo de armamento pesado rara vez da buenos resultados. Para quitarse el mono de un hábito a veces funciona, y para hábitos extremadamente peligrosos, puede ser lo más indicado. Pero para hábitos más sutiles —los de la vida cotidiana— hay una forma mejor y más eficaz.

En lugar de intentar romper un hábito, piensa en *transformarlo*. Volvamos a mi hábito del chocolate. Todavía hago todos los días esa pausa del chocolate a la misma hora, pero cuando fui consciente de todo lo que se suponía que tenía que arreglar ese chocolate diario, pude afrontar el problema de otro modo. Antes de fijarme en este hábito, pensaba que comía chocolate a las tres en punto sólo porque me gustaba el chocolate. Cuando desvinculé el chocolate de todo lo demás, descubrí que lo que en realidad necesitaba era salir un poco de aquel entorno laboral nocivo, mover el cuerpo y refrescarme hidratándome y socializando, aunque sólo fuera intercambiando unas breves palabras con algún compañero o compañera en la cocina del despacho. Es decir, tenía que llegar hasta el fondo del asunto para conseguir lo que realmente necesitaba, y desde luego, no tenía nada que ver con el azúcar. También tenía que ver con mi situación enfermiza (mi trabajo) y con incorporar alguna actividad saludable y divertida en mi vida cotidiana, aunque sólo fuera durante diez minutos.

Un hábito satisface una necesidad. Representa nuestros mejores intentos de acallar un antojo, de afrontar un deseo insatisfecho. Si respondemos a ese antojo creando un hábito saludable, estamos en paz, energizadas y felices. Si respondemos de maneras menos saludables, bueno, solemos tener una lista (a veces, bastante larga) de todas las formas en que nos sentimos bastante mal. Así que tenemos que hacer algo.

El primer paso para transformar un hábito es saber que el apetito subyacente seguirá estando, que tu cuerpo, mente o alma se han activado por una necesidad. Y eso está bien. Una vez que sabes esto, te puedes relajar un poco e indagar sobre el antojo. El reto no está en reaccionar, sino en identificar, para llegar al fondo de ese apetito y descubrir qué es lo que te está pidiendo realmente tu cuerpo/mente/alma. Una vez que tienes más claro qué es lo que te está indicando ese antojo, puedes experimentar utilizando varias formas de satisfacerla, como hice y sigo haciendo yo. Cada día a las tres de la tarde, aunque ya no trabajo en una oficina, hago una pausa y dedico unos momentos a agradecer que estoy haciendo algo que me encanta, o si lo necesito, hago una pausa saludable para calmar un apetito, que puede ser dar un paseo breve y vigoroso, tomarme una taza de té, hablar con un amigo o amiga, hay muchas opciones sanas. Y siempre funcionan.

Para adaptar nuestros hábitos basta con un toque suave y amoroso, no es necesario usar una maza. Hemos de sentir curiosidad por aquello a lo que nos hemos habituado, sean cuales sean nuestras adicciones. Mi amiga Jessica, por ejemplo, es madre soltera y se siente sola y cansada después de su larga jornada laboral y de cuidar a su hijo. Cuando ya ha acostado a su hijo, suele sentirse atraída hacia la despensa, a la que acude en busca de algo salado y crujiente para picar. La mayoría de las noches se come una bolsa de palomitas o de *chips* de tortillas, y lo hace sin darse cuenta mientras mira la televisión durante una hora antes de acostarse. Para ella, ésa es su forma de pasar el tiempo a solas.

Con el paso de los años he observado que el antojo de comer algo crujiente suele estar relacionado con la frustración y la ira no expresadas. El acto de morder y machacar algo duro es una buena forma de liberar tensión física. Cuando Jessica y yo hablamos sobre este tema, le pregunté si esos alimentos crujientes le aportaban lo que realmente estaba buscando. Se dio cuenta de que algunas noches sólo necesitaba hidratarse y que un vaso de agua o una relajante infusión de manzanilla eran mejor opción. Otras noches, deseaba estar acompañada o tener una conversación positiva con alguna amiga o amigo. Otras lo que realmente necesitaba era dormir. Y sí había ira retenida respecto a su relación anterior y a su familia que se manifestaba con más intensidad por la noche. Al hablar de este tema, Jessica pudo darse cuenta de que en realidad no necesitaba o ni siquiera le apetecía comer nada crujiente por la noche. Cuando identificó lo que realmente anhelaba, aunque ese anhelo se transformara y cambiara, se dio cuenta de que ahora podría responder a la necesidad de cuidarse de formas nuevas y más saludables. Entre ellas se incluía darse un baño de agua caliente, utilizar su vibrador para una liberación física profundamente terapéutica y para darse placer, no ver la televisión y leer un libro en su lugar; llamar a una vieja amiga y ponerse al día; o comerse una manzana y conseguir su terapia de «crujido» de un modo mucho más sano. Actualmente, cuando llega esa hora de silencio, siente curiosidad y que puede controlar la situación, en lugar de sentirse prisionera de su vieja costumbre de picar el mismo tipo de comida basura a la misma hora y de la misma forma, día tras día.

La fuerza de voluntad: nuestro recurso más valioso

No sé vosotras, pero yo durante mucho tiempo he creído que la fuerza de voluntad era algo que no podía dominar, que era alguna fuerza inmensa y misteriosa, algo que otras personas habían conseguido y que estaba fuera del alcance de mis posibilidades. Intenté abrirme para descubrir cómo conectar con la misma. Pensaba que era la única forma en que podría acabar con mis antojos, hacer que se esfumaran mis malos hábitos y superar sin pestañear todas las dificultades que me planteara la vida. ¡Oh, qué equivocada estaba! Y cuánto sufrimiento tuve que soportar, simplemente porque no entendía lo que era la fuerza de voluntad ni su funcionamiento.

La fuerza de voluntad no viene de fuera, sino que se desarrolla dentro. No cabe duda de que es un recurso muy poderoso, pero no ilimitado. Puesto que es finito, y por ende muy valioso, es esencial que seamos muy conscientes de si se nos está acabando o si lo estamos perdiendo sin darnos cuenta, a través de las múltiples causas que afligen a nuestro cuerpo y nuestra mente. Cuando comprendemos que nuestra fuerza de voluntad puede flaquear por el estrés, el cansancio, la tentación o la confusión, y aprendemos a protegernos de estas fuerzas negativas, podemos centrar nuestra atención en cultivarla. Para ello hemos de concentrarnos en nosotras, en escuchar atentamente a nuestro cuerpo y desconectar del ruido del mundo exterior. A las mujeres nos resulta bastante difícil este tipo de escucha atenta y sutil. Esto se debe a que la fuerza de voluntad surge de nuestro yo más auténtico, del yo que no está volcado en complacer primero a los demás. La energía divina se manifiesta en la forma de autocontrol, o lo que es más importante, como cuidado personal. Para conectar con nuestra fuerza de voluntad hacen falta dos cosas que a la mayoría de las mujeres nos cuestan mucho conseguir: confianza y fe en nosotras mismas.

La autoconfianza, que es la habilidad para conectar con nuestros más profundos deseos y aprender a respetarlos, aterra a muchas mujeres. A muchas nos alucina la idea de que realmente podamos saber qué es lo mejor para nosotras. Hay montones de razones culturales e históricas para ello, por supuesto, pero lo que me fascina y conmueve a la vez es que cuando me siento a charlar de mujer a mujer y sale el tema de la autoconfianza, muchas veces también suelen salir a la luz emociones que estaban enterradas en lo más hondo de su ser. Así que yo estoy sentada guardando un respetuoso silencio, mientras que la clienta comparte su profundo sufrimiento, su vergüenza, confusión o pérdida. Y lo que suele estar detrás de estos sentimientos suele ser su yo relegado y acorralado. En mi práctica he podido comprobar que preguntarle a una mujer si confía en sí misma, si sigue sinceramente su propio consejo respecto a sus necesidades, desencadena una avalancha de sentimientos sinceros, primarios y hermosos. Una vez que se han manifestado y liberado estos sentimientos, empieza la sanación y la confianza en una misma para poder transformar estos hábitos.

A menudo, perdemos de vista a nuestro yo más profundo y auténtico, a ese ser único que en realidad somos, mientras estamos intentando satisfacer las expectativas que tienen otras personas sobre cómo deberíamos ser. Nos hemos acostumbrado a estar «tan concentradas en los demás» que hemos perdido nuestra capacidad para tenernos en cuenta y conectar con nosotras mismas. De modo que lo primero es lo primero: hemos de volver a aprender a respetarnos. Cuando empieces a ponerlo en práctica podrás ser consciente de ese 40 por ciento de tu día que se rige por actos inconscientes debidos al hábito. Cuando puedes examinar tus hábitos con claridad, puedes conectar con tus deseos para cambiarlos. Tu finalidad es sustituir los hábitos nocivos por lo que yo llamo «hábitos del corazón» o acciones que podrás constatar cómo aumentan tu bienestar a través de una reacción en cadena que se producirá espontáneamente. Cuando diseñes tus hábitos de modo que te aporten más energía, claridad mental y bienestar físico, verás que podrás rellenar el 60 por ciento restante del día con lo mejor de ti misma.

La anatomía de un hábito

Los hábitos se parecen mucho a los antojos y tienen un papel de suma importancia: conceden a nuestro sobrecargado cerebro su muy merecido descanso, una oportunidad para poner el piloto automático y volar un poco sin preocuparnos. De hecho, a nuestro cerebro le gusta tanto esto que está diseñado para incluir los hábitos en su circuito. En realidad, la estructura de un hábito es muy simple. Imaginemos el circuito cerrado de una instalación eléctrica. Se produce un impulso, es decir, el mecanismo que activa el antojo, y cuando le das al interruptor, el hábito entra en acción. Entonces hacemos algo para responder a este impulso, que nos producirá una sensación de satisfacción. Sentido el impulso, acción realizada, necesidad cumplida. Impulso, acción, satisfacción. La opción de hacer algo la tenemos en el punto intermedio: en la fase de la acción.

La clave para transformar un hábito está en la acción que realizamos. Si dejamos que se duerma nuestra atención (que es lo que son los hábitos, que realizamos casi inconscientemente) y un hábito ha quedado muy arraigado (esa instalación eléctrica puede estar muy bien afianzada, como las sólidas vías del metro de Nueva York que cruzan toda la ciudad por sus túneles), muchas veces nos olvidamos, o ni siquiera nos damos cuenta, de que podemos elegir otra cosa y actuar de otro modo, en vez de recorrer siempre el mismo circuito obsoleto que ya conocemos.

A mis clientas les encanta descubrir que ya no tienen por qué volverse a montar en el tren del hábito para hacer el mismo trayecto de siempre. En parte, el poder de los hábitos reside en lo perezosa que se vuelve nuestra conciencia ante los mismos. Cuando actuamos por costumbre, nuestro cerebro se «olvida» hasta de que tiene fuerza de voluntad o la capacidad para elegir, de que podemos opinar respecto a cómo satisfacer un impulso o antojo. Y cuando nos olvidamos de que podemos elegir otra cosa, perdemos nuestra confianza en nuestra capacidad para cambiar.

Ha llegado el momento de que volvamos a confiar en nosotras. Ya es hora de que transformemos nuestros hábitos autolimitantes en hábitos del corazón, para restablecer las conexiones del cerebro y que nuestro cuerpo y alma se renueven con la vitalidad de nuevas posibilidades. Cuando tus hábitos trabajen a tu favor, empezarás a experimentar la vida con la libertad lúdica —la pasión— que se supone que has de vivirla. Piénsalo: si el 40 por ciento de lo que haces sin realizar ningún esfuerzo consciente es bueno para tu salud, te da energía y te proporciona felicidad, el 60 por ciento de tus decisiones y acciones restantes es muy probable que también sea positivo. Los buenos hábitos engendran buenos hábitos, de la misma manera que los malos hábitos engendran malos hábitos.

Vale. ¿Por dónde empezamos? Te aconsejo que empieces por un «hábito del corazón» que es el eje de tu vida e influye en muchas de las acciones que realizas a lo largo del día. El hecho de que llevo practicando yoga toda mi vida tiene un efecto positivo sobre mi energía, mi capacidad para conectar con las personas que van a clase, mi capacidad para concentrarme y para administrar mi tiempo. Este hábito del corazón es el simple acto de ir a clase y hacer estiramientos. Pero la reacción en cadena tiene consecuencias productivas en toda mi vida que no he de esforzarme por conseguir.

Para descubrir alguno de tus hábitos del corazón, busca algún hábito de los que te hacen sentirte «inferior». ¿Hay algo que haces automáticamente todos los días que hace que te sientas menos en forma, menos descansada, menos digna de aprecio? Empieza con esto. Empieza por un hábito que bloquee una parte de fundamental importancia para ti. Puede tratarse de un mal hábito que has de corregir con urgencia, como dejar de fumar, adelgazar esos kilos que ponen en peligro tu salud, comprarte y ponerte un casco para ir en bici al trabajo. También puede ser más sutil, como hacer pequeños cambios que tienen grandes repercusiones, por ejemplo, beberte un vaso de agua fresca y limón nada más levantarte de la cama por la mañana.

Mi clienta Rachel deseaba con todas sus fuerzas adelgazar y tener más energía. Un día nos reunimos para hablar de su dieta. Le pregunté cuáles eran los alimentos que más le gustaban, y su rostro se iluminó cuando empezó a hablar del queso, concretamente, de su pasión por la pizza, uno de los platos favoritos de los neoyorquinos. Mientras hablábamos, observé que tenía un poco de acné, que es uno de los signos de que existe algún tipo de intolerancia a los lácteos, así que le pedí que me dijera qué otras fuentes de lácteos había en su dieta, aparte del queso, que era evidente para ella. Hicimos una lista: un poco de leche en su café de la mañana, nata en la mantequilla que utilizaba generosamente para cocinar, una tonelada en el helado con el que se recompensaba después de un estresante día de trabajo. Dado que de entrada me parecía un poco fuerte pedirle a Rachel que renunciara a su pizza, simplemente le pedí que observara las pequeñas cantidades de lácteos que ingería en su dieta cada día. Incluso que se lo tomara como un juego. También la animé a que sustituyera los alimentos que tuvieran nata, grasa y sal, sólo en la comida y en la cena. Esto era importante porque en vez de pedirle que redujera el consumo general de estos alimentos, la animé a que sólo los consumiera a otra hora durante el día.

Cuando volvimos a vernos a la semana siguiente, se estaba tomando en serio lo de observar su hábito de tomar productos lácteos. Se había molestado en observar dónde y cuándo tomaba lácteos y empezó a darse cuenta de que le gustaban mucho: le relajaban, le gustaba su textura cremosa, abundante y satisfactoria. Hablamos sobre cómo podía conseguir la misma satisfacción sensorial que obtenía con los lácteos a través de alimentos más nutritivos y menos perjudiciales. Le di una lista de deliciosas opciones sin lácteos entre los que se incluía el humus, el aguacate rociado con una buena y crujiente sal marina, purés de verduras aderezados con aceite de oliva o de trufa. También había muchas otras opciones deliciosas de mantequillas de frutos secos: almendra, anacardos, cacahuete, y mi favorita, la de coco. Rachel sintió curiosidad por estas otras fuentes alimentarias no lácteas. De pronto se dio cuenta de que tenía otras opciones inspiradoras y divertidas.

A las dos semanas, en nuestra siguiente visita, ya estaba preparada para enfrentarse al mayor de sus vicios: su pasión por la pizza. La escuché atentamente en su rapsodia sobre sus empanadas favoritas, sobre lo que disfrutaba al entrar en una pizzería al salir del metro y notar ese cálido aroma a masa de pizza. Y luego... ese suculento bocado de una ración caliente recién hecha. Bueno, he de confesar que lo estaba viviendo con ella. Pero las dos teníamos claro que su hábito de comer pizza no le hacía ningún bien. Afortunadamente, tuvo suerte, porque en Nueva York hay algunas pizzerías muy buenas que no usan productos lácteos.

No hay muchas desde luego, pero las hay. Así Rachel no tendría que renunciar a su pasión por la pizza de golpe, lo único que tenía que hacer era elegir otra opción. Sólo una vez. Eso era lo único que iba a tener que hacer.

A los pocos días me llamó. Probó una de las pizzerías que no usaban lácteos que le recomendé. «¡Me gustó!», me dijo. Fue una gran noticia. Luego le dije algunas marcas de pizzas congeladas que no incluían productos lácteos y le sugerí que comprara una y que la pusiera en el congelador, pero sólo para comérsela «en caso de emergencia», esto le hizo gracia. También le aconsejé que cuando sintiera ganas de comerse una ración, le preguntara a su cuerpo si le satisfaría igual un trozo de chocolate negro sin leche. Lo hizo, y parece que eso también calmó sus ganas de tomar lácteos.

Ahora tenía otras opciones y las escogía con verdadera curiosidad y cuidado. Pero la transformación de este hábito del corazón no iba a ser de la noche a la mañana. Le costó entre tres y cuatro semanas controlar su hábito de tomar lácteos. Por ejemplo, se había tomado un café con leche, y al cabo de unas horas se daba cuenta de que el café llevaba leche. En esos momentos en los que era consciente de lo que había hecho, en vez de dejarse llevar por un estado de falta de confianza en sí misma y de venirse abajo, tomaba nota sin opinar, y seguía con lo que estaba haciendo. Al final entendió que para transformar este hábito, lo único que necesitaba era despertar su conciencia y que eso era algo que llevaría su tiempo. Cuando se dio cuenta de esto, empezó a ver que tenía otras opciones y eso la tranquilizó.

Rachel volvió al cabo de poco más de un mes de nuestra primera conversación sobre su hábito de la leche. Cuando nos pusimos a hablar, enseguida me fijé en lo clara y resplandeciente que estaba su piel, en lo brillantes que tenía los ojos. Me dijo orgullosa que hacía una semana que no tomaba ningún lácteo, y que en ese mes en que había estado explorando su romance con el queso y la leche había adelgazado 2,5 kilos. Quiero dejar claro que su pasión no había desaparecido, sólo se había transformado. A Rachel le sigue gustando la leche, pero ahora conoce el efecto que puede tener en su cuerpo y en su nivel de energía, y había optado por no tomar esos alimentos con tanta frecuencia como los consumía en el pasado. Había tenido paciencia y había sido amable consigo misma, mientras le daba a su cuerpo y a su mente la oportunidad de reconciliarse e identificar el antojo. Luego fue capaz de elegir cómo satisfacer y calmar ese apetito de otras maneras más saludables.

Elegir el hábito que te gustaría transformar en primer lugar es muy importante, es casi una decisión sagrada, porque te ayudará a descubrir tu propia vulnerabilidad. Abordar ese primer hábito puede darnos un poco de miedo, pero eso es normal. Cuando somos vulnerables, es cuando expresamos nuestro yo más auténtico y humano. Cuando nos abrimos a nuestra vulnerabilidad, que es cuando nos permitimos cambiar, nos estamos abriendo a la posibilidad. Ésta es la razón por la que para transformar los hábitos hay que tener una actitud amable, amorosa y paciente. Hemos de conectar conscientemente con nuestra fuerza de voluntad, y luego usarla para que nos guíe en nuestro siguiente acto amoroso con nosotras mismas, aunque nos asuste.

Cuando conocí a Lacey, su principal problema era que no dormía bien. Cuando le pregunté qué hacía al acostarse, se rió. «¡Parece que estés hablando con una niña!» De hecho, así era. Cuando mi hijo era pequeño, empecé a observar e intuir que necesitaba el sueño más reparador posible. Anoté todos los rituales que hacía antes de acostarse, y me di cuenta de que le costaría mucho quedarse dormido si antes de acostarse escuchábamos música y bailábamos. Por otra parte, casi se había quedado dormido mientras todavía estaba envuelto en la toalla, después de un baño de agua caliente. Aprender a preparar a mi bebé para un sueño dulce y relajante hizo que yo me diera cuenta de mis problemas con el sueño, así que empecé a ser consciente de mis propios hábitos de sueño e hice los cambios necesarios en mi rutina. Ahora le tocaba a Lacey.

—¿Cómo es para ti la hora antes de apagar las luces? —le pregunté.

—¿De apagar las luces? Bueno, en realidad me duermo con las luces encendidas.

Lacey estaba soltera y vivía sola. Trabajaba en una empresa que le exigía mucho, y generalmente llegaba a casa después de las siete. Aunque era tarde, se preparaba la cena, que casi siempre incluía un postre. A eso de las nueve, estaba llena y cansada. Veía un poco la televisión y luego se arrastraba hasta la cama con unas cuantas revistas del corazón. Allí se quedaba dormida con la luz encendida, rodeada de los cotilleos de los famosos. Luego se despertaba, generalmente, hinchada y siempre cansada.

No me extrañó que no durmiera bien: ¿cómo iba a dormir bien con el estómago lleno de comida sin digerir y la cabeza llena de imágenes de gente de una belleza espectacular con vidas alocadas y dramáticas? Estoy convencida de que en algún nivel, en su estado de sueño, su mente entremezclaba esas revistas del corazón con su propio drama interior, creando comparaciones de estilo de vida que no hacían más que aumentar sus dudas sobre su propia valía. Ambas cosas le harían sentirse totalmente vulnerable. Pero lo que alteraba su sueño eran los temores inconscientes que tenía respecto a vivir sola, que es lo que hacía que se durmiera con las luces encendidas.

Los cambios que tenía que hacer Lacey eran muy simples. Tenía que terminar de cenar, incluido el postre, al menos dos horas antes de irse a la cama, para que su cuerpo tuviera el tiempo suficiente para empezar el proceso digestivo. Tenía que dejar de ver los *reality-show* de la tele, al menos por la noche, y tirar esas revistas tóxicas, que hacían que inconscientemente se comparara con las celebridades que aparecían en ellas. (*¡Al menos yo no voy a rehabilitación por cuarta vez! ¿Cómo se pueden tener unas tetas tan grandes cuando se es tan pequeña y delgada?*) El hábito de este tipo de lectura nunca conduce a mejorar nuestra autoestima. Le advertí de que no llenara esa hora de «paz» con otra actividad que agitara su mente, como estar delante de una pantalla, y que utilizara ese tiempo para hablar por teléfono con algún ser querido o practicar alguna afición relajante, quizás hacer punto. Estas actividades debía realizarlas fuera del dormitorio. Las únicas actividades que podía hacer allí, una vez que se metiera en la cama, eran masturbarse y leer, aunque tenía que ser un libro en papel no en formato digital. La luz de los lectores de libros digitales puede engañar al cerebro, hacer que se desvele y que conciliar el sueño resulte difícil. Y tenía que apagar la luz antes de irse a la cama, porque su cerebro necesitaba oscuridad de verdad para entrar en los estados que necesitaba para descansar y recargarse. Comprendía que este último requisito se oponía a su sentido de estar a salvo, así que le aconsejé que se pusiera una luz piloto y que se asegurara de enchufarla antes de meterse en la cama.

Lacey hizo todos los cambios en su rutina antes de acostarse en tan sólo unos días. Al cabo de dos semanas, se sentía más descansada, más atenta y con más energía que en varios años. Estaba entusiasmada cuando me dijo que ahora, en vez de temer el momento de acostarse, lo estaba deseando, y que consideraba que esa última hora del día era la más importante para cuidarse y realizar un ritual saludable. Me alegró mucho que me dijera esto, porque crear rituales para satisfacer nuestros deseos enardece mi alma.

Por qué los rituales nos devuelven a la vida

¿Por qué acabamos todas teniendo nuestros alimentos-refugio favoritos, esas recompensas que nos concedemos cuando las cosas se ponen difíciles? ¿Por qué nos excedemos con alimentos que no siempre nos gustan, como el empalagoso pastel de boniatos con nubes de Grandma Bushka, que engullimos cada día de Acción de Gracias? Hay muchas coincidencias entre el antojo de comer algo y los rituales para comer, y cuando se mezclan estas cosas, nos encontramos en el ámbito de los hábitos alimentarios, buenos y malos.

Me eduqué en una casa con mentalidad ecologista en la que todo era «hágaselo usted mismo», la ley que imperaba eran las verduras y las frutas primero, y si tenías suerte, dulces. Mis padres eran muy estrictos respecto a no tener refrescos ni comida basura en casa, y a pesar de la típica fase rebelde de adolescente, durante la cual me convertí en una yonqui del azúcar, esa fase prematura de entrenamiento me ha sido muy útil. Ésa es la razón por la que ahora se me antojan antes las cosas buenas que las malas; no siempre, pero casi siempre. Reconozco el mérito de mi familia al ayudarme a crear hábitos alimentarios y rituales con mi cuerpo y mi mente que me hicieran decantarme hacia las cosas saludables. Pero sólo me inclino hacia lo sano si escucho a mi cuerpo. El «si» de la frase anterior es donde hemos de poner nuestra atención, y voy a recalcar esto muchas veces a lo largo del libro. Nunca enfatizaré lo suficiente la gran importancia de escuchar a nuestro cuerpo, a fin de comprender sus apetitos y deseos. Y para realizar cambios saludables, necesitamos este entendimiento profundo.

Todas hemos heredado hábitos alimentarios de nuestras familias de origen. Siempre animo a mis clientas a que recuerden ese entrenamiento temprano, especialmente en lo que respecta a los rituales en torno a la comida, porque las características familiares y los estilos de comer suelen tener una gran influencia en cómo comemos ahora.

Por ejemplo, si te has criado en una familia norteamericana donde comías tres veces al día, a ciertas horas establecidas, es muy probable que experimentes una fuerte sensación que identificarás con el hambre, a esas horas concretas. Si sueles almorzar a las doce en punto (o, para el caso, a una hora fija distinta en países con costumbres distintas a las de Estados Unidos), es muy probable que todos los días a esa hora tengas lo que consideras hambre. Pero la próxima vez que sean las doce, prueba esto: espera. Quédate donde estás durante unos minutos y obsérvate.

Cierra los ojos, ponte cómoda, coloca una mano en tu abdomen y respira. Quédate en silencio y pregúntate qué es lo que realmente quiere tu cuerpo. ¿Qué es lo que te resulta agradable de este viejo hábito? ¿Era entonces cuando tu madre y tú aprovechabais para contaros las novedades del día? ¿Era ésa la comida en la que te tomabas tu vaso de leche con chocolate? ¿Era un momento estresante porque tenías que comer, aunque no tuvieras hambre? ¿Te agobiaba esa rutina tan estricta? Si te dedicas a reflexionar unos minutos, es posible que te des cuenta de que ya no estás pensando en el almuerzo o en la comida; sino en tu vida, en tus sentimientos, en tu estado de ánimo y en tus necesidades.

Generalmente, esta breve pausa, este pequeño cambio en la rutina, bastará para cambiar tu relación con la campanada de la comida de las doce en punto. Es suficiente porque saca el ritual del ámbito de lo mecánico, de lo inconsciente, de lo habitual y lo vuelve consciente. Ha aportado a la mesa un aspecto de conciencia plena o el tipo de conciencia fundamental que es necesaria para cambiar cualquier hábito. Al concederte este momento de reflexión en silencio, tu cuerpo y tu mente pueden sosegarse y las expectativas físicas y psicológicas de gratificación se calmarán. Es posible que después de haber respirado y escuchado a tu antojo, notes un ligero aumento de energía y que te concentras mejor, y puede que prefieras seguir con lo que estabas haciendo (trabajar, hacer tareas o tu clase de yoga de última hora de la mañana). Has de confiar en este impulso y esperar a que suceda esto. No pasa nada por romper con la tradición familiar. Es totalmente correcto modificar ese ritual. A fin de cuentas, el almuerzo puede esperar.

Por otra parte, si transcurridos unos minutos llegas a la conclusión de que de verdad tienes hambre, podrás decidir lo que quieres comer y te sentirás como realmente deseas. Así que, en vez de ir de cabeza a comprarte una hamburguesa con queso y patatas fritas a la hamburguesería de la esquina, puede que pienses que en este momento te apetecería más y te sentarías mejor un yogur con frutas frescas, o un vaso de té frío con menta, o un puñado de frutos secos salados. Es decir, que puede que sólo necesites picar algo, no una comida formal. Y eso también está bien. Al concederte espacio para respirar profundo y sentir y escuchar lo que necesita tu cuerpo, te has abierto a la oportunidad de poder elegir otra cosa.

Una de las grandes lecciones de este tipo de experimento minimalista es desarrollar la habilidad de distinguir entre tener hambre y un hábito. Puede que empieces a darte cuenta de que durante esos diez minutos no has pensado en comida, sino más bien en por qué siempre te detienes a esa hora. Luego reconoces que: comer a esa hora establecida era más un ritual que una respuesta al hambre. Puede que decidas que prefieres trabajar una hora más, al menos por hoy, o terminar lo que estabas haciendo y salir a dar un paseo. Ahora estás abierta a todo tipo de posibilidades y puede que por primera vez te sientas entusiasmada —y con poder sobre ti misma— respecto a la hora de comer. El ritual, el hábito, se ha roto, o al menos lo has interrumpido temporalmente, y lo que enseguida ocupa su lugar es la posibilidad y la opción. Entonces es cuando pueden suceder cosas mágicas.

3

LA CONEXIÓN CUERPO-MENTE

«Siempre he sido gorda», me dijo Lysa, demostrando que lo tenía tan asumido que me dejó perpleja. Llevábamos un par de meses trabajando juntas y cuando me dijo esto estábamos en mi cocina guisando un delicioso estofado vegetariano hindú, que sabía que satisfaría su tipo de antojo y le proporcionaría la energía que necesitaba.

«He salido a mi padre, que es de constitución bastante musculosa y gruesa —prosiguió. Luego se rió—. No me extraña que la gente siempre me pregunte si mi madre es mi madre biológica.»

Lysa es hija de un latino alto y atlético. Su madre es de constitución frágil y esbelta, además de ser rubia y blanca. Indudablemente, ella ha heredado lo mejor de ambos; es atractiva a más no poder. Pero también gasta la talla cuarenta y seis.

«Mi talla no siempre ha sido un problema —prosiguió—. En mi etapa del instituto y en la universitaria hacía deporte y estaba más conforme con la misma. Era fuerte y competitiva, y eso hacía que me sintiera bien conmigo misma. Muchos chicos pensaban que era muy sexy.» Se rió y me miró pensativa.

«Pero para mi madre... siempre ha sido un problema. Quería que me pareciera más a ella, esbelta, elegante... Que fuera otra. —Se detuvo un momento a pensar—. No es que no me quisiera, ¡me quiere! Es porque sabía que lo tendría más difícil al no encajar en las medidas comúnmente aceptadas.»

La presión que sufrió Lysa tanto en su casa como por parte de la sociedad en general para tener cierta talla acabó haciendo mella cuando fue a la universidad. Allí empezó a atiborrarse, y luego, a purgarse para adelgazar. Bajaba a la talla cuarenta o a veces incluso a la treinta y ocho, y entonces cuando se sentía débil y desnutrida, comía como si se estuviera muriendo de hambre —que era justamente lo que le estaba indicando su cuerpo— y recobraba rápidamente todo el peso que había perdido con tanto esfuerzo. El ciclo era de una dureza brutal tanto para su físico como para su estado de ánimo. Desde entonces ha tenido muchos problemas para equilibrar el azúcar en la sangre, lo que le ha provocado alteraciones hormonales, depresión y apatía. Me llamó cuando ya estaba harta, enferma y cansada de sentirse tan alicaída y pesada. Deseaba desesperadamente volver a conectar con esa parte de sí misma que era fuerte, sexy e inteligente.

Lysa es una mujer espléndida que está entrando en la mejor etapa de su vida, tiene treinta y pocos años y un buen trabajo, aunque estresante, como secretaria en un bufete de abogados, y a pesar de que se ve gorda, tiene citas con la esperanza de encontrar a alguna persona que, según sus propias palabras, «sea un buen marido, y mejor padre». Se le ilumina la cara cuando habla de sus aventuras amorosas, y ha recurrido a mí para que la ayude a sentir la pasión en el aquí y ahora, en el momento presente.

Mientras se cocía el estofado que estábamos haciendo juntas, Lysa y yo nos sentamos a charlar largo y tendido. Quería saber qué era lo que realmente pensaba de su cuerpo, qué veía cuando alguien la animaba a contemplarlo a través de sus propios ojos, en lugar de hacerlo a través de los despiadados filtros de sus experiencias del pasado.

—¿Qué es lo que más te gusta de tu cuerpo? —le pregunté.

Esta sencilla pregunta no sólo la desconcertó, sino que hasta la avergonzó.

—Sinceramente, no lo sé... —Era la primera vez en ese día que Lysa se quedaba sin palabras. Yo sonreí y tomé un sorbo de mi infusión. Teníamos todo el tiempo del mundo.

Voy a ser sincera respecto a este asunto: nos resulta infinitamente más sencillo vivir en nuestra cabeza que en nuestro cuerpo. En nuestra cultura valoramos más el análisis que la intuición, los datos que la experiencia sensorial. Por eso apreciamos tanto a nuestros «expertos», especialmente los que se sienten obligados a decirnos que contar calorías, o pasar muchas horas en el gimnasio, o comer la última barrita dietética que ha salido al mercado, es la mejor forma de cuidar nuestro cuerpo. Y cuanto más énfasis pone alguien en decirnos que «ésta es la manera», más sumisas y obedientes nos volvemos, al menos durante un tiempo. Cuando pedimos hora para ir al experto del programa del momento —tanto si se trata de uno diseñado para ayudarnos a adelgazar, como si es para entrenarnos para un maratón o para montar un negocio—, solemos dejar nuestro mejor instinto e inteligencia puramente femenina en la puerta.

Sumemos esta fe ciega en el consejo de un experto a las descabelladas expectativas creadas por los medios de comunicación sobre cómo se supone que ha de ser el cuerpo de una mujer y es posible que acabemos tirando la toalla. No tiene ninguna gracia estar continuamente expuestas a imágenes de modelos de la talla treinta y dos, mujeres con aspecto de extraterrestres cuyas imágenes han sido creadas mediante aerografía y retocadas con Photoshop hasta conseguir las formas angulares de Barbie, que nada tienen que ver con una mujer real. Lo único que se ha conseguido con esta exageración de este cuerpo ilusorio es que nos alejemos aún más de nuestro propio cuerpo y de nuestra sabiduría física. Nos miramos al espejo y vemos que estamos «mal». Por consiguiente, todo lo que surja de este cuerpo, evidentemente defectuoso, también estará mal. Lo que sentimos en nuestro cuerpo está totalmente en contra de lo que está sucediendo en nuestra cabeza contaminada por los medios. Y ésta es la causa de que la mayoría de las mujeres que conozco tengan una pésima relación con su cuerpo y se avergüencen del mismo.

Bueno, creo que ha llegado el momento de acabar con esto.

Ya hemos visto un poco cómo responde nuestro cerebro a las señales básicas que envía nuestro cuerpo relacionadas con el hambre o con los antojos. Pero ¿qué sucede con los mensajes que envía la mente al cuerpo respecto a nuestro aspecto físico?

¿Nos está diciendo la verdad? ¿Está trabajando para ayudarnos a sentirnos mejor y más cómodas en nuestra piel? ¿O se aferra a los modelos inhumanos e irreales que nos presentan los medios o que tratan de imponernos las incesantes voces de nuestras exigentes madres o nuestro propio autodesprecio?

Ha llegado la hora de que revises tus sentimientos y te sinceres contigo misma respecto a cuánto conoces y amas tu cuerpo, el cuerpo que tienes en este momento. Has de descubrir si tu mente está apoyando lo que desea tu cuerpo, y si no es así, ya es hora de que cambies tu actitud y de que tu mente y tu cuerpo hallen una saludable armonía. Y la única forma de hacerlo es conectarlos a través del corazón.

Escucho a mi cuerpo con mi «corazón»

En nuestra cultura nos encanta dividir las cosas en dos, pensar en términos de «esto o aquello», y en nada se refleja mejor que en nuestro concepto de cuerpo y mente. Consideramos que nuestro cerebro es una máquina, que de algún modo se puede separar de los sistemas físico y químico que componen nuestro organismo. Pero lo cierto es que todos están interconectados, nuestra mente y nuestro cuerpo están interrelacionados, y se entrecruzan y encuentran en el órgano más importante de nuestro cuerpo: el corazón.

Piensa que el corazón bombea la sangre, el fluido de la vida, hacia y a través de todos los órganos principales del cuerpo, incluido el cerebro. Y, aunque sea metafóricamente, el corazón es la sede de nuestros deseos y anhelos más profundos. Es donde reside el amor, incluido el amor hacia nosotras mismas. Puesto que el corazón es tan importante para nuestro bienestar general, hemos de explorarlo más a menudo. Esa fresca y nublada tarde en mi cocina de Brooklyn, fue el día en que Lysa empezó a indagar en su propio corazón y a comprender de una forma nueva y transformadora, los mensajes que le enviaban sus antojos.

La intimidad de la imagen corporal

La incapacidad de Lysa para decirme espontáneamente algo que le gustara de su hermoso, voluptuoso y curvilíneo cuerpo no era algo nuevo para mí: la mayoría de mis clientas tienen graves problemas para adoptar una visión positiva, sincera e imparcial sobre sus propios cuerpos. Cambiar la idea que tenemos sobre nuestro cuerpo y aprender a observarlo de dentro hacia fuera, en vez de hacerlo de afuera hacia dentro, es un proceso muy personal, íntimo y aterrador, al menos al principio. También puede ser muy doloroso, puesto que nos hemos habituado a escuchar a las voces negativas que nos gritan desde todas esas imágenes de mujeres, contraproducentes y mayoritariamente falsas, con las que nos bombardean a diario. Si a esto le añades todos los mensajes negativos sutiles y otros no tan sutiles que hemos estado ingiriendo a lo largo de toda nuestra vida, enviados muchas veces por personas muy cercanas a nosotras, no es de extrañar que seamos incapaces de decir algo bueno sobre nuestro cuerpo.

Aprender a amar tu cuerpo tal como es en este momento es un paso esencial para que puedas transformar tus hábitos, reforzar tu fuerza de voluntad y controlar tus antojos no deseados. También es la vía hacia la verdadera felicidad, pasión y libertad. Para aprender a amar tu cuerpo —o al menos aceptarlo verdaderamente sin juzgarlo—, hace falta paciencia y tiempo, y hemos de empezar por escuchar las opiniones que tenemos sobre nosotras mismas. Lo que vas a oír puede que te sorprenda.

Silencia la mente crítica sobre tu cuerpo

Puesto que mi primera pregunta («¿Qué es lo que más te gusta de tu cuerpo?») había desconcertado a Lysa, le hice otra: «¿Qué es lo que no te gusta de tu increíble cuerpo?»

Entonces se animó, pues todas tenemos una lista de cosas que *no* nos gustan de nosotras mismas.

—Bueno, sé que no tendría que tener las piernas más musculosas que un hombre...

—¡Espera un momento! ¿Quién te ha dicho esto? —La mirada de espanto que puse le hizo reír.

—¡Alex, ya lo sabes! ¡Se supone que todas hemos de tener las piernas estilizadas de Barbie! Y éstas no son precisamente...

Ahora estaba de pie mirándose.

—Bueno, ¡estas piernas son algo serio!

—¿A qué te refieres? —le pregunté.

De pronto se sonrojó.

—Bueno, si al chico con el que estoy saliendo le dejara hacer...

—Luego, ¿a él le gustan tus piernas?

—Sí.

—Pero ¿y a ti?

Se puso seria y se calló.

—Toda mi vida he pensado que tener unas piernas tan musculosas no era femenino. Pero siempre las he tenido así. Por eso he destacado en los deportes.

—¿Te das cuenta de la suerte que tienes de ser tan fuerte? —le pregunté.

Aunque hacía años que no practicaba ningún deporte formalmente, tuvo que admitir que tenía unas piernas estupendas y bien torneadas.

—Pues... ¿quizá no odio mis piernas?

Ahora ya no estaba tan segura.

—¿Sabes una cosa? Creo que me encantan mis piernas, especialmente mis muslos atrevidos y sexys.

Estaba segura de que me lo estaba diciendo principalmente para complacerme, pero a pesar de todo pude observar que sus ojos brillaban de otra manera.

Es extraordinario con qué facilidad e inconsciencia aprendemos a ver negativamente nuestro cuerpo, a rechazarlo sin tan siquiera detenernos a observarlo. Lysa acababa de tener uno de esos flashes de comprensión súbita allí mismo, en mi cocina. En cierto modo se estaba mirando por primera vez en su vida. Fue un momento breve, pero transformador. Empezaba a observarse con sinceridad.

—El *kitchari* ya está listo —le dije levantándome y dirigiéndome hacia la cocina para remover una vez más el aromático guiso. Luego nos volvimos a sentar para degustar juntas el saludable y delicioso plato.

Concédele a tu cuerpo el beneficio de la duda

Aquí tienes la cruda realidad sobre lo que sucede cuando no queremos a nuestro cuerpo: si estamos ocupadas desmembrándonos, parte por parte, agotamos nuestra fuerza de voluntad y somos incapaces de controlar el resto de nuestra vida. Reflexiona sobre esto: si tu mente mantiene constantemente una conversación negativa consigo misma, sobre todo, ese tipo de charla que nos somete a través de la negación de la verdadera belleza y fortaleza de nuestros extraordinarios cuerpos femeninos, no queda lugar para que realicemos una nueva acción positiva o nos concentremos en las cosas buenas; nuestra mente está demasiado distraída, tiene demasiada carga para concentrarse en crear más pasión y felicidad en la vida.

Nuestro cerebro corre por las pistas que le hemos preparado, y si corremos por las del hábito de lo negativo, el autodesprecio y la autolimitación, recorrerá una y otra vez un circuito que no mejorará nuestra salud, nuestro bienestar ni nuestra felicidad.

Cuando definimos nuestro propio cuerpo como feo o defectuoso, estamos más expuestas a sentirnos atraídas por los «frutos prohibidos». Cuando siempre hablamos mal de alguna parte de nuestro cuerpo, nos volvemos vulnerables emocionalmente de formas poco saludables y nos convertimos en presas fáciles para los genios del *marketing* alimentario, para los astutos dueños de gimnasios, y de los alimentos prohibidos que tenemos almacenados en alguna parte.

Mis clientas acuden a mí frustradas por su impotencia ante sus antojos, pero en ningún momento se detienen para reconocer que ya han renunciado a su cuerpo, que de algún modo, de alguna manera intrínseca, ya se han vendido. Cuando renunciamos a nuestro cuerpo, es normal que le sigan el corazón y la mente. Sencillamente nos es imposible amar nuestro cuerpo.

Comoquiera que sea tu cuerpo ahora, es como debe ser. Puede que, según tú, le sobren siete kilos; puede que esté hinchado, cansado, perezoso o dolorido. Sea cual fuere la situación de tu cuerpo actualmente, has de decidir si vas a quererlo y cuidarlo. Una vez que hayas hecho este sencillo gesto mental hacia la aceptación de tu cuerpo, empezarás a liberarte de toda la carga mental que has venido arrastrando y que hasta ahora ha hecho que te sintieras tan pesada y demasiado cansada como para transformar tus hábitos. Has de entablar un diálogo con tu cuerpo que sea productivo y que favorezca tu salud, para que con amabilidad, pero también con firmeza, puedas retomar las riendas de tu vida. Es la única manera.

Por qué no sirve de nada que te acoses a ti misma

Todas tenemos una criticona interior que no sabe cuándo ha de callarse, y lo que es peor, esta arpía suele susurrarnos con tanta sutileza que ni siquiera somos conscientes de que nos está haciendo trizas (con frecuencia, irónicamente, mientras estamos en la cinta de andar o sobre la esterilla de yoga, cuando nos hemos abstenido virtuosamente del postre o hemos intentado ser «buenas» de alguna otra forma). A esta criticona interior la he apodado la «mente canalla». He dedicado mucho tiempo a conocer a mi mente canalla y me he esforzado mucho para transformarla en mi mente MAS (Mejor Amiga Siempre). He de estar atenta y aguzar mi conciencia cognitiva para interrumpir el monólogo negativo que tiene lugar dentro de mi cabeza, para captar esos mensajes que sabotean mis esfuerzos conscientes de sentirme bien en mi cuerpo. Pero has de hacer este trabajo, de lo contrario, te perderás todas las grandes posibilidades de gozar de una salud excelente.

¿Quieres saber lo que tiene que decir tu mente canalla? Aquí tienes un pequeño test: simplemente ve a los almacenes más cercanos, preferiblemente, fuera de temporada, y pruébate el traje de baño más atrevido que encuentres. Es muy probable que esto desencadene un aluvión de pensamientos negativos sobre tu cuerpo, y si escuchas esa charla negativa, o para ser más franca, el autocastigo que viene a continuación, puede que decidas no volver a la playa.

Así que desnúdate y sé realista respecto a tu cuerpo. Quizá tu barriga nunca estará lisa, al menos desde que tuviste a tus hijos, pero ¿y qué? En lugar de decirte que eres una perdedora porque tienes piel de naranja, ¿por qué no alabas a tu cuerpo por haber sido capaz de dar a luz hijos sanos? ¿Y qué pasa si por tu constitución no saldrás nunca en una portada de *Sport Illustrated*? ¿A quién más le importa en tu vida real, además de a ti? No estoy intentando ser amable o, lo que es peor, de crear eslóganes con garra pero vacíos, lo que te intento decir es que la comparación sólo trae desesperación, sea cual sea tu aspecto. Lo que importa es que aceptes tu cuerpo —el que tienes en este momento— y que sepas que, mientras te sirva para que sigas avanzando en tu creación de la vida de tus sueños, es fenomenal.

Si no puedes conseguirlo, si no puedes querer a tu cuerpo —michelines, granos, rizos, etc.—, es que has de romper el hábito de la conversación negativa que mantienes con él a la que tan acostumbrada está tu mente. Has de ser consciente del momento en que estás traicionando a tu propio cuerpo, en que te estás vendiendo, y entonces pon esto en práctica, te recomiendo que intentes:

- Escribir una lista de diez cosas que te gustan de tu cuerpo y la cuelgues en la puerta de la nevera para que puedas leerla cada día.

- Abstente de criticar tu físico y el de cualquier otra persona.

- Concéntrate en tus sentimientos, no en lo que marca la báscula o en la etiqueta de la talla de un vestido.

- Disfruta de lo que hace bien tu cuerpo (bailar, sexo, practicar algún deporte, etc.).

- No te dejes intimidar por las tallas que se ven en los medios/discriminación del tipo de cuerpo. Bueno, lo mejor que puedes hacer es dejar de consumir ese tipo de medios. Evita todos los *reality show* de la tele.

- Olvídate de las dietas o programas de ejercicio que sean rígidos, estrictos y que se basen en la abstención.

Ya hay bastantes cosas en nuestra contra como para que encima nos pongamos en contra de nosotras mismas. Ésta es la razón por la que es esencial que rompamos los hábitos mentales que nos impiden estar en paz con nuestro cuerpo.

Cuando malgastamos nuestra energía creando o reforzando hábitos mentales, corporales o espirituales de autosabotaje, seguimos siendo esclavas de nuestros antojos. Avergonzarnos de nuestro cuerpo y odiarlo destruye todas nuestras mejores intenciones y hace imposible que disfrutemos comiendo, haciendo el amor o realizando cualquier otra actividad que nos guste. Apaga nuestra creatividad y limita el saludable poder mental que necesitamos para triunfar en el trabajo y en el hogar. Has de defender tu derecho a amar tu cuerpo. Es la única forma de ser verdaderamente libre.

¿Cuál es tu constitución?

Estoy convencida de que identificar y entender tu constitución física es de vital importancia para que puedas establecer los hábitos del corazón que son los que realmente van a apoyarte y a ayudarte a desatar tus pasiones. Me encanta cualquier herramienta que me ayude a desprenderme conscientemente de las rutinas y rituales que han estado minando mi autoestima. Pero no me gustan las descripciones superficiales (y francamente, bastante groseras) de las constituciones femeninas, como las que aparecen en las revistas para mujeres. No me gusta decirle a ninguna mujer que se compare con una fruta (no conozco a ninguna mujer que parezca una manzana o una pera) o con una forma geométrica (¿hay alguien que parezca un triángulo?). Estas «constituciones físicas» no hacen más que separar al cuerpo de la mente y favorecer el sentimiento de que nuestros cuerpos son objetos que se pueden clasificar fácilmente. Esto nos aleja por completo del asunto.

Por eso me enamoré de los principios de salud holística de la medicina ayurvédica. Ayurveda o «la ciencia de la vida» es una antigua filosofía india que respeta y eleva el bienestar de la persona, de su cuerpo y de su alma. Es una celebración, un intenso reconocimiento de lo únicas y valiosas que somos todas las personas, es un sistema personal y universal a un mismo tiempo. Se basa en la prevención y en la dieta, la comida se considera medicina y es esencial para la salud y el bienestar, como lo son nuestros hábitos. La esencia de este sistema que va a favor de la vida son los cinco elementos maestros (fuego, aire, agua, tierra y espacio), y estos elementos se manifiestan en tres energías primarias o *doshas*. Estas energías vitales están presentes en todos los seres humanos en proporciones distintas. Estas energías se combinan formando tres tipos de cuerpos y apetitos: en sánscrito se llaman *vata*, *pita* y *kafa*. El lenguaje de los *doshas* es hermoso y poético, y, a mi modo de ver, deliciosamente femenino. Cuando *vata* está equilibrado, tienes mucha vitalidad y creatividad; cuando *pita* está equilibrado, estás más satisfecha y se aguza tu intelecto; cuando tu energía *kafa* está equilibrada, expresas amor y perdón con más facilidad. El sistema ayurvédico se forja en torno al concepto de que todos nacemos con un *dosha* dominante, y esta constitución moldea no sólo tu espíritu, sino también tu cuerpo, aunque a medida que creces, cambias y evolucionas, cambiarán las energías de tus *doshas*. El ayurveda reconoce la impermanencia y la brevedad y fluidez de nuestra existencia. Siente tal respeto por la vida que su aceptación y afirmación de la condición humana me parece irresistible.

La primera vez que experimenté la fuerza de las tres constituciones fue cuando asistí a un taller de ayurveda para mujeres en Nueva York al principio de mi formación. Recuerdo que era un día nevado y que estábamos en una sala grande y con mucha luz, el instructor nos pidió que cada una identificáramos qué *dosha* se ajustaba mejor a nosotras y que luego nos agrupáramos por constituciones en diferentes partes de la sala. Yo me fui con las *vata*, luego el instructor nos pidió que avanzáramos hacia el centro de la sala y que formáramos un círculo. Miré a las *pita* que tenía a un lado y a las *kafa* que tenía al otro, y recuerdo que me di cuenta de lo cierto que era lo de los *doshas*. Allí estaba yo, entre las *vata*, las mujeres de mi grupo éramos notablemente más altas que las demás y mucho más charlatanas. Nuestro segmento del círculo se encorvaba y movía constantemente, porque ninguna de nosotras podíamos estarnos quietas (¡demasiado excitables!) mucho rato. A continuación, las *pita*, que eran las mujeres de constitución media, hablaban pero no muy alto, y no con el mismo tipo de energía vivaz que surgía de mi grupo. Al otro lado, las *kafa* parecían dispuestas a comerse el mundo, éste era el grupo de las mujeres con más curvas, las más quietas, más fuertes y las más silenciosas. Pero, en general, ¡la energía que desprendía este círculo era increíble! Era muy positiva, vibrante y femenina. Permanecimos un rato en ese círculo, gozando de toda esa energía positiva. Cuando terminó el taller, sentí que me conocía mejor y que había descubierto nuevas vías de motivación extraordinariamente útiles. Desde entonces, he incorporado la enseñanza holística y positiva para el cuerpo del ayurveda en mi práctica de *coaching*.

Satisfacer a tus doshas *te hará feliz.*
Deepak Chopra

Respetar tus antojos te honra.
Alexandra Jamieson

A medida que he profundizado y he evolucionado en mi trabajo como consejera de salud holística, he ido modificando el concepto de los *doshas* para que, a mi entender, sea más comprensible para mis clientas. Utilizo mi propia versión de los tres grandes paradigmas de la energía, para ayudarlas a que se sientan más cómodas con su constitución. Los he apodado Peso Pluma *(vata)*, Líder *(pita)* y Madre Tierra *(kafa)*.

Peso Pluma, Líder y Madre Tierra

Sé que parece que vaya a contar el típico chiste de «tres tipos entraron en un bar...», pero en realidad, estos arquetipos expresan lo mejor de nuestra esencia femenina, y saber de qué formas estas energías influyen en nuestro cuerpo, personalidad y temperamento puede ayudarnos a comprender mejor nuestros antojos y hábitos.

La primera, el Peso Pluma, es una mujer que se elevará y volará siempre que pueda. Sus pensamientos, incluso su cuerpo suelen ser volátiles, finos, y pueden ser zarandeados fácilmente por los vientos cambiantes del mundo que la rodea. Lo sé porque yo soy una típica Peso Pluma, alta, de miembros largos y huesos finos. Somos creativas y nos encanta implicarnos en cuerpo y alma en las cosas que nos motivan, ya sea bailar, el sexo pasional o escribir. Acumular peso extra, normalmente no es un problema para nosotras porque solemos estar demasiado distraídas como para concentrarnos en la comida. Pero comer de esta forma también puede acarrearnos problemas, pues al concederle tan poca importancia a la comida, corremos el riesgo de abandonarnos en lo que a nutrirnos se refiere. Por otra parte, como tendemos a ser frioleras —manos y pies fríos—, hemos de abrigarnos y asegurarnos de que tenemos reserva de energía. También hemos de hidratarnos para mantener nuestro motor de colibrí en buen funcionamiento a fin de poder seguir revoloteando. Las Peso Pluma pueden encontrar el equilibrio en la meditación, el descanso y la soledad.

Las Líder son los pesos medios. Estas mujeres suelen estar bien proporcionadas, tener un cuerpo y unos huesos de tamaño medio. Su energía física se puede manifestar como una gran seguridad en su cuerpo (las Líder pueden ponerse lo que les plazca y les sienta de maravilla) y en general gozan de buena salud. Las Líder suelen ser atléticas, emprendedoras, autoritarias, seguras de sí mismas. Saben estar en grupo y les gusta liderarlo. Su mente es rápida, pero no volátil. Les gusta la buena comida y lo que mejor les sienta es comer equilibradamente tres veces al día. El camino intermedio es lo que mejor les va; si se «calientan» en exceso, pueden perder su frescura, y antojárseles el alcohol o la cafeína y ser demasiado generosas con los mismos, o ser demasiado competitivas. Tomarse las cosas con más tranquilidad siempre es un buen recurso para ellas.

Las Madre Tierra son las más robustas y fuertes de las tres. Son las que tienen más energía, resistencia y tenacidad. Las Madre Tierra como mi clienta Lysa, tienen curvas en todos los sitios donde hay que tenerlas. Pero han de andarse con cuidado con el sedentarismo porque tienen que tener activos todos sus maravillosos músculos, han de hacer un buen uso de los mismos. Han de moverse, y lo que mejor les va es la carrera de fondo, los paseos por la montaña, nadar largas distancias o hacer cualquier otra cosa que las conecte con su capacidad de resistencia, pues ello les favorecerá.

Son las profundas, las que piensan y aman con profundidad, muchas veces son más leales de lo que deberían, porque no les gustan los cambios. Como sus hornos internos suelen estar recalentados, buscan formas de enfriarlos con recompensas refrescantes como el helado. Pero tienden a comer en exceso, a volverse perezosas y a quedarse estancadas, así que a veces, además de engordarse, también se deprimen un poco. Las Madre Tierra han de aprender a comer más despacio y a saborear su comida, a saber que hay comida de sobra, que se pueden relajar respecto a ese tema y poner más atención en sus necesidades emocionales. Esto puede implicar tener que salir de su zona de confort y ser más sociables y espontáneas.

Eso fue lo que hizo Lysa, mi adorada clienta Madre Tierra. No hace mucho me llamó para preguntarme si estaría dispuesta a ir a darle ánimos durante su primera actuación de comedia en vivo, en una noche de micros abiertos que se celebraba en un club de la comedia de su zona. «¿Lo dices en serio? ¡Pues claro que iré!», le dije. Me quedé estupefacta, la faceta pública de Lysa era muy discreta y vergonzosa. Me moría de ganas de ver cómo expresaba su maravilloso sentido del humor algo subidito de tono y que yo había tenido el privilegio de conocer. Pues bien, déjame decirte algo: Lysa lo clavó. Fue la única novata esa noche y dejó al resto de los habituales hechos polvo. ¡Era lo suyo! Y la felicidad y extraordinaria energía que derrochó iluminó la oscura sala.

Comprender y aceptar nuestro cuerpo es un requisito imprescindible para vivir con autenticidad y pasión. Desear el cuerpo de otra persona o que nuestro cuerpo sea distinto no nos hace ningún bien. (Yo destacaba entre todas mis compañeras y compañeros de clase, incluso en la escuela primaria, y tengo breves recuerdos de haber deseado ser una de las bajas de la clase, en lugar de ser siempre la más alta del curso.) Pero saber lo que necesita y anhela nuestra constitución básica y crear hábitos del corazón saludables para reforzarla hará que nos sintamos llenas de vitalidad.

Bailando con Grandma Fun

Hace unos meses invité a unas cuantas clientas a que vinieran a Nueva York a pasar un fin de semana intensivo conmigo. Nos pasamos el tiempo hablando de nuestros hábitos —de lo que nos funcionaba y lo que no— y sobre cómo podíamos ayudarnos mejor mutuamente mientras creábamos los hábitos del corazón que nos liberarían a cada una de nosotras. Cocinamos y comimos cosas deliciosas, escribimos, luego salimos a hacer locuras.

Grandma* Fun es el nombre artístico de una mujer de unos veinticinco años que no es abuela de nadie, y que ha descubierto su vocación por el burlesque. Ha empezado a tener bastantes seguidores en Nueva York, y parte de su trabajo consiste en enseñar a otras mujeres a conectar y a liberar a su Dita Von Teese interior. Nos invitó a que tomáramos una clase particular. Éramos seis en una escuela de baile, alineadas delante de espejos flanqueados por dos barras de estríper. Cuando llegamos, empezamos a hacer muchas bromas por nuestro nerviosismo, teníamos muchos reparos a desprendernos de nuestros abrigos, mucho dolor de barriga por lo «gordas», «estúpidas», «patosas» o cualquier otra cosa que fuéramos. La verdad es que nada de eso tenía importancia, al menos no para Grandma Fun. Lo único que pretendía era ayudarnos a despojarnos de nuestra ropa y de nuestras inhibiciones.

---

* «Abuela» en inglés *(N. de la T.)*

Así que nos pusimos manos a la obra. Grandma Fun se sentó delante de nosotras y nos contó su historia. Resulta que era una Madre Tierra apacible con un toque de Líder, una mujer que había pospuesto sus sueños de ser bailarina de burlesque hasta que consiguiera ponerse en forma, entonces su prometido murió en un incendio. Al perder a su novio se dio cuenta de que la vida era demasiado corta para «esperar a adelgazar» y que tenía que empezar a actuar de forma que pudiera vivir el ahora. Nos enseñó algunos movimientos básicos de un modo desenfadado y bromista. Luego se puso unos guantes largos hasta los codos, cogió una boa de plumas, puso música y empezó a moverse. No creo que ninguna de nosotras pestañeáramos, y menos que cerráramos la boca. Se contorneó, sonrió y mostró su descaro, y con ello consiguió captar toda nuestra atención. ¡Guau! Era *dinamita pura*.

«Ahora os toca a vosotras», nos dijo entregándonos su boa de plumas y sus guantes.

Una a una, abrumadas por nuestro sentido del ridículo, empezamos a balancearnos y contonearnos torpemente, y mientras estábamos en ello, Grandma Fun subió el volumen de la música y bajó las luces. La sala quedó tan acogedora y libre que sin darnos cuenta, todas nos estábamos moviendo a nuestro aire. Grandma Fun nos persuadió a cada una por separado, y luego nos agrupó para hacer algunos movimientos en grupo. Cuando, por fin, apagó la música y encendió las luces, todas estábamos allí de pie, empapadas en sudor y con una gran sonrisa. ¡Vaya marcha! Fue casi mejor que el sexo. Cuando volvimos a la noche neoyorquina, fue como si todo estuviera cargado de electricidad y lleno de vida. Nos despedimos intercambiándonos profundos abrazos y quedamos para concluir nuestro encuentro al día siguiente durante el desayuno-almuerzo del domingo.

Analizar lo que había sucedido después de la clase con mis compañeras «Grandma» fue toda una revelación. Tuve la sensación de que estaba con un nuevo grupo de mujeres, todas estaban radiantes, despiertas, vivas. Comimos, reímos y nos regocijamos en el resplandor de habernos atrevido a salir de nuestra zona de confort. Allí estábamos nosotras, un grupo de mujeres de todas las edades, razas y constituciones físicas, pero todas unidas ese día, feroces y encendidas, y totalmente presentes en nuestros calientes, pero que muy calientes cuerpos.

Descubre los apetitos de tu *dosha* y obtén información más detallada sobre la alimentación y ejercicios adecuados para tu constitución en:

www.AlexandraJamieson.com/cravingquiz/

4

SABER ESTAR EN TU CUERPO

*Hay más sabiduría en tu cuerpo
que en tu filosofía más profunda.*
FRIEDRICH NIETZSCHE

Yo soy una de las afortunadas y lo sé. Tiendo a ser esbelta, aunque como ya sabéis ha habido etapas en mi vida en que no he estado delgada. Siempre me he sentido de maravilla en mi cuerpo cuando estoy en movimiento. Incluso ahora que soy una madre trabajadora, me encanta sentirme libre como me sentía cuando todavía era una jovencita. Para satisfacer esta necesidad, decidí llevar a mi hijo a la escuela en bicicleta (siempre que el tiempo lo permitiera, por supuesto: Brooklyn a veces se ve azotada por algunas tormentas locas y desproporcionadas). La logística de atar a mi hijo que ya se va haciendo mayor en su asiento de seguridad sin olvidar ninguna parte esencial de nuestro equipamiento (cascos, llaves, etc.) es toda una historia, pero, una vez en ruta, siempre me siento bien. De hecho, cuando cojo el ritmo, me siento de maravilla. Me encanta aparcar delante de la puerta de la escuela y dejarlo allí sabiendo que empezamos el día dando una vuelta nada despreciable y pasando juntos un buen rato al aire libre. Luego, después de haberle dejado en el colegio, la vuelta a casa es trepidante, pues al ir ligera de carga es como si volara. Tengo suerte de poder hacer esto. Pero además a mi cuerpo le encanta este desplazamiento y lo mantiene en forma. Lo sé porque el pasado otoño, cuando empezaron a caer las hojas y bajaron las temperaturas, tuve que olvidarme del paseo en bicicleta diario, y enseguida empecé a notar mi molesta y encorvada espalda. Bueno, tener contracturas en la espalda y molestias no es nuevo para mí: es una dolencia con la que he tenido que lidiar la mayor parte de mi vida.

Cuando tenía doce años, me diagnosticaron una escoliosis o curvatura lateral de la columna, bastante pronunciada. Como si fuera uno de los personajes de una novela de Judy Blume, se suponía que tenía que llevar un incómodo corsé-armazón veintitrés horas al día. Este armatoste estaba hecho de plástico duro de unos dos centímetros y medio de grosor. Me cubría desde las caderas hasta el torso de tal forma que caminar, sentarme y especialmente dormir no sólo era incómodo sino doloroso. Llevar ese aparato me deprimía tanto que a veces cuando dormía me lo quitaba sin darme cuenta, y al despertarme por la mañana lo veía en el suelo junto a mi cama, tenía las caderas llagadas y doloridas del roce del corsé.

Por supuesto, no podía llevar ropa normal cuando llevaba esa cosa: sobresalía por los lugares más extraños y nada me quedaba bien. No podía llevar tejanos ni faldas cortas, que era lo que llevaban todas las demás chicas. Era como si llevara una camisa de fuerza, porque el corsé me hacía caminar como un robot, lo que no hacía más que resaltar el hecho de que la ropa (principalmente, sudaderas y horrorosas camisetas amplias) se me quedaba pegada al cuerpo. Este armatoste supuestamente debía corregir mi «deformidad», pero lo único que conseguía era hacer que me sintiera... deforme.

Fue horrible.

Pero yo era una niña responsable y me tomé al pie de la letra las advertencias del médico de que, si no lo llevaba todo un año, crecería encorvada y contrahecha. Así que hice todo lo posible por permanecer encerrada en aquella monstruosa cosa día tras día (salvo cuando inconscientemente me liberaba de ella en algún momento de la noche). Pero a mitad de ese período, casi justo a los seis meses, no pude más y dejé de llevarlo. No dije nada; sencillamente, un día al levantarme puse el corsé en mi armario, y me fui como si nada. Nadie pareció darse cuenta, ni siquiera mi madre.

Afortunadamente, parte de mi tratamiento incluía visitas semanales al quiropráctico, y eso sí que parecía que me iba bien. El quiropráctico me aconsejó una serie de ejercicios que trabajaban justo la zona de mi espalda que se estaba resistiendo. Estos ejercicios incluían estiramientos para crear masa muscular y torsiones que corregirían el crecimiento arbitrario de mi columna. Además, nuestro seguro médico cubría el masaje terapéutico, así que, gracias a la mentalidad abierta de mi madre, también se incluyó eso en el tratamiento.

Nunca me olvidaré de mi primera masajista terapéutica; era una mujer encantadora y amable, de mediana edad, pelo canoso, largo y liso, y cuya ropa de color púrpura estilo caftán le favorecía mucho. Parecía que entendía la angustia reprimida que yo sentía al ser tratada como si estuviera rota. Manipulaba mi cuerpo con sensibilidad y cariño, de forma que no sólo me aliviaba el dolor, sino que también aliviaba el dolor de mi joven corazón. Con ella aprendí, en primer lugar, a reconocer el dolor muscular y la tensión que me provocaba mi escoliosis, y luego a relajarme con los mismos, mientras ella deshacía con suavidad, pero con firmeza, los profundos y marcados nudos que tenía en mi musculatura. Trabajaba con tal ternura que por primera vez experimenté la verdadera aceptación de mi cuerpo en sus manos, y estoy segura de que la amable y sanadora huella de su tacto ha quedado grabada en él.

Luego estaba Lilias, la gurú de yoga de la tele. Durante muchos años, todas las mañanas, mi madre se las arreglaba para estar frente a la televisión sobre nuestra alfombra de nudos marrón y naranja para que Lilias la guiara suavemente a través de una serie de posturas suaves y exóticas.

Después de mi diagnóstico, compartí alfombra con mi madre, pues a pesar de que tenía una escoliosis bastante grave, todavía era joven y muy flexible. Me contorsionaba con Lilias y podía sentir la circulación de la energía positiva a través de mi columna. En esos momentos, aunque no tenía ni idea de lo que quería decir con lo de «respira en el estiramiento» o «bascula la pelvis hacia delante», sabía que mi espalda estaba mejor y que estaba haciendo lo que le convenía; ella, y por ende yo, nos encontrábamos bien. En aquel entonces, tampoco tenía ni idea de qué significaba *namaste*, pero sí sabía lo relajada y feliz que se sentía mi espalda después de aquellas sesiones de yoga. Fue muchos años después, que me enteré de que *namaste* es un saludo hindú, y que supone el reconocimiento de la fuerza vital dentro de cada una de nosotras, especialmente cuando dedicamos parte de nuestro tiempo a cuidar de nuestro cuerpo haciendo algo que es tan positivo para la vida como es el yoga.

De estas poderosas prácticas y tratamientos, aprendí que el dolor físico no necesariamente es algo malo; suele ser un claro mensaje de tu cuerpo que te está indicando que has de sanar algo. A los doce años empecé a comprender que el patrón de dolor, relajación y liberación era imprescindible para tener buena salud, y que respirar durante estas tres fases, concediéndole a cada una de ellas un momento de reconocimiento directo y de respeto, era la forma de curarse. Al menos lo fue para mí, cuando era una joven en pleno desarrollo como mujer, cuyo esqueleto se estaba yendo al garete por crecer demasiado deprisa. Y lo es para mí ahora, que, aunque me acerco a los cuarenta, sigo conectando con el poder curativo divino de mi propio cuerpo para levantarme, caminar y jugar todos los días.

No le des vueltas

Aprender a silenciar a tu criticona interior, o al menos a ser consciente de ella (de esa estúpida mente canalla), es evidentemente un paso esencial para aprender a relajarnos en nuestro cuerpo. Sin embargo, a veces sólo necesitamos salir de nuestra mente por completo y dejar que sea nuestro cuerpo el que haga el trabajo de calmarse a sí mismo.

Si alguna vez has sufrido algún traumatismo físico (llevar ese corsé fue, sin duda alguna, traumático para mí), entonces sabes lo difícil que es a veces el mero hecho de relajarse. Piensa en tu cuello y hombros después de estar sentada todo el día delante del ordenador. ¿Cómo te sientes? ¿Tienes el cuello rígido? ¿Tienes los hombros relajados? Creo que incluso ahora que estás leyendo esto, habrás llevado tu atención a tu cuello y hombros por primera vez en un rato y habrás observado realmente cómo están. No me extrañaría que me dijeras que ahora que estás leyendo esto, has relajado los hombros y los has alineado con el resto de tu columna y tus caderas, y que quizás estés liberando la tensión de tu cuello haciendo un sencillo estiramiento de girar la cabeza de lado a lado. Es increíble lo que puede hacer por tu cuerpo hasta el más pequeño acto de atención, y cómo los pequeños ajustes pueden afectar profundamente a tu bienestar. Es cuestión de atención y de tomar conciencia, sin juzgar, sin insultar.

Cuando consigues acallar tu mente, puedes escuchar lo que está intentando decirte tu cuerpo. Y cuando empiezas a escuchar realmente, descubres que tu cuerpo te dirá lo que necesita para estar sano. Si no captas las pistas que te indican que algo no funciona, tu cuerpo —y tu cerebro— encontrará alguna manera astuta, y que a veces te asustará, de llamar tu atención.

El cuerpo lo sabe

Lo único que sabía era que no me sentía segura. No había forma de evitar la sensación de que el peligro me acechaba en cada esquina. Y por más que intentara decirme cosas tranquilizadoras para sacarme de encima ese temor, éste campaba a sus anchas y se negaba a abandonarme. Este tipo de experiencia no era nuevo para mí, se activaba mi respuesta de «luchar o huir» por algo relativamente mundano, y luego sin saber cómo, me ponía a llorar, me escondía bajo las sábanas o, como ahora, era incapaz de adentrarme en un metro abarrotado de gente, aunque perder el metro supusiera llegar tarde a una cita. Una noche, en la época en la que estaba viviendo con este estrés, fui al teatro con unas buenas amigas. Mi grado de ansiedad era alto, y me daba cuenta de que me estaba convirtiendo en una especie de reclusa. Suponía que salir a ver una buena obra de teatro me ayudaría a calmarme. Me reuní con mis amigas, localizamos nuestros asientos en el teatro, pero en cuestión de minutos se apagaron las luces y se levantó el telón, en ese momento me invadió el sentimiento de un oscuro presagio, me costaba respirar. Me sentía tan asfixiada que temía levantarme de pronto y empezar a gritar, allí mismo, a mitad del primer acto.

Por aquel entonces no lo sabía, pero estaba teniendo mi primer ataque de pánico.

Lo único que sabía era que algo andaba muy mal, así que me levanté de mi butaca, pasé por encima de mis amigas y me fui hasta el pasillo lo más discretamente posible. Luego, casi corrí hasta la parte posterior del teatro, y cuando llegué al baño, estaba empapada en un extraño sudor frío. Gracias a Dios, sabía lo que tenía que hacer: con mis dedos índice y corazón, me di unos suaves golpecitos con firmeza, en la cara externa de mi otra mano. Mientras hacía esto, me decía en voz alta: «Aunque tengo miedo y estoy fuera de control, me amo y me acepto completamente». Repetí esto en voz alta mientras seguía haciéndome *tapping* en los meridianos de mi cuerpo, en los puntos clave de acupresión: las sienes, al lado de los ojos, debajo de los ojos, debajo de la nariz, en la barbilla, hasta llegar al esternón y al corazón. Lo hice lenta y deliberadamente, y sentí que mi ritmo cardíaco bajaba casi de inmediato. Dejé de sudar. Pude controlar mi respiración. El pánico se fue calmando. Me tomé mi tiempo y me puse un poco de agua fresca en la cara, me arreglé el pelo, y pude regresar a mi asiento y disfrutar del resto de la obra.

Todo esto sucedió en menos de veinte minutos.

Al cabo de unas pocas semanas, todavía tenía pequeños amagos de ataques de pánico, y por supuesto solían darme cuando me encontraba en un metro abarrotado de gente, en el trayecto entre Manhattan y Brooklyn. Cada vez que se insinuaba el menor sentimiento de pánico, utilizaba la técnica del *tapping* y llegaba a mi destino sin problemas.

Lo que estaba practicando se llama EFT (que son las siglas en inglés para técnicas para la liberación emocional), lo que se conoce con el nombre de *tapping*, que es una sencilla práctica para aquietar la mente repitiendo afirmaciones poderosas y amables, a la vez que te vas dando golpecitos en ciertos puntos de acupresión de tu cuerpo. Es una extraordinaria combinación de acupresión y terapia cognitiva de viva voz. Conozco el EFT desde que fui a la escuela de nutrición y hace años que lo uso con éxito, pero ésta era la primera vez que lo utilizaba en pleno ataque de pánico. Yo misma me sorprendí y di gracias por lo bien que me había funcionado.

El EFT actúa para calmar la parte del cerebro que está convencida de que pasa algo grave, y doy fe de lo eficaz que es esta sencilla y relajante técnica. Es una forma increíblemente amable de decirle a tu mente que se detenga mientras rediriges tus pensamientos con afirmaciones totalmente positivas. Le dice a tu cuerpo que puede desatender ese impulso de luchar o huir el tiempo suficiente como para recobrar un poco el equilibrio entre tu cuerpo asustado y tu mente ansiosa. Sencillamente, calma esa incesante charla interna para que puedas regresar a tu cuerpo. El *tapping* es eficaz, gratis, no tiene efectos secundarios y te lo puedes administrar tú misma. Resumiendo, para mí es la definición de lo que significa cuidarse.

Recientemente, en Australia se ha realizado un estudio sobre las técnicas de liberación emocional, o la práctica del *tapping* sobre los meridianos, como lo llaman ellos, que demuestra que incluso reduce las ganas de comer de más. En el estudio, se evaluó individualmente a un grupo de casi cien personas con sobrepeso y obesas, para determinar la intensidad de sus antojos alimentarios y descubrir qué alimentos tenían más poder sobre ellos. Las pesaron, calcularon su IMC (índice de masa corporal) y lo anotaron, así como sus perfiles psicológicos generales que describían cómo se sentía cada persona o cómo hacían frente a la tentación, el estrés, el cansancio y otros factores. Luego dividieron al grupo en dos.

Al primero de los dos nuevos grupos creados se le enseñó EFT inmediatamente y les dieron instrucciones para que utilizaran esta técnica tranquilizante siempre que les apeteciera comer algo fuera del horario previsto. La otra mitad de los sujetos de investigación, los del grupo de control, tuvieron que esperar todo un mes para que les enseñaran el EFT, y durante esas primeras cuatro semanas, sus respuestas a los antojos alimentarios fueron monitorizadas muy de cerca.

Transcurrido ese primer mes, los que practicaban EFT tenían muchos menos antojos en comparación con los del grupo de control. Los practicantes de EFT también observaron un descenso en la intensidad de sus antojos, y muchos observaron que los alimentos a los que más les costaba resistirse ya no tenían el mismo poder sobre ellos.

Al cabo de un año, los practicantes de EFT seguían teniendo menos antojos y éstos eran menos intensos, y su habilidad para controlar sus impulsos de satisfacerlos se reflejaba en el descenso de su IMC. Este hecho indicó a los investigadores que el EFT tiene un efecto duradero, que es una fuente de ayuda válida para aquellas personas que comen en exceso y tienen antojos, y que puede serles muy útil para apoyarles en su empeño por adelgazar.

Cuando pienso en el pasado, me doy cuenta de que este período de vulnerabilidad extrema, de miedo, coincidió con el descubrimiento de que el que por aquel entonces era mi esposo tenía una amante. Teníamos un niño muy pequeño, un bebé, y el no saber si la familia se iba a disolver, hacía que me sintiera muy insegura en el mundo.

Tuve suerte de contar con una red de personas que me ayudó mucho a afrontar la incertidumbre que envolvía mi mundo en aquel entonces.

Sabía por experiencia propia que si podía controlar mi ansiedad y mi miedo podría superar la tormenta. ¿Y sabes una cosa? Lo hice. No te voy a mentir y decirte que fue fácil emocionalmente o que el precio que pagué en mi cuerpo no fue importante (que lo fue). De hecho, fue muy duro aprender a conocerme de un modo más profundo y esencial como nunca me había conocido antes o desde entonces.

Mi ruptura matrimonial, al principio me causó mucho sufrimiento y miedo, pero al final me ayudó a ser más fuerte y más consciente de cómo quería que fuera mi vida. Me dio la oportunidad de sincerarme conmigo misma como nunca lo había hecho antes. Mi fracaso matrimonial me obligó a descubrirme a mí misma, y no cambiaría esa experiencia por nada de este mundo.

Cómo recuperé mi cuerpo

Tras mi ruptura matrimonial, muchas veces sentía como si estuviera teniendo una experiencia extracorporal. Mi cuerpo no era muy capaz de sentir, así que me pasaba los días arrastrándome sin tener ningún placer físico. Además, mi dolor de espalda debido a la escoliosis volvió. Había estado cargando con mi hijo, que ya tenía casi dos años, llevándolo en una banda portabebés cruzada, y mis caderas y columna ya se estaban rebelando en contra de esto. Por si no bastara con el dolor de espalda, mi encantadora mente canalla también había regresado y estaba dispuesta a culparme por mi ruptura matrimonial y a hacerme sentir como una mierda. Me di cuenta de que me encaminaba hacia una depresión, y de que empezaba a automedicarme con azúcar, cafeína y televisión, y quejándome con mis amistades, todos ellos hábitos que no iban a conducirme adonde yo quería ir. Sabía lo suficiente como para darme cuenta de que tenía que hacer algo para salir de mi mente. Así que me apunté a clases de Pilates en el Club de la Asociación Cristiana de mi barrio.

El Pilates es una técnica de acondicionamiento físico que aumenta la flexibilidad, refuerza la musculatura, y hace hincapié en la alineación de la columna y de la pelvis. El Pilates, igual que el yoga, requiere atención plena y controlar la respiración y los movimientos. Es un sistema que nos ayuda a desarrollar el fortalecimiento de nuestra musculatura central, y me pareció apropiado para mis necesidades volver a conectar con los músculos de la zona media de mi cuerpo, de esa parte de la que me había alejado totalmente. En la práctica sobre la esterilla, que es lo que más me gusta, la resistencia que es la que crea masa muscular procede del propio peso de tu cuerpo, así que con el tiempo el Pilates no sólo mantendrá tu columna y los músculos que la envuelven y soportan tu centro ágiles y flexibles, sino que te ayudará a mantener tus huesos densos y fuertes.

Al principio, no confiaba mucho en esta nueva y sutil forma de hacer ejercicio e iba con cautela, pero afortunadamente tuve una gran profesora que se llamaba Lauren y que sabía que muchas de las mujeres que acudíamos a su centro soportábamos una gran carga emocional. Lauren tenía una presencia hermosa y serena, y se movía por la clase, con porte, erguida y con seguridad en sí misma, hablándonos con voz firme, pero cálida y amable. Estaba muy pendiente de mí, me animaba a salir de mi cabeza y a que mi cuerpo hiciera el trabajo. Así que, cada vez que me estiraba en la esterilla, me sentía más cómoda con mi vulnerabilidad. Con el tiempo, conseguí sentir mi ansiedad y mi estrés en la clase de Pilates. Entonces, siguiendo las instrucciones de Lauren, lograba salir de mi cabeza y sintonizar con la sabiduría y la forma de mi propio cuerpo, sentía que todos los cuidados y preocupaciones salían literalmente de mí y se iban flotando. Recuerdo cuánto me emocionaba al principio, porque estar allí —el mero hecho de estar presente— era un signo de que era consciente de mi necesidad de cuidarme. Me pareció aterrador empezar de nuevo, especialmente, ahora que era adulta y madre.

Lo más difícil de estar sobre la esterilla de Pilates esas primeras semanas fue volver a confiar en mi cuerpo. Sentía el rechazo de mi exmarido a nivel celular y se manifestaba en mi espalda dolorida. Lauren me recomendó que cerrara los ojos cuando ella daba las instrucciones, para que pudiera localizar en mi cuerpo lo que nos pedía que hiciéramos. Es sorprendente lo fácil que resulta comprender cuando te dicen que «aprietes tus músculos abdominales del torso frontal para crear un corsé muscular» cuando puedes visualizarlo con la imaginación y sentir los músculos de los que te están hablando. Recuerdo cuando por fin entendí a qué se refería cuando nos pedía que levantáramos nuestro suelo pélvico «como si fuera un ascensor».

Empecé a conectar con los distintos grupos musculares y a apreciarlos: en los que se apoyaba mi barriga, los que abrazaban la columna y los de la región pélvica. Volví a sentirme viva, incluso en los aspectos de la seducción y la sexualidad. Estirarme boca arriba sobre mi esterilla de Pilates, durante una hora, una o dos veces a la semana, me ayudaba a levantarme y a caminar con más libertad y seguridad en el mundo. Por fin estaba regresando a la vida. Empecé a confiar en mí misma, a confiar en que podía volver a estar en mi propio cuerpo.

Respirar en tu cuerpo

Otra técnica gratuita, que puedes realizar tú misma y que es sumamente eficaz para tranquilizar la mente y afianzarte en tu cuerpo, es la práctica de la respiración consciente.

Respirar es el hábito por antonomasia, aparte del latido de nuestro corazón, que es lo que nuestro cuerpo hace sin esfuerzo alguno. Es uno de esos mecanismos inconscientes que cuando se vuelve consciente tiene un milagroso potencial terapéutico y revitalizador. Te invito a que lo pruebes. Deja de leer ahora e inspira lenta y profundamente de forma deliberada por la nariz, y luego todavía más lentamente expulsa el aire por la nariz. ¿No te sientes bien? Siempre que hago esto, mis ojos se cierran involuntariamente al exhalar, y al momento, me siento renovada y más concentrada.

La respiración, además de realizar el trabajo fundamental de aportar oxígeno a nuestro organismo, es la primera vía de desintoxicación que tiene nuestro cuerpo. De hecho, se calcula que eliminamos casi el 70 por ciento de nuestra materia de desecho a través de la respiración. ¡Y sin hacer ningún esfuerzo por nuestra parte! Cuando somos conscientes de nuestra respiración pueden sucedernos cosas mágicas y transformadoras, como aumentar nuestra capacidad para adelgazar. Los estudios han demostrado que la práctica de la respiración consciente también refuerza el sistema inmunitario; alivia el dolor; calma y equilibra nuestro estado de ánimo, corrige nuestra postura, estimula y «masajea» tus órganos vitales; aumenta la masa muscular; mejora la digestión y la absorción de nutrientes en el torrente sanguíneo, y aumenta nuestra capacidad de concentración.

Es evidente que la respiración consciente tiene muchos beneficios. Probablemente, lo más destacable sea el sentimiento de consciencia y de control que nos aporta: nos conduce de inmediato y con amabilidad, sin ruido ni alboroto, directamente al presente.

Respirar con atención nos devuelve a nuestro cuerpo, que es donde hemos de estar si queremos vivir apasionadamente y tener un objetivo.

Aprendí los beneficios de la respiración consciente cuando fui a la consulta de un terapeuta de *biofeedback*, durante unas semanas, cuando casi tenía treinta años. Estaba atormentada por mi tensa relación con mi madre y necesitaba realmente tranquilizarme y recuperar mi sensatez. El terapeuta me dijo que me sentara en una silla cómoda delante de la pantalla de un ordenador. Luego me puso un sensor en el dedo índice para medir mi ritmo cardíaco. Conectó la gran pantalla de televisión que tenía delante y empezó un vídeo interactivo donde aparecía un globo aerostático que cruzaba el horizonte. La ruta del globo era una representación visual del latido de mi corazón. El globo aerostático subía y bajaba, y aparecía y desaparecía de la pantalla. Sabía que el globo seguía mi ritmo cardíaco y pude observar lo agitada que estaba. Tras unas pocas visitas, aprendí a controlar mi respiración y a tranquilizar mi ritmo cardíaco, para que el globo flotara serenamente a través de la pantalla durante unos minutos seguidos. Aprender a controlar mi cuerpo de ese modo, me aportó técnicas para tranquilizarme que todavía utilizo antes de hablar en público, tener una conversación importante o incluso tomar el metro de Nueva York.

Apaciguar la mente

Acabo de confesarlo: no soy la mejor candidata para practicar la meditación. Soy demasiado inquieta, alocada, de las de levantarse e ir a la carga. Estar sentada en silencio me cuesta mucho (y por supuesto también está mi quejumbrosa espalda), sin embargo, descubrí que necesitaba meditar, tanto como necesitaba agua fresca, aire fresco, buena comida y mejor sexo.

Cuando se habla de meditación, la mayoría pensamos en la imagen de un gurú demacrado con turbante blanco y una barba de veinte años, sentado con las piernas cruzadas, los ojos cerrados sobre la escarpada cima de una montaña, en algún lugar lejano. Esta imagen siempre me ha parecido cómica, incluso con cierto cariz «religioso», en el sentido de que parece dar a entender que hemos de alejarnos de este alocado juego humano para encontrar un poco de paz e iluminación.

Pues bien, ¿qué mujer (u hombre, para este caso) puede o quiere estar tan alejado de la acción? No muchas, ni muchos. Aunque cuando las cosas se aceleran demasiado, valoro este tipo de aislamiento.

Durante mi divorcio, cuando padecía una ansiedad constante de grado bajo, intentaba meditar de la forma clásica sentada sobre un cojín. Me colocaba como si tuviera al gurú delante de mí, y allí estaba sentada y sufriendo, mientras mis extremidades se me adormecían y mi mente se desquiciaba. Probé esta práctica varias veces, y cuando por fin reconocí que este tipo de meditación no era en absoluto para mí, descubrí otros que sí lo eran.

En mi caso concretamente, parece que mi mente responde bastante bien a las meditaciones-visualizaciones guiadas. Este tipo me resulta muy fácil porque puedo hacerlo sentada en mi despacho con un vídeo de YouTube o con una aplicación de meditación en mi móvil. En el móvil tengo una fantástica gama de meditaciones que pueden durar entre diez y sesenta minutos. Sólo tengo que elegir una, clicar y sentarme a visualizar hermosas y coloridas imágenes, mientras un maestro de meditación me conduce a un tranquilo y espacioso lugar. Me he dado cuenta de que también puedo meditar cuando paseo o cuando estoy disfrutando de una buena clase de yoga, o incluso cuando estoy trabajando en el jardín, haciendo *snowboard* o cocinando. Se trata de alcanzar ese estado de fluir relajadamente, en el que la mente por fin se tranquiliza y el cuerpo toma el mando.

Meditar es una palabra con un significado muy amplio, que precisamente desafía cualquier definición porque adopta distintos significados según el contexto. Puesto que existen literalmente, docenas y docenas de meditaciones, para mí, resumiendo, meditar es ser consciente de lo que pasa por tu cabeza. Es levantar el velo de lo que está sucediendo en tu mente, de ver esos sentimientos, sensaciones y pensamientos como lo que son: pasajeros. Al reconocerlos a través de la meditación, los liberamos y podemos regresar a nuestro cuerpo.

Se ha estudiado mucho la meditación y se sabe que reduce el antojo de ciertas sustancias muy adictivas, como el tabaco. Diría que también funciona muy bien con la adicción al azúcar. Y por supuesto nos ayuda a equilibrar nuestro estado de ánimo y a mejorar nuestra capacidad de concentración. Se trata de ser conscientes, y cuando somos conscientes, retomamos el control de nuestra vida.

Éstas son algunas de las técnicas y prácticas que van muy bien para ayudarnos a aprovechar ese gran vacío neutro de espacio, tiempo y respiración que existe entre la mente y el cuerpo. Yo las utilizo todas para estar presente conmigo misma y poderles abrir la puerta a los antojos cuando aparecen. Luego, cuando estoy centrada, puedo invitarlos, conocerlos y decidir cuáles merecen que les dedique mi tiempo y mi atención.

Ir más allá de un antojo

Otra técnica que nos ayuda a permanecer en calma y en el presente cuando se activa el botón de un antojo es el arte de la visualización. Todos hemos escuchado historias de personas que se han imaginado con la pareja perfecta, o en la casa de sus sueños, y luego les han dicho que como habían sido capaces de ver su deseo con semejante claridad, ahora podrían hacerlo realidad.

Hay todo un tinglado comercial en torno a este tipo de visualización (¿has hecho alguna vez el «tablero de la visión» para ti?) y hay una razón para ello. La visualización funciona.

Un estudio publicado en la revista *Appetite* en el año 2011 decía que cuando experimentamos un antojo intenso por algún alimento, una forma eficaz de reducir la intensidad de nuestro deseo es visualizarnos haciendo una de nuestras actividades favoritas en la que empleamos el mayor número de sentidos. Cuando piensas sobre cómo quieres sentirte, qué aspecto deseas tener, cómo quieres estar en el mundo —de una forma muy visual y utilizando tus sentidos—, empiezas a experimentar ese tipo de placer, sin necesidad de tener que sentir esas sensaciones comiendo ciertos alimentos.

De modo que, en vez de comer automáticamente a media tarde ese trozo de chocolate o esa ración nocturna de palomitas, tómate una breve vacación mental. Procura imaginarte caminando por un hermoso campo de hierba alta bajo la cálida luz solar. Siente la brisa acariciando tu rostro y tu piel. Respira lenta y profundamente y huele los aromas de la hierba fresca, escucha el canto de los pájaros en los árboles. Mientras estás en ello, imagina cómo te sentirías en ese entorno. Permítete verte en un estado de descanso, relajación y vestida (o no) con prendas que te hagan sentirte muy a gusto contigo misma. Este tipo de meditación puede hacer que se esfumen muchos antojos. No obstante, no pasa nada por comer chocolate de vez en cuando, saboreando cada pedacito, y luego seguir con tu vida como hasta ahora, confiando en que te das lo que necesitas en cada momento.

El estudio de *Appetite* destaca lo que he visto en cientos de clientas: cuando empezamos a crear más placer, ya sea emocional, físico o incluso imaginario, las ganas de comer a deshoras determinado tipo de alimentos pierden su poder sobre nosotras.

Sea cual fuere la técnica que utilices para calmar tu mente y restaurar tu sentido de estar a salvo en tu cuerpo, recuerda esto: sólo es cuestión de darte cuenta del vacío. Se trata de ser lo bastante fuerte como para darte cuenta de que cada vez que te apetezca comer algo has de hacer una *pausa*. ¿No te parece una ironía saber que cuando eres capaz de pararte y no hacer nada —aunque sólo sea unos segundos— es cuando realmente recuperas el control?

Mira el vídeo de «EFT for Cravings» de Alex y obtén
meditaciones de conciencia plena para calmar
tu mente y comprender tus antojos en:
www.AlexandraJamieson.com/WFDbonus

5

DESINTOXÍCATE PARA DESCUBRIR QUIÉN ERES REALMENTE

El cuerpo nunca miente.
Martha Graham

Nuestros cuerpos son los jardines,
cuyas jardineras son nuestras voluntades.
William Shakespeare, Otelo

La palabra «desintoxicación» es un término complicado y que asusta un poco. Antes de que comprendiera el poder que tiene utilizar la desintoxicación como punto de partida para romper con un mal hábito alimentario y entablar una relación saludable y relajada con la comida, mi conocimiento de la palabra era bastante limitado. Por consiguiente, como le sucede a mucha gente, cuando oía la palabra, mi mente se formaba una imagen mental de un pobre diablo acurrucado en un oscuro rincón, sudoroso y aterrorizado, con un mono tremendo. Aunque por el mero hecho de escuchar la palabra ya me invadía un ligero temor, el de correr el riesgo de perder el control, la sensación de que, si no me andaba con cuidado, yo también podría acabar en ese solitario y desesperado lugar.

Para mí, desintoxicación era sinónimo de ayudar a personas que tenían que desengancharse de alguna adicción grave que pusiera su vida en peligro. Y regresando a aquellos tiempos, antes de que se pusiera de moda (al menos en el mundo de los famosos) pasar un período formal de desintoxicación, la idea de desintoxicarse estaba envuelta por un manto de deshonra. La gente pensaba que quienes se desintoxicaban era por alguna debilidad, o que les faltaba fuerza de voluntad o convicción personal. La desintoxicación era una especie de último recurso, la vía dura que había que seguir si no querías arriesgar tu vida. Al menos eso es lo que yo pensaba cuando era joven.

Pero entonces, cuando era una veinteañera, me sucedió algo milagroso: descubrí que desintoxicarme —liberarme metódicamente de las sustancias alimenticias que perjudicaban mi cuerpo— me hacía sentir justo todo lo *contrario* de estar desesperada y fuera de control. Me di cuenta, para mi gran satisfacción, de que desintoxicarme me devolvía mi poder, mi sentido del yo, y lo más importante, me devolvía mi salud. Mi propia experiencia transformadora con la desintoxicación fue tan profunda que me condujo a mi vocación.

Descubrí que desintoxicarme de ciertos alimentos, conductas, y emociones me dio espacio y libertad para establecer una nueva e inmensamente mejorada relación con la comida y con mi cuerpo. Cuando ya no estaba sometida por alimentos que no me nutrían, recobré mis ganas de vivir, y por primera vez pude conectar con mis verdaderos deseos y necesidades. Resultó que atiborrarme de azúcar no era lo que quería. Estar cansada y perezosa porque los alimentos que tomaba me provocaban ese estado, no era lo que quería. Lo que quería era estar a gusto en mi cuerpo y disfrutar de la comida. Eso es lo que me aportó la desintoxicación.

No tardé en descubrir que es uno de los principales elementos de muchas tradiciones espirituales. Casi todas las religiones tienen algunas ceremonias o ayuno ritual, desde la Cuaresma cristiana, el Ramadán musulmán, el Yom Kippur judío, hasta las búsquedas de los indígenas que toman plantas como el peyote y la ayahuasca en sus rituales. La desintoxicación es un medio probado —y sagrado— de autodescubrimiento y sanación. En la medicina tradicional china, la desintoxicación se utilizaba para eliminar toxinas y restaurar el equilibrio cuerpo-mente. En muchas culturas, un ayuno o desintoxicación es un ritual anual que se realiza en primavera, para aligerar el cuerpo y liberarlo de la pesadez que ha adquirido durante el largo y oscuro invierno. Desintoxicarse es limpiar, es eliminar todo lo que pueda ser perjudicial, y eso incluye alimentos que nos atontan, que inhiben nuestra movilidad, que nos impiden pensar, o que no nos permiten sentirnos libres y a gusto.

Un gran paso hacia delante: el don de la desintoxicación

Un proceso de desintoxicación consciente no es en absoluto algo que se hace como último recurso, especialmente en lo que a la comida respecta. Todo lo contrario, creo que todas las personas que tengan la autoestima y el valor para evitar comer ciertas cosas que crean o sospechen que no les van bien para el funcionamiento óptimo de su cuerpo, son las personas más fuertes del planeta. La desintoxicación se parece mucho a lanzarse en caída libre desde una avioneta; hace falta dar un salto de fe, creer realmente en tu capacidad para cuidar de ti misma, y tener el valor para confiar en que conseguirás sobrevivir durante un breve período de tiempo (o largo, si es eso lo que has elegido) sin tomar ciertos alimentos o sustancias. La desintoxicación allana el terreno de juego y permite que tu cuerpo se reinicie en un punto neutro y claro, de forma que, cuando vuelvas a añadir esos alimentos, puedas experimentar realmente cómo reacciona tu cuerpo a los mismos. La meta, por supuesto, es eliminar definitivamente los alimentos que hayas identificado como perjudiciales, y sustituirlos por alimentos que favorezcan a tu salud a largo plazo.

Me gustaría hacer una aclaración sobre este punto: cuando utilizo la palabra «desintoxicación», no estoy hablando de descartar bruscamente ciertas cosas de tu dieta, no estoy a favor de ninguna abstención. La desintoxicación trata de eliminar ciertas cosas de la dieta para que puedas valorar cómo te sientes cuando tu cuerpo ya no tiene que reaccionar a cierta sustancia en particular. La desintoxicación es simplemente una herramienta que utilizamos para tener más claro cómo nos sentimos con ciertos alimentos y sustancias. Te ayuda a deshacerte de todo lo que no es esencial para ti, y a que puedas descubrir quién eres realmente y de qué estás hecha. Ésta es una distinción importante que creo que vale la pena repetir: la desintoxicación implica descubrimiento, no abstención. No es autonegación o automaltrato.

De hecho, si la haces correctamente, te acercará a ti misma, a lo que realmente necesitas y quieres, en vez de alejarte de las cosas buenas. Ésa es también la razón por la que no hay una dieta de desintoxicación alimentaria única que sirva para todos. El don de la desintoxicación es descubrir por ti misma cómo se siente tu cuerpo cuando está libre de ciertas sustancias altamente reactivas.

La desintoxicación es limpiar cosas. Es despejar nuestro paladar, sistema digestivo, mente y corazón. Es eliminar las capas de «ruido» que te impiden escuchar realmente lo que tu cuerpo quiere que sepas sobre ti misma; es para que puedas sintonizar con tus más ardientes y auténticos deseos. Es deshacerte de las cosas que te estancan. Es, ante todo, descubrir la libertad, especialmente la libertad con la comida.

La desintoxicación como experiencia espiritual

Cuando realicé esa desintoxicación que cambió mi vida a los veintitantos años, no fue sólo mi cuerpo el que experimentó una profunda transformación, sino que mi mente y mi alma también cambiaron de un modo que no es fácil de explicar. Y supongo que eso es inevitable, pues cuando te liberas de las garras de cosas como la cafeína, la leche, el azúcar y el alcohol, por mencionar sólo algunas, tu contacto directo y personal con el mundo —con la realidad— se ensalza inmediatamente y se agudiza y se aclara tu concentración. Te das cuenta de que eres una persona vulnerable, viva y eléctrica, en un mundo vulnerable y cambiante. Cuando te desenganchas de los estimulantes, descubres que el mundo es bastante estimulante por sí solo. Te das cuenta de que estás mucho más viva de lo que jamás hubieras podido imaginar.

Todo esto puede sonar un poco ridículo y cursi, pero no lo es. Recuerdo que durante mi desintoxicación, un día me desperté en un estado de atención como jamás había experimentado antes. No había cambiado nada en mi mundo exterior, sin embargo, había cambiado todo dentro de mí; tenía la cabeza despejada, estaba llena de energía y con ganas de tomar las riendas de mi vida. Estaba preparada para actuar con un propósito. Sentía que tenía ganas de salir y abrazar la vida en toda su plenitud, en muchos niveles distintos. Y desde entonces me he comprometido conmigo misma a sentirme así todos los días. Por eso, eliminar periódicamente ciertos alimentos —a los que me refiero como «detóxicos»— se ha convertido en una práctica importante en mi vida.

Cuando dejamos de tomar sustancias que pensamos que necesitamos, conectamos directamente con nuestros sentimientos de maneras que, con frecuencia, al principio, pueden llegar a abrumarnos. Así que siempre preparo a mis clientas para el proceso de liberación de emociones profundas que tiene lugar durante una desintoxicación. Seré sincera: hay que ser valiente para iniciar un proceso de desintoxicación porque implica tirar el cálido abrigo de los alimentos en los que te has refugiado hasta ahora, y deshacerte de todo aquello a lo que has recurrido para consolarte es muy difícil. Pero una vez que lo haces, aunque sólo sea por unos días, es como si la presa que habíamos construido y, tras la cual nos habíamos ocultado durante tanto tiempo, empezara a resquebrajarse, pues la fuerza de los sentimientos que esto provoca puede ser muy intensa. Es importante que sepamos que va a suceder esto y que nos rodeemos del máximo número de seres queridos cuando estemos atravesando esta parte profundamente transformadora y emocional del proceso de desintoxicación. Pero ahí es donde está lo bueno; donde puedes liberarte de mucha carga emocional que te ha estado asfixiando y alejando de la vida real. La desintoxicación te permite llegar al corazón del asunto, a los temas psicológicos y emocionales que te han estado ofuscando. Cuando llegas a ese punto, te das cuenta de que has estado comiendo para seguir manteniendo cerrados esos bloques, y ahora, sin comida que los siga alimentando, ya puedes liberarlos. Este tipo de purga profunda genera una gran confianza en tu propio cuerpo.

Uno de los sentimientos que pueden surgir cuando empiezas a desengancharte de los alimentos a los que recurrías es el miedo. Éste es el pez gordo, el tsunami de todos los sentimientos. No hay nada como el miedo para activar todos nuestros sentimientos de falta de autoconfianza, de autodesprecio y de autosabotaje. Y en lo que respecta a nuestro cuerpo tenemos mucho miedo dentro y fuera de nosotras. Cuando estamos nutricionalmente desnudas delante de nuestros miedos y dudas (cuando no hay un chute de azúcar tras el cual escondernos, ni la marcha que nos da la cafeína para enmascarar el terror), hemos de estar dispuestas a aguantar el malestar que nos ocasiona ese miedo y a abrirnos paso a través del mismo. Hemos de ser capaces de confiar en nosotras mismas —en vez de confiar en un aditivo o edulcorante artificial— para superarlo.

Una de las grandes transformaciones que se producen durante la desintoxicación es la liberación de ese miedo y el descubrimiento de que lo que hay detrás del mismo es una profunda fuerza infalible. Para mí éste es el mayor regalo de la desintoxicación: encontrar nuestra fuerza innata que nos ayudará a responsabilizarnos de nuestra dieta y de nuestro bienestar de formas muy potentes.

Me he dado cuenta de que el miedo es en realidad el precursor de las cosas buenas que están por llegar. Siempre que decido que voy a hacer algo para cuidarme mejor, tanto si se trata de tener una conversación difícil como de no tomar un vaso de vino para estar despejada y fresca al día siguiente, o no tomar ningún azúcar refinado hasta la fiesta de cumpleaños de mi amiga el mes siguiente, sé que estoy en el buen camino cuando irrumpe el sentimiento que antes solía identificar como miedo. Yo lo experimento como una descarga de adrenalina, una especie de cosquilleo que me recorre todo el cuerpo. Puede que me tiemble la voz cuando me propongo no caer en algo o que me mosquee un momento cuando mis compañeras de mesa brindan con sus copas de vino mientras yo lo hago con agua con gas, pero siempre —sin excepción— cuando he decidido actuar de este modo para cuidarme me he sentido más fuerte y más viva.

La desintoxicación nos permite generar la fuerza básica de la autorregulación y ser capaces de ir más allá del impulso o apetito inmediato, de ver el camino para poder planificar y vivir con una finalidad, en vez de simplemente reaccionar. Cuando permitimos que nos atraviese el miedo que nos genera la claridad profunda, que es distinta para cada persona, descubrimos que estamos sobre un terreno mucho más firme y que nuestra relación con la comida ha cambiado radicalmente.

Por eso recomiendo que realices cualquier tipo de desintoxicación por el noble acto que es en sí mismo. Cuando inicias una desintoxicación con verdadero respeto hacia ti misma, te das cuenta de que ésta se convierte en una gran aventura y que puede ser una experiencia muy placentera. Sanarte mediante la desintoxicación amplía tu capacidad para vivir y para amar. La decisión de iniciar un proceso de desintoxicación no es pasiva, es siempre una elección proactiva, una búsqueda consciente de algo mejor. Puede venir motivada por una reacción; por ejemplo, por darte cuenta de que quieres dejar de sentirte mal contigo misma porque comes demasiados caramelos y azúcar procesado. Pero ese momento de reconocimiento, ese momento de autoconsciencia en que decides pasar a la acción, es cuando te das cuenta de que puedes hacerlo y que, al renunciar a algo, has dado un primer paso de guerrera. Optar por la desintoxicación implica que te comprometes a empezar de cero, a calmar la mente y el cuerpo para que tu vida vuelva a empezar.

Aborda la desintoxicación con suavidad

Uno de los aspectos que más sorprende a mis clientas de mi forma de trabajar es que no creo en los beneficios de eliminar un alimento de la dieta con el fin de restringir calorías. Eso no sólo sería absurdo, sino que sería muy presuntuoso por mi parte. No estoy en contra de ningún alimento en sí mismo, ni tengo problemas con las personas que quieren seguir tomando azúcar, gluten, sal o cualquier otro alimento que produzca picos. Tal como yo lo veo, la meta de la desintoxicación es experimentar con los alimentos que son los que causan más problemas a la mayoría de las personas y ver cómo te sientes sin ellos. Lo contemplo como un período de experimentación profunda y personal, como una oportunidad para darte cuenta del efecto que te producen ciertos alimentos.

Si al final del tiempo de desintoxicación que te has propuesto para un alimento en particular decides volver a introducirlo en tu dieta, te recomiendo que lo hagas. Nadie va a regañarte; desde luego yo no voy a hacerlo. El objetivo de mi trabajo es ayudarte a que encuentres tu fortaleza para que controles lo que comes y sepas qué hacer con tus antojos, para que los entiendas realmente y puedas usar la comida para sentirte como tú deseas y vivir la vida que realmente quieres vivir. La desintoxicación es una herramienta esencial para tomar decisiones saludables y duraderas respecto a cómo quieres vivir.

Cómo acelera la curación la desintoxicación

Los beneficios de la desintoxicación son tantos que el tema bien merece un libro. De hecho, en el primero que escribí, *The Great American Detox*, describo el proceso de ocho semanas que diseñé para curarme y para curar a Morgan Spurlock después del documental *Super Size Me*. Pero por el momento, sólo quiero revisar algunos de los beneficios más evidentes e inmediatos para la salud que ofrece una desintoxicación sencilla, incluso una de pocas semanas. Cuando eliminas ciertas sustancias que se sabe que perjudican a tu sistema metabólico —yo tengo mi propia lista de los «Seis Tóxicos»: azúcar (que incluye el alcohol y los edulcorantes artificiales), la cafeína, los lácteos, el gluten, el maíz y la soja—, le das a tus órganos vitales (que por supuesto incluyen el corazón y el cerebro) una oportunidad para descansar y rejuvenecer. Todos sabemos lo que le puede suceder a tu hígado cuando lo castigas crónicamente con demasiado alcohol: enferma y es incapaz de hacer su trabajo, que es eliminar toxinas de nuestro sistema. Así que imagina lo que supondría darle un descanso a tu hígado, riñones, intestinos y glándula tiroides, aunque sólo fuera durante un mes, para tu salud general. Podrías cambiar radicalmente tu salud. Eso es lo que me pasó a mí la primera vez que lo hice y cada vez que lo hago. Y he visto a cientos de clientas y amigas que les ha sucedido lo mismo. Hace poco una de mis clientas hizo un programa de desintoxicación de seis semanas bajo mi supervisión y me dijo que dejó de tener migrañas, por primera vez en veinte años. Hay personas que me han dicho que les ha desaparecido su acidez de estómago crónica, que se ha solucionado su problema de acné, que ya no tienen insomnio, la lista de beneficios para la salud que aporta la desintoxicación es larga y espectacular.

Los investigadores saben que una desintoxicación saludable y bien realizada también favorecerá la eliminación de los desechos. ¡Y todas sabemos lo transformador que puede ser ir al baño! Cuando nuestro organismo está intentando deshacerse de los alimentos procesados, la sal, los azúcares refinados y los innumerables aditivos y sustancias químicas, no puede hacer el trabajo más sutil e importante para que el que ha sido diseñado. La desintoxicación suele corregir problemas como el estreñimiento y mejorar la función renal al eliminar temporalmente de tu dieta alimentos refinados y gomosos como los cereales procesados cargados de gluten y los productos lácteos.

Muchas clientas me han dicho que hacer una desintoxicación les ha ayudado a:

- Empezar a perder peso: cuando tus sistemas metabólico y hormonal ya no experimentan picos como respuesta a las fluctuaciones de los niveles de insulina (que señalan constantemente a tu cuerpo que necesita almacenar grasa), tu organismo puede empezar a deshacerse de los kilos no deseados.

- Reforzar el sistema inmunitario: eliminar los alimentos que provocan inflamación y reacciones alérgicas puede darle a tu sistema inmunitario la oportunidad de concentrarse en cosas más urgentes. Cuando eliminas alimentos tóxicos, puede que contraigas menos resfriados e infecciones porque tu cuerpo tiene suficiente energía y capacidad para combatir a los intrusos. Es muy lógico que la época de resfriados y gripes empiece justo cuando comienza la del azúcar. En Estados Unidos, en particular, la temporada de resfriados y gripes se inicia a finales de octubre, cuando se celebra Halloween, y se intensifica durante el otoño y el invierno, a medida que avanzamos hacia las vacaciones de fin de año.

- Agudizar la concentración mental: ¡no tomar alimentos que provocan confusión mental es muy beneficioso para el cerebro! Cuando aligeras la carga de tu cuerpo, también aligeras tu mente, y eso lo sabes intuitivamente. Sabes que no piensas igual después de haber tomado un vaso de vino y una ración de tarta de chocolate, que después de haber comido un plato de quinoa, salmón y brécol. La claridad y la concentración se consiguen con una alimentación saludable y evitando alimentos que alteren el sistema de regulación del azúcar en la sangre y tus hormonas del estrés. Pero ésa puede que sea una de las razones por las que la desintoxicación de los Seis Tóxicos no ha formado parte de tu agenda hasta ahora. Puesto que con la claridad viene la responsabilidad: cuando ves cómo tus hábitos influyen negativamente en tu vida, te has de responsabilizar de ello y decidir si realmente quieres mantener una relación más saludable con la comida. Cuando casi siempre estás abotargada y como si estuvieras bajo el efecto de alguna droga, vives como si te hallaras flotando sin profundizar en ti misma ni responsabilizarte de tu vida, y sin reflexionar sobre si estás dando al mundo lo mejor de ti.

- Aumentar la energía general: cuando no tienes la carga de un metabolismo lento y de las hormonas descontroladas, tu nivel de energía puede volver a florecer. Puede que tengas más ganas de moverte y estirarte, lo que a su vez masajeará y activará tus órganos vitales. Hemos sido creadas para estar activas y, cuando experimentas el subidón de energía que te aporta la desintoxicación, estás más inspirada para perseguir lo que realmente deseas en la vida. Es decir, siempre que seas capaz de controlar el miedo que puede desencadenar esta responsabilidad; ya que puedes autoengañarte con el pensamiento de que no tienes suficiente fuerza y te permites estar decaída. La desintoxicación te arrebata todas las excusas.

- Cambiar malos hábitos para siempre: cuando eliminas ciertos alimentos de tu dieta —aunque sólo sea temporalmente—, puede que estés rompiendo un hábito que has tenido durante mucho tiempo. Me he dado cuenta de esto cuando las personas eliminan la cafeína de su dieta. Al cabo de una o dos semanas, se dan cuenta de que por primera vez en años han pasado más de veinticuatro horas sin tomar una taza de café, un refresco o un té. Desengancharte de la cafeína puede ser una de las decisiones más liberadoras que tomes en tu vida, y he podido observar que romper un hábito como éste anima a mis clientas a abordar otros «malos» hábitos con una renovada confianza en sí mismas.

La primera desintoxicación de Tracy

Cuando conocí a Tracy pensé que era una estrella del rock; vestía con ropa muy moderna y elegante, y su sofisticación resultaba irresistible. Me llamó porque no encontraba el momento para dedicarse a escribir y a la fotografía, y sabía que tenía que descubrir qué era lo que la estaba bloqueando. Me preguntó si estaba dispuesta a guiarla en un proceso de desintoxicación básico, donde pudiéramos revisar los Seis Tóxicos y descubrir cuál de ellos podía estar causándole ese bloqueo. Estaba dispuesta a empezar, porque estaba harta de estar apática, estreñida e hinchada. Lo único que necesitábamos para empezar era una libreta para tomar notas y un poco de voluntad. Planificamos una desintoxicación de seis semanas, en la que cada semana eliminaríamos uno de los Seis Tóxicos de su dieta y observaríamos cómo se sentía sin ese alimento en particular.

Empezamos eliminando los lácteos una semana. Puesto que tenía problemas intestinales (y tendencia al acné), tenía la intuición de que se sentiría mejor enseguida, y así fue. Cuando nos reunimos a comienzos de la segunda semana, su piel había mejorado considerablemente y notaba que su vientre también se había deshinchado un poco. En la segunda semana, eliminamos los azúcares, naturales y artificiales. Tracy no tomaba alcohol desde hacía años, pero había sustituido el azúcar de la bebida por toda una serie de dulces. Para que le fuera más fácil permanecer alejada de los caramelos, helados (hasta le pedí que se abstuviera de comer helado de coco que era su último descubrimiento) y bollería (su debilidad), le aconsejé que comprara varios kilos de mandarinas, uvas orgánicas y almendras crudas y que las tuviera siempre a mano. Así tendría raciones de dulce, pero sin el aspecto nocivo de los efectos del azúcar. Le pedí que anotara cómo se sentía sin esta sustancia durante una semana.

Cuando volvimos a reunirnos, a principios de la tercera semana, me dijo que sentía que tenía más energía y que estaba más concentrada en su trabajo para la editorial. ¡Había fallado algunas veces, pero no pasó nada! Aun así había reducido su ingesta de azúcar casi en un 80 por ciento esa semana. También empezó a salir a pasear regularmente por las tardes en dirección a su tienda de mascotas preferida, para no tener tantas tentaciones de comer algo. Se tomaba una infusión en una cafetería y miraba los cachorritos jugando en el escaparate. Me gustó saber que había incluido esta estrategia, porque iba a necesitarla para la tercera semana, cuando abordáramos el gran monstruo: la cafeína.

«No creo que pueda sobrevivir sin café», me dijo. Yo sabía que sí, pero también que no iba a ser fácil. Le aconsejé que se tomara su tiempo y que lo redujera lentamente, primero tomando la mitad, luego con el transcurso de los días, la mitad de la mitad. Al cuarto día de la tercera semana, había dejado de tomar cafeína. En nuestra siguiente sesión, Tracy era otra mujer.

«Es increíble, Alex. Tengo más energía, pero una energía tranquila, no esa energía inquieta y constante de la cafeína. ¡Me encanta! —Fue estupendo escuchar eso—. Pero estoy mucho más a gusto en mi cuerpo y mucho menos en mi trabajo.»

Hablamos del asunto. Tracy pertenecía a un equipo que estaba diseñando una nueva página web, y sus compañeros no reconocían su labor. Se había esforzado mucho en el proyecto, pero le restaban importancia, pues pretendían adjudicarse ellos el mérito, ya que habría una paga extra cuando se inaugurara la página. Tracy estaba indignada y desanimada por esta situación.

No me extrañó. Muchas veces, cuando nos alejamos de los efectos secundarios de los alimentos tóxicos, y ya no nos escondemos detrás del velo de la confusión mental o bajo el peso del malestar corporal, se manifiesta la verdad de nuestra vida. Eso era lo que le estaba sucediendo a Tracy en esos momentos.

A la cuarta semana, estaba nerviosa porque la asaltaba el deseo de consumir azúcar, pero fue capaz de darse cuenta de que eso era una reacción normal a su necesidad de tomar alguna resolución respecto a su desagradable situación laboral.

—Ya lo tengo, Alex, quiero drogarme con azúcar para no tener que enfrentarme a mi problema en el trabajo.

—¡Sí! —exclamé casi gritando. *Estaba* empezando a entenderlo.

—Pero puedo prescindir del azúcar. Creo que vale la pena. Que *me* lo merezco.

Le aseguré que la ayudaría en cada paso que diera.

En la cuarta semana, eliminó el gluten. Esto fue mucho más fácil que eliminar el azúcar o la cafeína, porque enseguida notó el efecto en su intestino. Por primera vez en mucho tiempo, no se sentía hinchada y dejó de tener estreñimiento. Cuando volvimos a vernos al inicio de la quinta semana, se pavoneó delante de mí con sus ceñidísimos tejanos favoritos.

En la quinta semana eliminó el maíz —y los productos derivados del maíz— de su dieta. Le di una lista de nombres de productos que tenían maíz, e identificar el maíz oculto de algunos alimentos se convirtió en un pasatiempo para su detective alimentario interno.

Por último, en la sexta semana eliminó la soja, otro de los ingredientes que llevan muchos alimentos procesados. Éste fue el más fácil de eliminar.

Cuando nos reunimos de nuevo la séptima semana —al cabo de un mes y medio desde el inicio de su viaje por la desintoxicación alimentaria—, Tracy estaba radiante. Tenía la piel clara y brillante, estaba de buen humor. Me dijo que por fin estaba dispuesta a afrontar su situación en el trabajo.

—¿Qué crees que vas a hacer? —le pregunté tomando un té de menta, que ahora se había convertido en una de sus bebidas favoritas.

—No estoy segura. Pero empezaré por hablar con mi equipo, les voy a decir que no estoy nada contenta con cómo me están tratando.

Bueno, eso era un gran comienzo. Sabía que Tracy iba a empezar a deshacerse de algo más que de algunos alimentos que no le hacían ningún bien, y al aprender a renunciar a las cosas que no fomentaban sus pasiones y sus deseos, había creado un espacio en su vida para que entraran personas y experiencias que sí lo hicieran.

Los beneficios emocionales de la desintoxicación

Tracy es un gran ejemplo de que cuando le damos un descanso a nuestro cuerpo y dejamos de tomar alimentos tóxicos, se produce la ventaja añadida de que se afloja la armadura emocional tras la cual nos habíamos encerrado. Muchas de mis clientas, cuando están a mitad del proceso de desintoxicación alimentaria, se dan cuenta de que les afloran muchas emociones profundas que no tenían resueltas, y que, ahora que ya no confían en los alimentos para anestesiarse, pueden procesar y liberar esos sentimientos profundos. Algunos de esos sentimientos pueden ser incluso de la infancia, y una vez liberados, te das cuenta de que has alcanzado una nueva etapa de madurez, de que has adquirido un nivel nuevo de comprensión y sabiduría. Tendrás la oportunidad de conocerte con mayor profundidad y de cerrar viejas heridas, resentimientos y lamentos. Son momentos muy liberadores, de esos que en el ajetreo de nuestra vida cotidiana rara vez podemos experimentar.

La liberación de emociones estancadas y tóxicas es otra razón por la que es muy importante tener un grupo de apoyo amable y compasivo cuando se hace una desintoxicación. Por propia experiencia sé que, como muchas otras cosas en la vida, es mejor no hacerlo sola. Desintoxicarse con un grupo de personas que están en la misma línea y que también quieren romper con algunos hábitos y encontrar una relación más equilibrada con la comida consolidará y reforzará nuestros propios esfuerzos. Y estar en un grupo o tener al menos otra compañera de desintoxicación con quien poder compartir y validar tu experiencia aumentará considerablemente tus probabilidades de éxito.

Muchas de mis clientas me han comentado los profundos avances emocionales que han experimentado en el transcurso de un proceso de desintoxicación y bastante después de haberlo completado. Es uno de los beneficios que se repiten cuando has creado espacio para que tu vida emocional madure y florezca. Éste es un ejemplo reciente del tipo de cambio emocional profundo que se puede producir gracias a la desintoxicación.

El gran logro de Gail

Una mujer extraordinariamente atractiva de cuarenta y pocos años se recogía su pelo castaño en una cola de caballo mientras se sentaba delante de la pantalla de su ordenador. Era Gail, una clienta a la que veía por primera vez. Cuando se enfocó la pantalla y pude ver claramente sus rasgos, empezamos nuestra conversación por Skype. Es fantástico que la tecnología me permita estar conectada con mujeres tan maravillosas como Gail que viven en la otra punta del mundo. Gail me llamaba desde Israel, a miles de kilómetros de distancia de Brooklyn. Hacía un año que la conocía, pero ésta era la primera vez que podía apreciar los cambios sutiles en la expresión de su rostro mientras me ponía rápidamente al día de su vida.

Gail se había apuntado a uno de mis grupos *online* para seguir un programa de desintoxicación y nos habíamos mantenido en contacto a través de Facebook. Pero me había dicho que quería tener una comunicación más directa, así que ahí estábamos.

—¡Hola, Gail! ¿Dime qué hay de nuevo y de bueno?

Había aprendido a centrarme en lo positivo, ya que era consciente de que solemos centrarnos en las mismas cosas malas, así que aprovecho la más mínima oportunidad para romper ese hábito de concentrarnos en lo malo y sustituirlo por lo positivo.

Gail me contó que, aunque ya había transcurrido un año, todavía se sentía muy sana y fuerte. Era una madre trabajadora con dos hijos menores de diez años y decidió contactar conmigo después de que un día perdiera el control cuando estaba de viaje por trabajo. Se había registrado en un hotel, había ido a trabajar y, por último, esa noche acabó comiendo en la habitación sintiéndose sola y agotada. Me dijo que eso no era normal porque ella siempre esperaba esas oportunidades para estar sola, que era un tiempo que utilizaba para recargarse y liberarse un poco de sus deberes como «madre», aunque sólo fuera una noche o dos al mes. Así que revisamos sus sentimientos de soledad e ideamos estrategias para ayudarla a que aprovechara las ventajas de tener una cama grande para ella sola en una habitación con cortinas opacas. También la ayudé a que se «saltara el menú» del servicio de habitaciones y pidiera comida saludable y nutritiva. ¡Vaya cambio se había producido en ese año en su forma de cuidarse cuando viajaba por trabajo!

—¡Alex, he adelgazado nueve kilos! ¿Te lo puedes creer? —Estaba radiante. Y sí, me lo creía. A mí me había sucedido lo mismo tiempo atrás cuando hice mi primera desintoxicación.

—He ido adelgazando paulatinamente, pero ¿sabes lo mejor? Ni siquiera me he dado cuenta, ha ido sucediendo, y me encuentro de maravilla. Antes incluso de que perdiera bastantes kilos, mis compañeras empezaron a preguntarme si estaba utilizando algún producto nuevo para mi piel, porque la tenía muy bien. ¡Otra incluso me preguntó si me había hecho algún tratamiento de estética! Fue muy divertido. Pero es cierto: tengo mejor aspecto, y desde luego tengo mucha más energía. Me encuentro mucho mejor y el funcionamiento de mi organismo también ha mejorado. Mi estado de ánimo es más estable. Antes, tenía muchos altibajos y era muy volátil, especialmente antes de la menstruación, pero ahora apenas noto la diferencia.

Gail es una mujer increíblemente hermosa con ojos castaños de mirada tierna y profunda. Me tenía hechizada.

—Quería tener esta conversación contigo para decirte que la parte más dura de este último año ha sido, como ya sabes, afrontar mi relación con mi madre. Pero al final lo he conseguido. Al final se produjo esa conversación difícil que había querido tener con ella durante toda mi vida.

Cuando Gail comenzó su programa de desintoxicación de seis semanas, un año antes de esa llamada, su madre, sorprendentemente, se había declarado una de sus detractoras de su círculo interno. Esto la decepcionó y se sintió muy herida. Parecía dispuesta a sabotear la intención de Gail de eliminar alimentos no saludables de su dieta, y menospreciaba los intentos de su hija de comer cosas más sanas. Durante la segunda semana del programa, me pidió ayuda para manejar este problema. Le dije que quizá sería una buena idea preguntarle a su madre si alguna vez se había sentido a gusto en su cuerpo. Y si la respuesta era afirmativa, le indiqué que le preguntara si había tenido algún círculo de personas que la quisieran y la apoyaran para conseguir sus metas, y si creía que cuidarse en cuerpo y alma era una buena forma de emplear su tiempo.

Éstas eran las mismas preguntas que les pedía a mis clientas que se plantearan a sí mismas: ¿crees que te mereces dedicarte el tiempo y el esfuerzo para sentirte lo mejor posible?

Este tipo de autoindagación no puede producirse si nos estamos ocultando detrás de la comida. Cuando nos atrevemos a dejar atrás la falsa protección de los malos hábitos alimentarios que nos mantienen estancadas, sin pretenderlo podemos convertirnos en una amenaza para nuestros allegados que no se sienten capaces de hacer esos mismos cambios.

A Gail le costó casi todo un año abordar esta controvertida conversación íntima con su madre, incluidos unos cuantos intentos frustrados.

«La primera vez que intenté hablar del tema, nos peleamos, ya no recuerdo por qué. Sentía que no era capaz de encontrar las palabras adecuadas, ¿me entiendes?»

Por supuesto, que sí.

«Pero al final, un día en que estábamos haciendo algo que no tenía que ver ni con la cocina, ni con los hijos, ni con todas las cosas que compartíamos, le pregunté simple y llanamente: "¿Mamá, tú te quieres?"»

Esta pregunta desencadenó una serie de conversaciones entre madre e hija respecto a lo distintas que eran sus vidas. Mientras la madre de Gail era valorada por poner toda su energía en cuidar de su esposo y de sus hijos como ama de casa, Gail lo era por tener éxito en su trabajo. Gail se dio cuenta de que su madre se había esforzado por amarla y apoyarla en su meta de ser una mujer de negocios que no dependiera del sueldo de ningún hombre, cuando ésta era una meta tan distinta de la forma en que se valoraba el éxito de una mujer en la generación de su madre. «Quererse a sí misma» no estaba dentro del vocabulario de su madre, para ella y para su generación era un signo de egoísmo, de no ser capaz de entregarse suficientemente a sus seres queridos. Al final de unas cuantas charlas sinceras y tiernas, aunque muchas veces difíciles, Gail renovó su respeto por el altruismo de su madre, y su madre descubrió que en realidad le gustaba y admiraba lo increíblemente independiente que era su hija.

Gail se daba cuenta de que este tipo de madurez emocional no se habría producido de no haber pasado primero por el proceso de desintoxicación, y quería que yo lo supiera. Me emocioné mucho con sus palabras.

«Eliminar los lácteos, el gluten, el azúcar y la cafeína de mi dieta me dio la oportunidad de conectar con mi cuerpo, y es maravilloso que el resultado haya sido adelgazar, recobrar mi energía y volver a estar presente en mi vida. Pero el gran regalo milagroso ha sido estar emocionalmente lo bastante fuerte como para crear un vínculo sincero y de profundo afecto con mi madre. Por eso, te estaré eternamente agradecida.»

Estas palabras de Gail me confirmaron lo que ya sabía: no hemos de sentirnos solas, y cuantas más personas nos apoyen en nuestro círculo, más éxito tendremos en limpiar nuestra vida.

Es importante que tengas claro quién está en tu grupo de apoyo. Éste es un ejercicio que les doy a mis clientas. Escribe cinco nombres de personas con las que pases la mayor parte del tiempo. Pueden ser familiares o compañeros de trabajo, amantes o hijos. Puede que sean menos de cinco, no importa, está bien. Cuando hice este ejercicio después de divorciarme, sólo tenía a dos personas en la lista, una de ellas era mi hijo de dos años.

Mira tu lista y pregúntate lo felices, motivadas, abiertas que son esas personas y qué capacidad tienen para apoyarte. ¿Están bien consigo mismas? ¿Te ayudan a sentirte bien contigo misma? Luego evalúa sinceramente si cada una de estas personas te está ayudando en tu proceso de autodescubrimiento, o si, por el contrario, te está frenando. Por último, dite la verdad: ¿son realmente estas las personas que quieres a tu lado? ¿Te están apoyando realmente en tu empeño por satisfacer tus deseos?

Este ejercicio no es para romper con viejas amistades, ni para dejar de hablar a los miembros de tu familia que no te apoyen todo lo que tú necesitas o te gustaría. Es para que seas consciente de qué tipo de personas hay en tu vida y si, como sucede con la comida, te nutren o te hunden.

Puede que descubras que las personas con las que pasas la mayor parte de tu tiempo en realidad no te apoyan de la manera que tú necesitas para cambiar a una nueva forma de vida más limpia y auténtica. De hecho, puede que te des cuenta de que en tu vida actual hay muchas personas que te están estancando o que no están dispuestas a perseguir sus propios deseos internos. Puede que sea el momento de hacer limpieza e introducir algunas personas que te apoyen cuando inicies este increíble viaje.

Obtén más información, programas y recetas en:

www.AlexandraJamiesos.com/reboot/

6

RECONCÍLIATE CON LA COMIDA

*Tus creencias se convierten en tus pensamientos,
tus pensamientos se convierten en tus palabras,
tus palabras se convierten en tus acciones,
tus acciones se convierten en tus hábitos,
tus hábitos se convierten en tus valores,
tus valores se convierten en tu destino.*

GANDHI

Una vez que hemos aprendido a ir más allá de nuestros hábitos y a escuchar realmente lo que nos están diciendo nuestros antojos, y por fin, decidimos que queremos vivir activamente, que queremos *acción*, lo primero que hemos de hacer es reconciliarnos con la comida.

Creo que ya estoy oyendo las quejas mientras estoy escribiendo esto, porque ¿quién no tiene una relación complicada con la comida? Desde que Eva arrancó la manzana del árbol del conocimiento, hemos andado un poco desorientadas respecto a qué hemos de hacer con nuestros deseos. Todas sabemos que es ley de vida, que comer es la forma que tenemos de recargar de energía nuestro cuerpo, pero hemos perdido de vista esta verdad básica, la hemos secuestrado, y en su lugar le hemos dado la vuelta y nos hemos decantado por el aspecto negativo en el que hemos envuelto a la comida.

Yo diría que el miedo es el principal sentimiento que tienen mis clientas, al menos al principio, cuando empezamos a hablar de la comida. ¡Ups! Sí has oído bien: no hablamos de lo que es delicioso, satisfactorio y divertido de la comida —y eso que la comida debería ser todas esas cosas para nosotras—, sino de cómo la comida hace que nos sintamos atrapadas, enfermas o estancadas en la vida.

Para demasiadas mujeres la comida se ha convertido en una enemiga. Y no es de extrañar; cuando constantemente nos están bombardeando con el mensaje de que no debemos disfrutar de nuestro cuerpo, ¿cómo podemos disfrutar de una comida? ¿Cómo puede gustarnos un alimento si se ha convertido en nuestra fuente secreta y furtiva de engullir consuelo? ¿O en un sustituto para la pareja que ansiamos, para ese trabajo que todavía no hemos conseguido, o para todos los otros deseos insatisfechos y necesidades que hemos descuidado durante mucho tiempo? Cuando somos prisioneras de nuestros antojos, no hay forma de que disfrutemos de esa relación. Es imposible. Si sentimos que no tenemos ningún control sobre nuestra relación con la comida, ésta pierde su capacidad para complacernos.

Si has tenido un día estresante en el trabajo y al llegar a casa te comes medio kilo de helado, es imposible que la lechuga que se está marchitando en el cajón de las verduras de tu nevera o que la fruta que compras y comes porque crees que eso es lo que has de hacer tenga el menor atractivo para ti. ¿Cómo iba a tenerlo si probablemente estás en pleno subidón de azúcar y grasa y te estés odiando por el daño que le está haciendo a tu cuerpo?

En estos momentos, cuando vamos de antojo en antojo, lo que nos conviene pierde interés. Hemos caído en el ámbito del hábito, y la comida que realmente nos conviene —y que pronto descubrirás que es la que realmente quieres— está fuera de nuestro alcance, en alguna elevada cumbre iluminada por el sol, donde está esperando a que la saboreemos y disfrutemos. Pero nosotras estamos abajo, en un lugar frío, húmedo y oscuro, demasiado ocupadas odiándonos por haber vuelto a elegir el alimento incorrecto. Este tipo de hábito que nos conduce a comer mal es un círculo vicioso, y sólo nosotras podemos romperlo.

No es agradable. Y todas hemos pasado por ello. Entonces, ¿cómo encontramos ese punto agradable, el punto de equilibrio en el balancín, donde nuestra relación con la comida sea estable, en vez de ser como una montaña rusa? Nuestra relación con la comida sufrirá altibajos, por supuesto, pero serán más suaves, estas subidas y bajadas no deberían alterarnos, ni ser demasiado graves o traumáticas. Piénsalo, ¿qué es lo mejor de montar en un balancín? El movimiento. De eso se trata. Y así debería ser nuestra relación con la comida.

Por eso creo tanto en desintoxicar o limpiar tu nevera (¡vaya!: deberías deshacerte hasta del frasco de dulce de leche que hace un año que tienes en la nevera, al menos durante un tiempo). En primer lugar, deberías eliminar de tu organismo todo aquello que te ha estado estancando. Cuando lo hayas hecho, podrás volver a empezar. Cuando tu organismo, paladar y cerebro se hayan desintoxicado, podrás añadir conscientemente los alimentos que sabes que te aportarán salud y bienestar. Puedes iniciar toda una nueva relación con la comida que te aportará mucho más que la base nutricional que necesitas para estar fuerte, con la mente clara y en sintonía con tus deseos, pues también se convertirá en una fuente de profundo placer en tu vida. Puedes estar segura.

La revelación de la manzana verde

Cada año desde que me divorcié voy a Costa Rica con un grupo de almas afines que quieren vivir más en sintonía con sus deseos. Lo único que me llevo es mi traje de baño y algo de ropa realmente cómoda. Dejo todo lo demás, incluido mi móvil y mi ordenador portátil. El propósito de este retiro de una semana es desintoxicarme de mi vida cotidiana, y lo que pretendemos con esta desintoxicación es una ruptura total con todos los medios de comunicación. Eso significa que nada de cotillear en las redes sociales, nada de televisión, nada de música, ni nada de nada.

El primer año que fui me costó bastante relajarme. Estaba tan nerviosa que tardé unos días en tranquilizarme y estar bien conmigo misma. Sin nada más que la exuberante, brillante y ruidosa selva para distraerme, no tenía otra opción que estar a gusto en mi piel, y aceptar lo que estaba sucediendo en mi estresado cerebro y en mi corazón destrozado. Antes de finalizar esa semana, era una mujer nueva. Dormía mejor y estaba más tranquila respecto a todos los asuntos de mi vida, incluso mi relación con la comida. De hecho, en mi primer viaje a Costa Rica fue cuando me di cuenta, como les gusta recordarme a mis amigas, de que mis fuertes prejuicios respecto a lo mal que estaría volver a comer carne me estaban bloqueando; vieron cómo me resistía a lo que me estaba pidiendo mi cuerpo, y ahora reconozco que la lucha no era agradable.

Desde entonces, el viaje a Costa Rica se ha convertido en una gran recompensa anual que me hago a mí misma. Planifico todos mis compromisos durante meses, para disponer de esa semana de invierno con la tranquilidad de que mi casa seguirá funcionando correctamente sin mí, que mi hijo estará bien cuidado; que mi trabajo está al día, y que puedo perderme de vista siete días sin que nadie se percate de ello. Ya sé que soy una mujer afortunada por poder hacer esto, y doy gracias por todas las personas que me brindan cariñosamente su apoyo para que pueda disfrutar de esta semana de desconexión.

Cada año tengo nuevas experiencias sobre la vida y sobre mí misma, y este año no ha sido una excepción. Llevaba varias horas sentada observando la selva (te sorprendería lo que sucede con tu sentido del tiempo cuando no tienes que estar en ninguna parte y el horario lo marca el amanecer y el atardecer) cuando salió otra de mis compañeras de retiro y se sentó a mi lado en una mecedora. Se sacó una manzana del bolsillo y una navajita y antes de cortarla me preguntó: «¿Te apetece un poco?» Nunca me han gustado las manzanas verdes; las encuentro demasiado ácidas y algo fuertes, vamos que no son lo mío, así que educadamente le dije que no. «¿Seguro?», me preguntó mientras cortaba la fruta en cuartos. Me ofreció uno diciéndome: «Pruébala, ya verás». Y lo hice. ¡Y... esa manzana verde era lo mejor que había probado en mi vida!

No puedo describir lo que sentí cuando ese trozo de manzana tocó mi lengua. Me invadió la sensación más increíble de sabor dulce, fresco, y crujiente que había experimentado jamás. Me volví hacia mi compañera gesticulando y haciendo sonidos en un estado casi de extática efusividad respecto a la manzana. Se empezó a reír y a asentir con la cabeza mientras yo seguía con mis aspavientos, como una lunática, sobre lo extraordinaria que era esa manzana. Te diré una cosa: en ese momento, ese pedacito de manzana verde fue lo mejor que había probado en mi vida.

Pero he aquí la cuestión: no creo que nunca hubiera llegado a probar esa manzana si no me hubiera desintoxicado del ruido de mi vida cotidiana. Pude probar ese sencillo trozo de fruta, con toda su gloriosa complejidad, porque estaba tranquila y presente. No había distracciones, sólo yo y el trozo de manzana. Fue uno de esos momentos afortunados en los que sentí lo maravilloso que es comer y la suerte que tenía de poder comer algo tan saludable y delicioso.

Estar en el momento presente, bocado a bocado

Al sacar de tu vida todos los estímulos y el ruido, puedes hacer las paces con la comida. Pero no tienes que escaparte a la selva y hacer una desintoxicación total de medios de comunicación, como hice yo, para conseguirlo. Basta con que te propongas alejarte de los alimentos «ruidosos» —todo lo procesado que viene en caja, frasco o envase para microondas— y comprometerte a descubrir y a comer alimentos que no tengan sustancias químicas, ni estén modificados genética o industrialmente, y que se cultiven cerca de tu casa. Ya sabes a qué me refiero. Comida de verdad. Has de decidirte a hacer todo lo posible por comer sólo alimentos integrales y frescos.

Al principio, reorientar tu dieta de esta manera puede resultar un poco difícil. Transformar los hábitos puede ser un reto. Pero recuerda que estás remodelando acciones establecidas, no negando tu vida, y que a medida que vayas haciendo limpieza, sin darte cuenta empezarás a fluir y te sentirás más realizada. Transformar viejos rituales, incluso rituales que son negativos para nosotras (ese gratificante desvío hacia el restaurante de comida rápida después de un ajetreado día de trabajo, por ejemplo) también puede ser duro y despertar muchas emociones. Además, aunque estés intentando corregir tu relación con la comida para que sea más positiva para tu cuerpo, es normal que cuando eliminas las sustancias en las que te has refugiado te sientas algo incómoda. (Si alguna vez te han negado tu café de la mañana, sabrás de lo que te estoy hablando.)

Hace falta algo de tiempo, paciencia y comprensión, pero al final lo consigues.

¿Por qué la comida puede ser tu gran fuente de estabilidad?

Descubrir cómo comer para favorecer nuestros ritmos corporales nos ayuda a fluir interiormente, a crear un estado de relajado equilibrio. Cuando tu dieta está bien compensada (¡sin restricciones!), aportas a tu cuerpo la mezcla de nutrientes que necesita para su funcionamiento óptimo. Comer una sólida y variada gama de alimentos mejora tu estado de ánimo, aguza tu mente, refuerza tu sistema inmunitario, reinicia tu metabolismo, te ayuda a dormir mejor, mejora tu masa muscular, refuerza tu esqueleto, la lista es muy larga.

Pero he aquí el secreto: una dieta equilibrada siempre cambia. No es algo estático. Lo que comes cuando tienes dieciocho años y destacas en el equipo de atletismo es muy diferente de lo que comes cuando tienes treinta y cinco y estás embarazada de gemelos o tienes sesenta y estás montando tu primer negocio. El equilibrio es saber fluir con tu dieta. Es saber adaptarte a las circunstancias de tu vida.

Comer en sintonía y adelgazar

Estoy totalmente a favor de la diversidad y en contra de la abstención en lo que a la dieta y a perder peso se refiere. Cualquier conducta extrema —que es lo que son la mayoría de las dietas— puede provocar una espectacular pérdida de peso. Muchos programas lo consiguen y por eso atraen a la gente. Pero las investigaciones demuestran que el nuevo peso no se mantiene a largo plazo, sino que la mayoría de las personas que han hecho dieta no sólo recuperan lo perdido, sino que incluso aumentan algo de peso. Esto se debe a que esos planes alimentarios son demasiado restrictivos y limitadores como para ser sostenibles a largo plazo.

Además de todo esto, adelgazar rápidamente a través de una restricción de calorías es sumamente desestabilizador, y no sólo para tu cuerpo, sino para tu fuerza de voluntad, estado de ánimo y espíritu. Cuando has convencido a tu cuerpo de que se encuentra en un estado de inanición y abstención, en vez de estar en una zona placentera sostenible, ha de agotar rápidamente sus almacenes de energía (que es lo que implica liberar grasa) y envía un mensaje de pánico que no se puede soportar durante mucho tiempo.

Hemos de *ir despacio* en lo que respecta a la comida, hemos de pasar más tiempo pensando en ella, comprándola, preparándola y comiéndola. Hemos de estar dispuestas a disfrutarla y a descubrir el placer que le da a nuestro cuerpo. Ésa es la única manera de encontrar la paz y el equilibrio con la comida.

Sé flexible con la comida

Como animales de costumbres, a nuestro cerebro le gusta ir con el piloto automático, y en ningún otro sitio es más evidente que en la cocina. Claire consume la misma marca de cereales azucarados todos los días, y lo ha hecho durante décadas (incluso te dirá que es la relación más larga que ha tenido nunca). Hay algo en empezar el día de esta forma que hace que Claire contacte con el aspecto más jovial y rural de su naturaleza, y he de decir a su favor que a lo largo del día hace todo lo posible por contrarrestar ese desayuno artificialmente inflado, pero al que no puede resistirse. Aunque la mayoría no seamos tan adictas a un alimento como lo es Claire, tendemos a comer sólo lo que nos gusta y a que nuestra dieta sea limitada, a pesar de que no nos demos cuenta de ello. Esto se debe a que somos animales de costumbres, y para encontrar un verdadero equilibrio a través de la alimentación hemos de estar dispuestas a ampliar nuestros gustos y nuestra despensa.

Te voy a proponer un interesante experimento: procura visualizarte haciendo la compra como de costumbre. Si eres como la mayoría de las personas, cogerás un carro o una cesta y harás el mismo recorrido por el supermercado. Puede que empieces por la sección de verduras y que cojas unos plátanos inconscientemente, quizás una o dos manzanas, y luego te vayas a otro pasillo, y luego a otro, hasta que creas que ya has comprado todo lo que necesitabas. Si llevaras un registro de lo que has puesto en tu cesta o carro mientras estás en la cola de la caja, te sorprenderías al ver que al final, básicamente, siempre compras las mismas cosas.

Bueno, no es que esto sea malo del todo. Nuestras papilas gustativas han sido programadas para responder a ciertos sabores y sensaciones, y la mayoría de nuestras elecciones nos ofrecen una razonable mezcla entre alimentación y satisfacción. Pero ¿y si ampliáramos eso? ¿Y si fuéramos al supermercado y nos saliéramos de la ruta habitual y fuéramos a los pasillos que no vamos normalmente? ¿Y si empezáramos por la otra punta de la tienda? ¿Y si nos propusiéramos mejorar nuestro juego y tomar decisiones atrevidas respecto a lo que vamos a comprar, preparar y comer? De pronto, ir a hacer la compra se convierte en una aventura divertida, ¿no te parece? Ha dejado de ser una tarea automática que has de hacer obligatoriamente, como poner combustible al coche o sacar la basura, y se ha convertido en la cacería de un tesoro nutricional. Se trata de encontrar cosas que sean apetitosas y saludables.

Ahora ha llegado el momento de hacer una pausa y recordar que la forma en que haces una cosa es la forma en que lo haces todo: si te das cuenta de que estás comprando y preparando siempre los mismos alimentos, ¿en qué otros aspectos de tu vida estás estancada en un patrón que puede estar impidiéndote alcanzar tus verdaderas metas y deseos? ¿De qué otras formas te estancan los hábitos? Quizás, además de revisar tu lista de la compra, también deberías reorganizar tus muebles, hacer una subasta en el jardín, empezar a tener citas o a masturbarte, e irte de vacaciones. Revisa lo que haces y cómo lo haces (desde cómo comes, hasta cómo ahorras dinero o haces el amor), la desintoxicación se basa en eso. Se trata de cambiar el estado actual de las cosas para mejorarlas.

Cuando hayas limpiado tu paladar y le hayas dado un descanso a tu intestino para que pueda restablecerse, comprar comida adquiere un sentido totalmente nuevo. Pero tendrás que asegurarte de que los alimentos que introduces en tu dieta van a potenciar tu bienestar, no a perjudicarlo. Para muchas de nosotras esto supone una gran oportunidad para romper con nuestros hábitos y contemplar la comida con una flexibilidad y sentido de aventura renovados. Puede que vayamos a una tienda de productos naturales por primera vez en nuestra vida, o que cojamos el coche en un día de lluvia para ir al mercado de productos frescos que hay en el pueblo de al lado, o que compremos un libro de cocina hindú o tailandesa porque hemos descubierto que nos apetece una comida más básica, especiada y sensual. De pronto, tener que decidir cuál es la mejor forma de alimentarnos está lleno de deliciosas opciones y posibilidades.

¿Abstención? Ni siquiera se me pasa por la cabeza. Como tampoco se me pasa la idea de que seamos esclavas de nuestros viejos y nocivos antojos. Un paladar limpio implica un nuevo comienzo, una nueva oportunidad para crear nuevos hábitos más equilibrados. Es decir siempre y cuando estés dispuesta a ser sincera contigo misma respecto a los alimentos que sabes que te perjudican, y lo que es más importante, respeta y utiliza los alimentos que sabes que te sientan bien.

Ya no hay más excusas. No hay razón para que no te conviertas en la comedora aventurera y nutricionalmente sabia que tu cuerpo está deseando que seas.

Entonces es cuando comer se convierte en una diversión. Entonces es cuando por fin experimentamos una verdad que no es muy conocida: la comida puede hacernos felices si se lo permitimos. Se puede convertir en una forma básica de expresarnos nuestro amor y de experimentar placer. Puede ser una forma extraordinariamente eficaz de propiciarnos nuestros cuidados. Pero no podemos experimentar la comida de este modo si nos ocultamos o abusamos de ella, o si le damos poder sobre nosotras. La comida está para alimentarnos y liberarnos, no para esclavizarnos. Pero de nosotras depende asegurarnos de que tenemos una relación saludable con la comida, y para ello hemos de ser flexibles en nuestra relación con la misma.

Las nuevas reglas para comer: no hay reglas

Estamos viviendo un verdadero renacimiento en lo que sabemos sobre nuestro cuerpo, sobre nutrición y sobre cómo influye la comida en nuestra salud. Somos conscientes de la importancia de comer alimentos integrales y de cultivo biológico de proximidad. Los científicos están empezando a comprender cómo influye la comida en el funcionamiento del cerebro, así como en la salud intestinal, de maneras que son cada vez más prácticas y complejas. Sabemos que el azúcar es una droga, y que comer en exceso o movernos poco son hábitos letales. Resumiendo, tenemos más información sobre lo que necesitamos para mantener una relación sana con la comida que la que habíamos tenido nunca, sin embargo..., no confiamos en nosotras mismas. Seguimos sin confiar en que podemos encontrar nuestro propio camino con la alimentación.

Y eso es lo que hace que la industria de las dietas medre. La creencia de que otra persona sabrá mejor que nosotras lo que hemos de comer; de que algún experto nos dirá exactamente lo que nos conviene y que, si somos obedientes y lo cumplimos al pie de la letra, adelgazaremos, y luego... ¿qué? ¿Qué habremos descubierto sobre nosotras mismas y nuestra relación única y personal con la comida? ¿Cómo seguiremos alimentándonos en el futuro? (Ésta es una pregunta especialmente espinosa para las mujeres que han depositado su confianza en las comidas preparadas o en los batidos que comercializan las dietas populares.) ¿Cómo vamos a encontrar el equilibrio nutricional y la salud si no tenemos a nadie que nos diga lo que hemos de hacer?

Por eso fracasan las dietas. Porque no nos enseñan a escuchar a nuestro cuerpo. No nos autorizan a confiar en nuestro buen juicio respecto a la comida. Normalmente, no nos enseñan a discernir qué alimentos aumentan nuestra energía y cuáles nos hinchan y atontan. La razón es que la mayoría de las dietas no incluyen el diálogo, son libros de normas y, además, bastante autoritarios. No importa cuál sea la última dieta de moda, la mayoría de ellas nos dicen que «hemos de comer esto, y no comer aquello otro», y que si no lo haces fracasarás. ¡Ah, y estarás gorda! Y cuando estás gorda, te suceden todo tipo de cosas desagradables. ¿Quién puede responder bien a esto? ¿Qué mujer necesita que le digan «o lo haces a mi manera o paso de ti» cuando se trata de lo que es mejor para su cuerpo?

Cuando anteponemos las reglas alimentarias de otra persona a lo que realmente necesita nuestro cuerpo, nos disociamos todavía más de nosotras mismas y perdemos nuestra capacidad de sentir placer, que es nuestro gran aliado en nuestro viaje hacia nuestra plenitud y nuestra autoaceptación sexual. Ser flexibles con la comida es la mejor forma de ser flexibles con la vida. Cuando estamos abiertas a nuevas experiencias culinarias, estamos abiertas a todo: nuevas relaciones, nuevas sensaciones, nuevas formas de estar bien en el mundo.

Comer intuitivamente

La mayoría de mis clientas cuando se ponen en contacto conmigo ya han perdido la noción de lo que es tener hambre de verdad. Saben mucho de desesperación, abstención, autodesprecio y vergüenza. Pero muy pocas, si es que hay alguna, tienen la menor idea de lo que realmente significa tener hambre. Eso se debe a que la mayoría se han pasado la vida intentando burlar o superar sus deseos y apetitos comiendo en exceso, comiendo insuficientemente o yendo de un extremo a otro.

Cuando podemos conectar con la verdadera sensación de hambre, ésta se manifiesta como una consejera interior con mucha vista. Cuando la respetamos, el hambre es la mejor aliada en la búsqueda de la verdadera salud, se convierte en una fuente de apoyo y de consejo nutricional en la cual podemos confiar, a la par que se expanden y evolucionan nuestros gustos y nuestra vida.

El hambre es la antítesis de la mente canalla; por el contrario, ella es la voz de la razón y la certeza que hemos necesitado, y evitado a un mismo tiempo, toda nuestra vida. El hambre es la voz de nuestro propósito, de nuestro poder como mujeres, de nuestros más profundos deseos. No es una voz desesperada, avariciosa o quejumbrosa. Todo lo contrario, la voz del hambre es paciente, sosegada y sabia.

Conocer la voz del hambre y hacerte su amiga es una de las relaciones más importantes que tendrás en tu vida. Es como conocer a la hermana gemela que habías perdido, la hermana que siempre sospechaste que tenías y que era igual que tú, pero sin todos esos prejuicios, autosabotaje y autodesprecio. Es como tú, pero en versión flamante. La finalidad de este viaje de autodescubrimiento es conocer a tu otro yo y eliminar los obstáculos que os separan. Has de conocerla íntimamente y alimentarla de forma que ella pueda ofrecerte todo su apoyo.

La mejor forma de hacerlo es comer de forma intuitiva. Comer no sólo para satisfacer tu necesidad actual, sino para satisfacer cómo vas a sentirte dentro de un par de horas, dentro de tres días, de un mes, etc.

La meta es comer de manera que puedas disfrutar al máximo de la vida.

Voy a citar un ejemplo de cómo funciona esto. Tengo una clienta que se llama Stephanie y que vino a mi consulta hace varios años porque quería adelgazar unos veinticinco kilos. Hasta entonces había tenido una mala experiencia tras otra con las dietas: seguía las reglas de cualquiera que fuera la dieta que estuviera siguiendo, adelgazaba, y cuando ya había conseguido su objetivo, dejaba de seguir la dieta y volvía a recuperar el peso, e incluso aumentaba un poco más que antes de adelgazar. Esta historia es tan normal que se ha convertido en un ejemplo típico. Stephanie vino a verme porque había llegado a la conclusión de que tenía que olvidarse de las dietas y aprender a comer por su propio bien.

En nuestra primera reunión le pregunté cuál era su objetivo, y su respuesta fue: «Adelgazar de una vez por todas».

Tomé nota de su respuesta y se la repetí de otro modo: «Quiero aprender a comer alimentos que me nutran, que me hagan sentir bien y que me permitan estar más a gusto con mi cuerpo». En mi versión de la respuesta de Stephanie, omití intencionadamente las palabras que tuvieran que ver con adelgazar, con la esperanza de que perdiera un poco de vista las cifras de la báscula, esos números que la habían paralizado y prácticamente atrapado en una incapacidad de ver la vida más allá de la báscula de su diminuto y abarrotado cuarto de baño. Al concederle tanta importancia a lo que marcaba la báscula, lo único que le quedaban era un montón de prejuicios y de críticas. Escuchó lo que le dije, pero no estaba segura de si sería capaz de vivir con esta mentalidad más abierta y esta meta más flexible. Pero aceptó intentarlo.

Y así empezamos con el proceso de que aprendiera a escuchar su sensación de hambre, a identificar lo que necesitaba y quería para su cuerpo y para su vida.

Al principio, esto le generaba mucha ansiedad, porque era la primera vez desde que era adulta que no había nadie que le dijera lo que tenía que comer. Lo que yo le ofrecí fue la oportunidad de investigar cómo le sentaban distintos tipos de alimentos, qué representaban para ella y cómo podía conciliar su dieta con el aspecto físico y el estado de ánimo que quería tener.

Su búsqueda, su viaje del héroe, empezó donde lo hacen muchos otros, en la sección de verduras. Me cité con ella allí en una de nuestras primeras sesiones para hablar de alimentación. Empezamos por donde estaban los cítricos. Le pregunté qué le parecían las naranjas.

—Pues pienso en un *brick* en la nevera con zumo de naranja reconstituido, al que se le ha añadido pulpa extra. A mi padre le encantaba. Yo lo odiaba. —Respondió con una mueca, una pequeña sonrisa y un gesto de afirmación con la cabeza.

Después le pedí que cogiera una naranja, y cuando lo hizo, le dije que la oliera. Luego se la quité de la mano y arañé la piel con la uña para que oliera su fragante piel y aceite. Cerró los ojos, agachó la cabeza y respiró profundamente. Poco a poco se fue dibujando una sonrisa en su rostro.

—¿Buena, eh? —le dije volviendo a darle la naranja—. Ahora pásatela de una mano a otra. Dime qué es lo que piensas que hay dentro de esta hermosa bola.

La miró, aunque un poco cortada por estar allí teniendo una conversación profunda sobre una fruta.

—Es muy jugosa y dulce, pero también un poco ácida, por esos hilos blancos que conectan las secciones.

Sí, afirmé con la cabeza.

—Son complicadas, agradables y ácidas —respondió.

—¿Y eso te gusta? —le pregunté.

—Sinceramente, no lo sé —contestó.

—¿Quieres descubrirlo?

—¿Por qué no?

Y puso la naranja en la cesta. Seguimos dando vueltas por la tienda a un paso increíblemente tranquilo y reflexivo durante una hora, y cuando llegamos a la caja, Stephanie se dio cuenta de que llevaba unas cuantas cosas que no solía comprar: pepinos frescos y relajantes, espinacas frescas, distintas variedades de manzanas, almendras y dátiles, una bolsa de limas, agua mineral con gas... y la naranja. Me prometió que pensaría en el sabor de cada una de esas cosas, que observaría cómo se sentía al comerlas y cómo se sentía después. Estaba totalmente dispuesta a relacionar lo que había elegido comprar y cómo se sentía comiéndolo.

Esto es comer intuitivamente. Y es la vía más segura hacia una salud óptima, adelgazar espontáneamente y encontrar placer con la comida.

Sólo le pedí una cosa y fue que se mantuviera alejada de la báscula hasta que volviéramos a vernos. Me prometió que lo haría.

A la semana siguiente, cuando volvimos a vernos, Stephanie me saludó diciéndome: «¿Sabes a quién le gustan ahora las naranjas y las espinacas? ¡Quién me lo iba a decir!» Su sonrisa me indicó que estos alimentos también le correspondían.

Varios meses después, el experimento de Stephanie sobre comer intuitivamente sigue en marcha. Ha probado una extensa variedad de frutas y verduras y ha descubierto que le encanta experimentar con hierbas y especias para crear sutiles variaciones de sabor en sus platos. Le gustaron tanto las especias que me dijo que se había apuntado a un curso de cocina hindú para principiantes. Me alegré mucho por ella. Cuando colgamos, sentí que me había transmitido mucha energía e inspiración.

Casi al momento, volvió a sonar mi teléfono, era Stephanie de nuevo.

—Ah, se me había olvidado decirte que hace unos días me volví a pesar —me dijo.

—¿Y? —pregunté.

—He adelgazado siete kilos. ¿Te lo puedes creer? Alex, sin hacer nada; sencillamente han desaparecido los kilos.

Se la oía tan feliz y a gusto que me alegré muchísimo por ella.

Le recordé que sí había hecho algo, pero de una forma totalmente relajada y sin estrés; que había aprendido a relacionarse con la comida con curiosidad y sin críticas. Comer se había convertido en parte de su programa para cuidarse, ya no era una actividad a la que hubiera de temer o algo sobre lo cual tuviera poco o ningún control. Por fin, para ella, comer se había convertido en una profunda fuente de placer y satisfacción. Su cuerpo respondía a sus amorosos cuidados deshaciéndose del peso que se había sentido obligado a acumular durante todos esos años que había pasado haciendo dieta.

Descárgate una guía de compra para cambiar antojos en:

www.AlexandraJamieson.com/WFDbonus

7
LA IMPORTANCIA DE CONFIAR EN TU INTESTINO

La salud del intestino es esencial para la salud general.
Kris Carr

Confía en tu intestino*. Si te ha pasado como a mí, habrás oído este refrán cuando has estado a punto de tomar una de esas decisiones que te pueden cambiar la vida. Y supongo que también habrás pensado que aprender a confiar en tu intestino sólo significaba confiar en tu instinto e intuición. Pero ¿y si los científicos más influyentes del mundo hubieran descubierto que confiar en tu intestino significaba mucho más que eso, incluido el hecho de que sólo tenemos un entendimiento parcial de lo que sabemos sobre nuestro cerebro y su funcionamiento? Esto es justamente lo que está sucediendo ahora, mientras escribo este libro. La ciencia de la neurogastroenterología está cambiando literalmente todo lo que creemos saber sobre el cerebro y su función como centro de mando de nuestro cuerpo en la cabeza. Todas las miradas —al menos las de los neurocientíficos— están puestas ahora en el intestino.

Lo que suponían los científicos desde hace tiempo, y lo que están confirmando ahora es que el estómago y los intestinos albergan más neuronas que el cerebro. De hecho, es un segundo cerebro que tiene tanta influencia

---

* Frase hecha en inglés, que significa «confía en tu instinto». *(N. de la T.)*

como el que tenemos sobre los hombros, y entender esto puede revolucionar nuestra visión de la medicina, de la nutrición y de la curación.

Durante décadas los científicos han reconocido que la salud del cerebro tiene un profundo efecto sobre la salud de nuestro intestino, pero lo que se está descubriendo ahora es que el intestino también envía mensajes de malestar (o bienestar) al cerebro a través del nervio vago, la superautopista del sistema nervioso que transcurre desde el abdomen hasta el cerebro, y estos mensajes pueden tener la clave de cómo afecta la dieta y la nutrición a nuestro estado de ánimo y a nuestra salud general. Esto, queridas lectoras, es un bombazo.

Creo que la mayoría hemos estado muy equivocadas sobre el verdadero funcionamiento de nuestro intestino. Pensábamos que nuestro sistema gastrointestinal era un sistema primitivo de eliminación, donde algo (comida) entra por un extremo, es procesado rudimentariamente (la extracción de los nutrientes) y luego es eliminado (excretado). Dábamos por hecho que esto eran funciones mecánicas muy establecidas, algo que sucedía automáticamente sin demasiada intervención del cerebro o comunicación con el mismo, o sin demasiada intervención del propio intestino. Ahora la ciencia nos está demostrando que nada más lejos de la realidad, y que la salud y el bienestar de nuestro intestino, que significa lo que hacemos para favorecer nuestro proceso digestivo, bien podría ser el gran pilar sobre el que se asienta nuestro bienestar, incluido el mental.

Bien, pues yo estoy convencida de ello, y he experimentado en carne propia cómo cambia nuestra vida cuando cuidamos conscientemente de nuestro sistema gastrointestinal. He tenido montones de clientas en diez años que me han dicho que después de haber limpiado su intestino su estado de ánimo se ha estabilizado por primera vez en su vida. Dejaron atrás el aturdimiento, la depresión, la ansiedad, las migrañas, las ganas descontroladas de consumir azúcar, la resistencia a adelgazar y los problemas persistentes con el sueño. Estas mujeres accedieron a un estado de fortaleza mental que les permitió hacer cosas como controlar proactivamente su estrés y se dieron cuenta de que la forma en que trataban a su intestino influía —y mucho— en la calidad del funcionamiento de su «otro» cerebro.

Pero no son sólo nuestras mentes las que se benefician de un buen cuidado y alimentación del intestino; la lista de enfermedades físicas que podemos aliviar o solucionar cuando cuidamos de nuestro sistema gastrointestinal es larga e incluye muchas patologías muy comunes, como son el estreñimiento, el síndrome de colon irritable, intestino permeable, colitis, enfermedad de Crohn, gases, hinchazón, depresión, ansiedad, alergias, acné, infertilidad, enfermedades autoinmunes, obesidad y otras. Los investigadores están descubriendo que enfermedades que ponen en peligro nuestra vida como las cardiovasculares, el cáncer y la diabetes de tipo 1 tienen un punto en común: la mala salud intestinal. Aprender a cuidar de nuestro intestino sin exigirle demasiado hace que nos demos cuenta rápidamente de que es una de las claves, por no decir, *la* clave, para una buena salud general. Y la mejor forma de cuidar tu intestino es siendo consciente de lo que comes.

El jardín secreto interior

El intestino no sólo está conectado a través de un complejo circuito neuronal perfectamente sintonizado, sino que también rebosa de vida. Habrás oído muchas cosas sobre los microbios digestivos, la flora, las bacterias y las levaduras, ¡lo suficiente como para que te dé vueltas la cabeza! Estos términos se refieren a los billones y billones de organismos unicelulares que crecen y medran en lo más profundo de nuestro aparato digestivo, y que son de vital importancia para la salud de nuestro sistema inmunitario. Estos organismos, que viven en un delicado equilibrio entre ellos, medran o mueren según el alimento que reciben. Los científicos llaman a este jardín silvestre de microorganismos «microbioma», reconocen que estas células microbianas superan en número a las células humanas que tenemos en nuestro cuerpo, en una proporción de uno a diez. Reflexiona un momento sobre esto: ¡estamos formados por más células bacterianas que humanas! El jardín bacteriano que albergamos dentro pesa entre doscientos gramos y un kilo y medio, según nuestro género, tamaño y nuestra salud intestinal. La realidad es que nuestros cuerpos son escudos andantes que protegen este universo microbiano y nosotras sólo somos sus cuidadoras. Ser buenas anfitrionas y hacer que nuestros huéspedes estén bien atendidos está en nuestras manos. De lo contrario se pueden rebelar con consecuencias no deseadas.

El reto de mantener una buena salud intestinal es complicado por varias razones. Llevamos varias generaciones de alimentación altamente procesada y eso ha conducido a la disminución del número de bacterias saludables, condición que ha pasado de madres a hijos. Además, las cesáreas evitan el paso natural por el canal del parto que es donde el bebé adquiere el mayor número de bacterias buenas. Por otra parte, la salud digestiva de las mujeres está bajo la gran influencia de los cambios hormonales provocados por la menstruación, los partos y la menopausia, por lo tanto, es normal que, mientras nuestras hormonas fluctúan, también fluctúe nuestra salud intestinal. Luego también está el caso menos citado de que el estrés y la ansiedad suelen sentirse en el intestino, lo que provoca desequilibrios en los ácidos digestivos. Como sucede con muchas cosas en nuestra vida, nuestra salud digestiva no es estable; es fluida y variable, y hemos de comer y vivir de modo que podamos adaptarnos a estos cambios, por sutiles que sean.

Por qué hemos de cuidar nuestro jardín interior

¿Has tomado alguna vez antibióticos y de pronto has tenido retortijones, o quizá náuseas o picor? O bien puede que perdieras el apetito o que se te alterara. Y eso es normal, porque los antibióticos matan todos los microorganismos que circulan por nuestro cuerpo —los buenos y los malos— sin discriminar. Probablemente, tu médico te recomiende que comas yogur mientras tomes la medicación, pues los cultivos vivos (es decir, las sustancias que favorecen la salud microbiana) del yogur empezarán a repoblar tu tracto digestivo y favorecerán el nacimiento de todas esas células vitales y saludables. Nuestra flora intestinal también se deteriora con muchos otros medicamentos, tanto los que se venden con receta como sin ella, como los antihistamínicos, lo que perjudica todavía más nuestra salud intestinal.

Aunque diezmar nuestra flora intestinal con medicamentos agresivos puede causar serios problemas, es igualmente perjudicial dejar que ciertos tipos de microbios crezcan descontroladamente. Éste es un problema que veo muy a menudo en las mujeres que tienen *Candida albicans*, que es un crecimiento excesivo de levaduras intestinales que se alimentan de azúcares refinados y alimentos procesados, y que son las culpables de las infecciones vaginales por levaduras y de una larga lista de enfermedades. Cuando una clienta da muestras claras de cualquier tipo de superpoblación bacteriana intestinal, el primer alimento que elimino es el azúcar en todas sus formas. Comer azúcar es como echarles un fertilizante tóxico de alta potencia a los microbios, y los que medran con el azúcar crecerán descontroladamente, asfixiando y desplazando a otras bacterias importantes que son buenas para nuestra salud. El jardín se satura de «hierbajos» que se alimentan de azúcar, y el resultado es un sistema digestivo totalmente desequilibrado. Cuando eliminamos el azúcar de nuestra dieta, garantizamos el rápido reequilibrio y salud microbianos, y es lo suficientemente notable como para convencer hasta a las clientas más escépticas de que la salud intestinal es la clave de todo y que no tomar azúcar es el primer paso hacia una buena salud digestiva.

Creo que a la levadura cándida y a otras bacterias perjudiciales les encanta el azúcar y que si crecen descontroladamente nos convertimos en una especie de zombis esclavas de las mismas, arrasando con todo el dulce que caiga en nuestras manos para hacerlas felices. Es decir, es como si fueran los titiriteros y nosotras sus títeres.

Lo que necesita nuestro intestino son alimentos que le ayuden a mantener su salud y a hacer bien su trabajo, que es descomponer los alimentos para extraer sus nutrientes y eliminar lo que no sirve. Los alimentos que realmente necesita y desea el microbioma son los que aportan las enzimas necesarias para su funcionamiento, o bien los elementos básicos necesarios para crear esas enzimas esenciales. Estas sustancias son cultivos vivos conocidos como prebióticos y probióticos.

En años recientes se ha puesto muy de moda entre los fabricantes de yogur, especialmente los etiquetados para mujeres, añadir probióticos extras en sus recetas, y eso es bueno, en teoría. La razón es que la ciencia confirma lo buenos que son los probióticos para nosotras. Lo que ya no es tan fantástico es que la viabilidad de estos probióticos añadidos en fábrica es cuestionable, porque la mezcla de cultivos vivos que añaden a sus productos suele estar limitada, e incluso estos pocos probióticos vivos pueden morir o debilitarse durante los procesos de calentamiento y conservación de estos alimentos producidos en cadena. Pero ingerir probióticos de forma natural, a través de alimentos integrales frescos o alimentos fermentados artesanalmente, enriquece la flora bacteriana. También lo hace comer alimentos ricos en prebióticos (alimentos crudos que contienen fibra indisoluble, como las cebollas, puerros, plátanos, tupinambos y achicoria) que alimentan a las bacterias buenas, permitiéndoles crecer y multiplicarse, y ayudando a que mejore la capacidad de nuestro cuerpo para absorber nutrientes clave como el calcio y el magnesio, y favorecen la creación y la eliminación de heces saludables.

Lo que me fascina es que culturas antiguas separadas por mares y continentes han entendido intuitivamente desde siempre la importancia de añadir alimentos prebióticos y probióticos a su dieta. El vino tinto es un magnífico ejemplo de alimento fermentado que puede favorecer nuestra digestión, así como otros alimentos frescos y crudos como el chucrut y el *kimchi*. Las culturas antiguas también entendían que los alimentos crudos fermentados (como el antiguo yogur griego) favorecían la salud digestiva, y que permitir la fermentación natural de los alimentos (que simplemente significa dejar que interactúen las bacterias y el aire con las verduras crudas y un poco de sal) también los conservaba.

El proceso de fermentación convierte los azúcares de los alimentos en agentes saludables como las enzimas. La alquimia transforma el zumo de uva en vino, los cereales en cerveza, los hidratos de carbono en dióxido de carbono para el pan de masa fermentado, y los azúcares de las verduras en ácidos orgánicos que las conservan.

Los antiguos griegos y romanos utilizaban el chucrut (col cortada a tiritas en salmuera y expuesta al aire) para tratar y prevenir infecciones intestinales. El capitán Cook y otros exploradores de los grandes mares utilizaron el chucrut y el zumo de lima para prevenir el escorbuto. En Europa y Rusia, el chucrut y otros alimentos fermentados (kéfir, yogur, leche agria, el *kvas**, el *borscht***, etc.) se comen desde hace siglos. En muchas culturas africanas todavía se usa la fermentación como medio para conservar las gachas que sacan del maíz y del sorgo. En la India se utiliza una pasta picante y deliciosa hecha con el jugo del chucrut y también con yogur para ayudar en la digestión. Incluso los esquimales entierran carne de ballena y foca fermentada para conservarlas durante sus largos y gélidos inviernos.

La historia de Hannah

Hannah asistió a uno de mis programas de grupo y cuando terminó me buscó para hablar conmigo personalmente. Le avergonzaba su problema porque le afectaba en su aspecto físico. Padecía una enfermedad crónica,

---

* Bebida alcohólica fermentada. *(N. de la T.)*

** Sopa de remolacha, patatas y col. *(N. de la T.)*

lo que implicaba que había pasado varios años tomando antibióticos. Aunque ahora ya no los tomaba, éstos habían perjudicado gravemente su sistema digestivo. Tenía un desagradable dolor de estómago constante, y, a pesar de todos sus esfuerzos, hacía un año que no sabía lo que era tener sensación de ganas de ir al baño. También estaba hinchada, parecía que estuviera embarazada de cinco meses. Esto hacía mella en su autoestima y perjudicaba seriamente su vida social.

Su intestino estaba lanzando una llamada de socorro. Nos reunimos para ver qué tipo de dieta podíamos elaborar para la salud intestinal. Empezamos revisando rápidamente lo que comía y eliminando todos los alimentos (básicamente, todo lo procesado) que le estaban provocando problemas de gases, estreñimiento y dolor. Luego fuimos a la tienda de productos naturales en busca de una solución: suplementos con muchos probióticos y chucrut crudo.

—¡Ajá! —Hannah parecía tener un poco de recelo—. No me vas a aconsejar que empiece a comer perritos calientes, ¿verdad?

Me reí.

—No. Quiero que utilices este chucrut como una medicina, está cargado de bacterias saludables que se han creado mediante un proceso de fermentación natural, además tiene unas cepas más antiguas y silvestres de probióticos que no puedes conseguir ni en los probióticos envasados más sofisticados.

Le dije que tomara una cucharada de chucrut al día, preferiblemente con alguna comida, hasta aumentar la dosis a tres al día, y si podía, un tenedor bien lleno antes de que le asaltaran las ganas de consumir azúcar por la tarde.

—Dos cosas más. Quiero que pongas una botella de agua caliente sobre tu abdomen cuando te vayas a acostar por la noche y que te la dejes un rato. El calor atraerá la energía curativa de tu cuerpo hacia esa parte de tu anatomía y quiero que te imagines que ese calor penetra tu cuerpo y que funde todos los desechos que hay atrapados en tu intestino. —Asintió obedientemente con la cabeza—. Y por último... —dije dudando— quiero que te consigas un vibrador, si es que no tienes uno ya.

Esto la dejó helada.

—¿Qué...? —exclamó.

—Porque tener un orgasmo aumentará tu flujo sanguíneo en la zona inferior de tu cuerpo y te ayudará con el estreñimiento y los dolores.

Hannah me miró un tanto alucinada.

—Bueno, sí tengo uno. Sólo que hace mucho tiempo que no lo uso porque me sentía muy gorda.

Le pregunté si estaba dispuesta a volver a intentarlo.

Dos semanas después, volví a hablar con Hannah.

—No sé si es el chucrut o el vibrador, pero estoy yendo regularmente al baño por primera vez desde hace mucho tiempo, no me siento tan hinchada como antes y me he adelgazado unos dos kilos. —Me quedé impresionada—. Además, me vuelvo a sentir atractiva y viva.

Si no hubiera sido porque estábamos hablando por teléfono, le hubiera hecho un guiño.

El ritmo de la digestión

Animo a todas mis clientas a que observen y respeten la belleza rítmica de nuestro ciclo digestivo diario. Si nuestro sistema digestivo funciona bien, tendremos al menos un movimiento intestinal saludable al día y no padeceremos condiciones desagradables como gases, hinchazón, retortijones, estreñimiento o diarrea. Además de no tener estos desagradables síntomas, cuando nuestro tracto digestivo está sano, nuestro cuerpo puede absorber los nutrientes, procesarlos y eliminar las toxinas, mantener sin esfuerzo un peso corporal sano y tener un buen rendimiento físico y mental. Para concederle a nuestro sistema digestivo el respeto que se merece, me parece bastante útil comprender a un nivel básico y práctico cómo es y cómo funciona.

El tracto digestivo es un tubo celular flexible que va desde la boca hasta el ano, y cuando está totalmente extendido, en un adulto medio suele medir unos ocho metros de longitud. Si se estirara toda su superficie celular, ésta abarcaría aproximadamente el tamaño de un campo de fútbol. Esto supone una extensión nada desdeñable, y rara vez nos molestamos en pensar en los procesos digestivos que tienen lugar a lo largo de este ingente contenedor de vida microbiana.

Pocas sabemos que la digestión es un proceso constante, que se produce incluso cuando dormimos. Pero sigue un ciclo diurno de vigilia que empieza cuando ponemos los pies en el suelo por la mañana. Ésta es la razón por la que es tan importante empezar el día con al menos un gran vaso de agua caliente con limón y por la que hay tantas dietas que lo recomiendan. Esta refrescante bebida nos rehidrata después de la larga noche en la que hemos perdido líquidos a través de la respiración y de los poros. También prepara el hígado y la vesícula biliar para el duro trabajo que tienen por delante, que conlleva mantener nuestro cuerpo libre de impurezas y toxinas. El limón prepara a nuestras enzimas para que se activen y pone en funcionamiento al resto de los órganos digestivos para el día que tienen por delante. Luego viene el desayuno, que es la comida que prepara el tono y el ritmo de nuestra digestión y energía para todo el día.

En el momento en que la comida llega a nuestra lengua, nuestro tubo digestivo empieza a trabajar cuando se activan las enzimas principales que residen en la saliva y empiezan a descomponer los alimentos. Por eso ser conscientes de la acción de la masticación es un aspecto importante de comer con atención plena. Si nos tragamos los alimentos, en vez de macerarlos lo suficiente para que puedan impregnarse correctamente de las enzimas de la boca, nos saltamos un paso crucial en el proceso digestivo. Saber esto les ha abierto los ojos a muchas de mis clientas que pensaban que cuando les decían «come despacio y mastica tu comida» era una técnica que empleaban muchos dietistas para que comieran menos. Aunque comer menos puede ser un resultado agradable extra de comer conscientemente, el verdadero beneficio es que le ofrece a nuestro cuerpo la oportunidad para empezar a extraer los nutrientes de los alimentos enseguida, y comenzar el proceso de descomponer las células alimentarias para convertirlas en materia de desecho, para una eliminación regular y saludable.

Cuando masticamos conscientemente, preparamos los alimentos para su siguiente parada, que es el estómago, donde realmente se produce la digestión. El estómago es un órgano único que está recubierto de membranas celulares que contienen unos ácidos y enzimas muy potentes sin diluir para que la digestión sea óptima. Cuando comemos alimentos que dificultan la digestión (que según las investigaciones son cualquier tipo de alimentos muy procesados, refinados y sin los prebióticos o probióticos que se encuentran en los alimentos frescos e integrales) y que son antagónicos con los microbios que necesitamos para mantener las paredes del estómago y del intestino intactas, corremos el riesgo de romper las paredes del estómago. Si sucede esto, nuestro intestino puede empezar a dejar pasar todo tipo de sustancias químicas y toxinas hacia nuestro sistema circulatorio, lo que provoca inflamación que puede desencadenar enfermedades, aturdimiento e incluso cambios de estado de ánimo. Cuando nuestro cuerpo sufre esta irritación interna, está inflamado, y somos susceptibles de toda una serie de enfermedades que van desde el síndrome metabólico (obesidad, hipertensión, prediabetes), hasta trastornos autoinmunes como la artritis reumatoide, problemas de tiroides e incluso cáncer.

Por eso es tan importante mantener un buen nivel de acidez y de enzimas. Como también lo es asegurarte de que no disuelves estos ácidos una vez que has terminado de comer y tu estómago ha empezado el proceso digestivo. Si bebes demasiada agua después de comer, se pueden disolver tus jugos gástricos y estancar el proceso, lo que hará que te sientas fatal, encharcada de agua e hinchada. Ya sé que esto parece ir en contra de lo que aconsejan la mayoría de las dietas, que te recomiendan beber un mínimo de ocho vasos de agua al día, y por supuesto, esto está bien, pero no cuando tu estómago está demasiado lleno. De hecho, en las filosofías de la salud, como la medicina china, se dice que si bebes demasiados líquidos fríos, acabas apagando el fuego digestivo. De modo que, para mantener nuestra salud digestiva, también hemos de ser conscientes de cuándo nos hidratamos.

Del mismo modo que no masticar bien los alimentos puede limitar la absorción de nutrientes y dificultar la digestión, comer en exceso también es como tirar piedras a tu tejado. Cuando nos pasamos comiendo, sobrecargamos nuestro estómago de muchas formas, reduciendo su capacidad física, disolviendo sus enzimas, etc. Comer en exceso es como pedirle a una mujer que nunca ha levantado peso que levante unas pesas de 250 kilos por encima de su cabeza. Supone semejante desgaste para el sistema que no le queda otra opción que convertir rápidamente todo ese exceso de derivados nutricionales en grasa. Todo ese exceso de masa alimenticia ha de ir a alguna parte, ¿no te parece? Y si tu sistema digestivo está preparado para trabajar a cierto ritmo, y albergar cierto volumen, sólo soportará ese sobresfuerzo antes de empezar a echar chispas y apagarse.

Así que lo mejor es comer raciones medianas —en lugar de superraciones— o incluso pequeñas durante las doce horas del día (por ejemplo, de siete de la mañana a siete de la tarde). Luego, por la noche, cuando te sientes satisfecha, puedes irte a dormir sabiendo que tu cuerpo, tu alma y tu intestino descansarán.

Romper el ayuno con moderación

Una de las cosas que a mis clientas les gusta mucho respecto a la desintoxicación es que te ofrece la oportunidad de empezar de cero. Cuando han eliminado de su dieta los alimentos que les provocan irritación, les encanta observar lo relajado y tranquilo que está su organismo y lo relajadas y tranquilas que se sienten respecto a la comida.

Cuando comemos inconscientemente como respuesta a nuestros hábitos y antojos, existe una urgencia amplificada que perturba nuestra relación con la comida, y la ansiedad trastorna nuestra capacidad para tomar buenas decisiones. La comida jamás debería causarnos pánico. De hecho, cuando nos relacionamos con la comida con calma, que es para lo que nos prepara la desintoxicación, esperamos que nos haga sentirnos bien.

Muchas mujeres que siempre han tenido una relación de amor-odio con la comida, cuando se familiarizan con la idea de comer para sentirse bien, experimentan cambios genuinos y profundos en su vida. Cuando han limpiado su sistema digestivo, se encuentran con el agradable resultado inesperado de que también se han desactivado gran parte de las conexiones mentales que ellas habían creado para relacionar comer y comida con estrés, con sentimientos de rechazo hacia una misma o con temores relacionados con la escasez. En una desintoxicación nos deshacemos de muchos de nuestros enganches negativos con la comida. Resumiendo, hemos de empezar de nuevo con la comida, y la mejor forma de hacerlo es en la primera ingesta del día.

Normalmente, se considera que desayunar es saludable y acertado, pero las razones no están tan claras para la mayoría de las mujeres que tienen problemas de peso o para sentirse a gusto con su cuerpo. Eso es porque nos han condicionado a pensar en la comida en términos de calorías, una forma benigna de medir la energía, que a la mayoría nos confunde respecto al hecho de que necesitamos alimentarnos, aunque estemos intentando adelgazar. Cuando nuestros pensamientos están dominados por la creencia de que comida equivale a grasa, nos olvidamos de que los alimentos son nuestros mejores aliados para curarnos y para mejorar nuestra salud, que hasta puede incluir perder la grasa que nos sobra. Creo que esto es justamente lo que sucede con el desayuno.

La forma en que preparo mi cuerpo nutricionalmente para el día que tengo por delante me entusiasma. Mientras me tomo mi agua con limón (que siempre parece quitarme la sensación de sueño y me despierta la energía al instante), pienso en lo que tengo que hacer las próximas horas y cómo quiero sentirme durante ese tiempo. Desde que he estado escribiendo este libro, sé que quiero estar concentrada, con la mente clara y ágil; y la idea de ingerir algo demasiado pesado o que pueda inducirme a una especie de coma alimentario no me seduce demasiado. Así que empiezo el día con batidos de proteínas verdes y magras, que combinan proteínas que me dan la energía básica con cualquier alimento crudo e integral que me apetezca y que tenga a mano. Esto puede ser un puñado de col rizada mezclada con manzana y algo de proteína de buena calidad, quizás un poco de aceite de coco o medio aguacate. Incluyo cualquier cosa que me apetezca. Luego me lo bebo a sorbitos, permitiendo que mis papilas gustativas identifiquen todos los sabores que encuentren, y por último mastico. Sí, lo has oído bien, soy una de esas personas que mastica sus batidos. Esto surgió cuando una de mis clientas, Lucy, me escribió diciéndome que no sabía qué hacer tras acabarse su batido de la mañana en noventa segundos. La llamé para hablar de este tema.

Primero le pregunté cómo se sentía engullendo su desayuno en unos pocos y rápidos sorbos. Su respuesta fue: llena, pero insatisfecha. Luego le pregunté por qué sentía que tenía que tomarse rápidamente el desayuno. Sabía que tenía que llevar a sus hijos a la escuela y que luego tenía que ir a la oficina, pero para Lucy no se trataba sólo de no tener suficiente tiempo para ir más despacio en su ritual de desayuno, estaba pasando algo más.

—Me imagino... —dijo titubeando— que siento que no me merezco relajarme. Mi marido se burla de mi «mejunje verde» y me lo trago un poco avergonzada, porque no como comida «normal».

De hecho, ni se me había ocurrido esto porque a mi pareja le *encan-*

tan mis batidos verdes matinales, precisamente porque nos ayudan a sentirnos bien a los dos. Se toma un montón de nutrientes sin que le resulten pesados y para él es una gran forma de empezar el día.

—¿Ha probado él alguna vez tu brebaje? —le pregunté.

Se rió.

—Debería, está bueno, tiene la cantidad justa de dulce, y me ayuda a sentirme fenomenal por la mañana.

Le sugerí que, a pesar de que su primera comida del día fuera en un vaso, tenía que verla como si fuera una comida cualquiera; que se sentara, con sus hijos y su marido, y que la disfrutara mientras ellos tomaban su desayuno más completo y tradicional. También le dije que debía hacer que el resto de su familia probara su bebida, principalmente para que entendieran que no se estaba tomando un vaso de tortura líquida. Le dije que me llamara al día siguiente.

Lucy me llamó al día siguiente a última hora de la mañana. Se la oía entusiasmada.

—Sólo tengo un momento libre entre reuniones, pero quería decirte que he tardado casi media hora en tomarme el batido. Comérmelo tan despacio y relajadamente —sí, utilizó la palabra «comer»— ha hecho que me sintiera de fábula, ¡hasta me lo he tomado en un bonito vaso de vino! ¡Mi marido y mis hijos, cuando han visto el vaso nuevo, me han pedido que les diera un sorbo! He salido de casa más tranquila y satisfecha, en vez de agobiada e hinchada.

Me alegró mucho oír eso. Lucy había conectado con su visión de la comida y con la forma en que se la tomaba, de modo que había remodelado su hábito de comer deprisa y frenéticamente, y llenarse demasiado, muy pronto. Esto es una habilidad de suma importancia para todos, y comprender lo que significa «llena» es crucial para salir de la influencia de los antojos ocultos, aprender a disfrutar de la comida y, lo más importante, favorecer la digestión.

Descubrir qué es estar llena

Me ha costado casi media vida llegar a saber lo que significa estar llena. Siempre había identificado el estar llena con sentir que ya no me entraba más comida, con estar hasta las cejas de azúcar o cafeína (o de ambas cosas). Significaba estar incómodamente paralizada, hinchada, pesada y cansada. Hasta que hice mi primera desintoxicación a los veinticinco años, no me di cuenta de que las sensaciones que utilizaba para la palabra «llena» eran estados extremos y que había una forma más sutil, saludable, amable y compasiva de saber cuándo has comido bastante.

A mis clientas les va bien utilizar la escala del hambre y la saciedad, el cero es estar vacía, el cinco un estado neutro y el diez estar a reventar. Si esperamos a estar a cero para comer, estamos tan ansiosas que perdemos el control, la moderación o la discreción. Es un estado que he bautizado como *hangry**, porque cuando tenemos el estómago tan vacío, estamos a punto de estallar (tanto física como mentalmente). Cuando nos acercamos al cero en la escala del hambre y de la saciedad, nos comemos *cualquier cosa* que tenemos a mano, entonces es cuando recurrimos al restaurante de comida rápida o echamos mano del helado que guardamos en el congelador.

Así que hemos de evitar el cero como sea. Me he dado cuenta de que la mayoría de mis clientas necesitan un poco de tiempo y de experimentación para llegar a ese cinco, o saber qué significa tener un «hambre neutra». En el proceso de desintoxicación, la mayoría de las personas se dan cuenta de que su sentido de medición está bastante atrofiado. Hacer borrón y cuenta nueva y familiarizarnos con lo que realmente significa sentirnos saciadas o digestivamente satisfechas es un regalo que rara vez nos concedemos.

Librarnos de nuestra reacción a la comida y dejar de ser esclavas de nuestros hábitos y antojos, nos permite una conexión íntima y poderosa

---

* Palabra compuesta por *hungry* («hambre») y *angry* («furiosa»). *(N. de la T.)*

con nosotras mismas y con nuestros apetitos, y cuando llegas a ese punto medio entre tener mucha hambre y estar demasiado llena, descubres que, quizá por primera vez en tu vida, puedes relajarte profundamente en lo que se refiere a la comida. Desde ese estado de comodidad y firmeza, puedes tomar decisiones mucho más meditadas sobre cómo, cuándo y qué comer.

El punto medio en la escala del hambre y de la saciedad es el punto dulce del continuo nutricional, el punto de equilibrio, el lugar donde es posible que experimentemos nuestro cuerpo y el mundo con satisfacción y aceptación. Es el lugar donde desaparece el hambre y perdemos nuestra conciencia obsesiva por la comida. Desde aquí, puedes experimentar las sutilezas y las variaciones en tu estado de ánimo que no podías experimentar cuando comías de un modo más inestable, en que te regías por el todo o nada. Por ejemplo, quizá descubras que cuando te despiertas estás en un cómodo cuatro, así que decides disfrutar de beber agua o una infusión durante la primera hora del día para hidratar tu cuerpo antes de comer algo. Puede que prefieras esperar a comer hasta llegar al tres para desayunar. Tengo una clienta que se llama Jane, que no llega a este punto hasta bastante tarde, a finales de la mañana, y está bien, ella desayuna cuando la mayoría estamos pensando en almorzar.

La meta del desayuno —o de cualquier comida— es hacer que sobrepasemos un poco el cinco hasta alcanzar un agradable seis o siete, y que, cuando lleguemos al ocho, sepamos que es el momento de parar. Llegar hasta el nueve o el diez implica malestar, que puede manifestarse de varias formas poco deseables como dolor, hinchazón, gases, náuseas, cansancio, aturdimiento y engorde.

Encontrar el equilibrio en la escala del hambre y de la saciedad implica moderación y permanecer en el camino intermedio. Se trata de revisar amable y regularmente nuestras necesidades. Esto nos ayuda a descubrir que comer nos tranquiliza y da energía, en lugar de estresarnos. Cuando nos encontramos en ese cómodo rango medio, la comida nos ensalza, en lugar de hundirnos. Nos sentimos sanas y sustentadas —no perjudicadas— por lo que comemos. La meta es conseguir esta relación fluida y fácil con la comida, porque nuestra relación con la misma siempre debería aportarnos felicidad y armonía.

El enigma del almuerzo

Vamos a preparar el almuerzo. Bueno, lo que realmente quiero decir, es que hablemos de hacer la comida de un modo que no lo hemos hecho jamás. Conozco a muy pocas adultas, a excepción de mí misma y de unas pocas amigas con suerte que trabajan por su cuenta, que pueden utilizar su cocina durante el día. Todo el mundo está por ahí fuera inmerso en su mundo laboral, pendiente de la hora, con el tiempo y las opciones limitados cuando les toca la importante tarea de alimentarse.

La comida que llamamos almuerzo para mí es la más difícil de hacer correctamente, puesto que está metida como con calzador en medio de nuestro ajetreado día.

¡Oh, lo que sería vivir en un pueblo del Mediterráneo!, donde la hora de comer es para dejar a un lado el trabajo, sentarse en una mesa llena de comida, y compartir con la familia y los seres queridos una comida preparada a conciencia y con tiempo. En muchas culturas, la hora del almuerzo es la gran experiencia culinaria del día, normalmente seguida de un rato de descanso (¿a alguien le apetece una siesta?). Esto es un reconocimiento de lo agotadora que es la digestión y que reducir el ritmo de nuestra vida después de una buena comida le da a nuestro cuerpo la oportunidad de metabolizar la abundancia que acaba de recibir. Es una pena que no sea ése el concepto que tenemos en Estados Unidos de la hora de comer.

La hora del almuerzo actualmente es la antítesis de la comida del mediodía mediterránea. La mayoría estamos tan ocupadas que tenemos suerte si podemos comer algo tan «sano» como una Powerbar y una botella de agua. Y eso sólo si tenemos suerte. Pero si no encontramos la manera de recargar energías con una comida rica en proteínas y con muchas verduras al mediodía, corremos el riesgo de sufrir el colapso de azúcar en sangre/energía que suele afectarnos a todas entre las dos y las cinco de la tarde*. Cuando llegamos a este horrible estado de falta de reservas por la tarde, solemos remediarlo con alguna forma rápida de recuperar energía, como tomando un café, una barrita de caramelo y chocolate o algún tentempié pobre en nutrientes como patatas chips, galletas, etc. Es un momento muy peligroso para nuestro sistema digestivo, cuando lo que realmente necesita nuestro cuerpo es algo fresco y nutritivo. ¿Y Jane, la clienta que desayunaba al final de la mañana? Puesto que ella desayuna de forma bastante saludable y abundante, trabaja durante la hora de comer, luego de tres a cuatro de la tarde va a sentarse al sol, al parque que tiene enfrente de su trabajo y se come algo que se ha preparado ella en casa, generalmente alguna deliciosa sobra de la cena de la noche anterior, reconvertida en una ensalada o en un rollito. Cuando llega a casa a eso de las seis y media de la tarde, suele cenar ligero, se toma una fruta fresca de postre y se va a dormir a eso de las nueve de la noche, con la sensación de que ha logrado lo que ella llama «un cinco perfecto».

¿Qué hay para cenar?

Creo que el mayor cambio en mi vida desde que hice las paces con mi relación con la comida es la cena. Me eduqué en una familia tradicional estadounidense donde la cena era la comida más importante del día. Pero ahora eso ha cambiado para mí, me he convertido en la cabeza de familia de mi propio hogar y mi forma de cuidarme respecto a la comida ha me-

---

* Evidentemente, se refiere a los horarios de comida en Estados Unidos. *(N. de la T.)*

jorado mucho. Considero que reunirse con los seres queridos alrededor de la mesa al final del día es una de las grandes alegrías de la vida. Lo que ya no creo es que una cena densa y pesada a esta hora sea siempre lo más recomendable. Aunque soy madre de un niño pequeño, he aprendido a rechazar la presión de llenar el plato y nunca verás que obligue a nadie a terminarse la comida, especialmente si es para demostrar que les ha gustado. El «club de los platos limpios» es uno de esos al que no voy a pertenecer jamás.

En mi casa cenamos pronto, generalmente a eso de las seis de la tarde, y no sólo porque haya niños. Cenamos a esta hora porque todos nos sentimos mejor si no nos vamos a la cama con el estómago lleno, y a mí me gusta tomarme una taza de alguna infusión caliente y disfrutar de un rato tranquilo antes de acostarme. Por la noche, me gusta servir varios alimentos frescos y orgánicos de proximidad que nos proporcionen una experiencia deliciosa y variada. Algunos días, puede suponer una comida completa; otros, para mí puede ser tomarme otro batido verde y sano, una ensalada, unos frutos secos y una grasa saludable, como aguacate o algo de salmón ahumado, si a esa hora estoy en el cuatro en la escala del hambre. En mi casa nadie se preocupa por averiguar si me pasa algo cuando no necesito más que un tentempié, en lugar de una cena completa; todo lo contrario, comer lo que mi cuerpo me pide está indicando a mis seres queridos que mi capacidad para cuidarme está funcionando perfectamente. Ni críticas, ni comer a la fuerza, ni regañinas, ni sobornos. Hasta mi hijo pequeño sabe cuándo tiene bastante, salvo, por supuesto, cuando hay galletas con perlas de chocolate.

La finalidad de comer es siempre favorecer nuestra digestión diaria para evitar que nuestra escala del hambre y de la saciedad vaya drásticamente de un extremo a otro. También ha de suponer una experiencia muy agradable en cuanto a sabor. Reunirse con otras personas para compartir la mesa es uno de los grandes placeres de la vida, y deberíamos sentarnos a la mesa con gratitud y reconocimiento por la suerte que tenemos de disponer de tanta comida buena y saludable. Comer despacio y sin excesos, al igual que muchas otras cosas en la vida, es algo altamente recomendable.

La hora de la cena en mi casa es un momento realmente delicioso para desintoxicarnos. Dejamos nuestros móviles y demás aparatos lejos de la mesa, y normalmente enciendo una vela o dos (incluso en el desayuno) en señal de gratitud por las personas que tengo a mi alrededor y por la comida que compartimos. Aprovechamos la ocasión para hablar sobre cómo nos ha ido el día y también para hablar de la comida. Es nuestro momento para conectar y conseguir la nutrición emocional que también necesitamos.

Obtén las recetas favoritas de batidos de proteínas limpias, magras y verdes en:

www.AlexandraJamieson.com/WFDbonussmoothies

8

DISFRUTA DE LA CAPACIDAD DE PLACER DE TU CUERPO

Cuánto lamento no haber llevado biquini todo el año que tuve veintiséis años. Si hay alguna joven que esté leyendo esto, en este momento, que se ponga el biquini y que no se lo saque hasta que tenga treinta y cuatro.

Nora Ephron

Las mujeres deben ser dueñas de su propia sexualidad.

Beyoncé

Adoro a la escritora y directora cinematográfica Nora Ephron y la echo de menos. Cuando era más mayor, se dio cuenta de que, por ser absurdamente duras con nosotras mismas, durante la mayor parte de nuestra vida nos perdemos la oportunidad de sentirnos atractivas, cuando en realidad tenemos todo el derecho del mundo para ello. Doy gracias por que haya mujeres increíbles como Beyoncé que utiliza su poder femenino y su sexualidad con semejante gracia. Ella, igual que Nora, entiende que todas nos merecemos sentirnos sexys y estar a gusto en nuestro cuerpo, sea cual sea nuestro peso, edad o momento del mes. Una gran parte de mi trabajo consiste en ayudar a mis clientas a que se den cuenta de que se merecen sentirse así, independientemente de su peso, del tipo de relación que tengan, o de cualquier otra circunstancia. Tenemos derecho a la belleza, pero nos es muy difícil aceptar esto.

En cierto modo ayudar a mis clientas a aceptar sus cuerpos es la parte más difícil de mi trabajo. Creo que nuestro alto grado de exigencia con nosotras mismas se debe a que los modelos de belleza socialmente aceptados tienden a reducirse, en lugar de a expandirse. Ahora, en la era de los *selfies*, nadie se escapa de la presión de la cámara ni de la tiranía de la aerografía, las liposucciones, las cirugías estéticas, depilaciones a la cera, depilaciones de cejas, decoloraciones; en resumen, de todas esas cosas dolorosas y caras que nos hacemos para ceñirnos a las despiadadas directrices que nos marcan los medios de comunicación sobre el aspecto físico que se supone que hemos de tener. Nadie puede desviarse lo más mínimo sin quedarse corta porque las normas para «estar guapa» se han vuelto totalmente artificiales e inalcanzables.

Por eso, cuando mis clientas empiezan a desintoxicar su cuerpo de los alimentos que pueden perjudicarlas, les digo que también han de desintoxicarse de los medios, y darse un descanso de las imágenes de modelos demacradas y de celebridades atendidas por un séquito de especialistas en *glamour*, a quienes no conseguiremos parecernos ni en un millón de años. Les aconsejo que no naveguen por Internet y que no vean la televisión, ni miren revistas durante algún tiempo para que aprendan a conocerse a ellas mismas y puedan sentir el placer de estar siempre conectadas con su propia belleza interior. Porque si no aprendemos ahora, acabaremos considerándonos una mierda hasta el final de nuestros días, por muy bien, en forma y descansadas que estemos y por muy atractivas que seamos.

La investigadora y escritora Brené Brown explica que, de todas las presiones a las que estamos sometidas, la preocupación por nuestro aspecto y nuestro peso es el principal desencadenante de la vergüenza en las mujeres. «Sentirnos mal con nuestro cuello»*, parafraseando el título del libro de Ephron, o con nuestro trasero, muslos, arrugas, se ha convertido en un hábito terrible y muy arraigado en la mayoría de las mujeres. Y este hábito despiadado echa a perder lo mejor que hay en nosotras, porque oculta y menosprecia las cosas buenas que podemos ofrecerle al mundo. Avergonzarnos de nuestro cuerpo hace que pongamos una barrera invisible entre nosotras y la vida. Entorpece nuestra capacidad para medrar en todos los ámbitos, desde la sala de juntas, hasta el dormitorio y el jardín trasero de nuestra casa. Avergonzarnos de nuestro cuerpo nos roba un montón de cosas buenas de la vida; hace que seamos incapaces de aceptar un cumplido, de disfrutar de una experiencia sensual sin autocensurarnos, inhibe nuestra capacidad para ser espontáneas y jugar, correr, saltar, bailar y cantar con verdadera soltura. La vergüenza es absorbente. Y de todas las vergüenzas, la corporal es la peor.

Animo a mis clientas a que vean la lucha por una aceptación total de su cuerpo como un movimiento político audaz y que es un buen ejemplo de que primero hemos de empezar por ayudarnos a nosotras mismas. Odiarnos porque no tenemos un cuerpo «perfecto» significa que automáticamente odiamos a nuestra vecina por las mismas mezquinas razones. Hemos de reconciliarnos con nosotras mismas, aquí y ahora, o jamás podremos estar bien en nuestra piel, con la comida, con el sexo, ni con ninguna otra cosa que realmente valga la pena en la vida. Además, tampoco permitiremos que nuestras amigas, madres, hermanas o hijas estén bien. Hemos de terminar con el odio al cuerpo y hemos de empezar por nosotras mismas.

---

* *I Feel Bad about my Neck*, Nora Ephron, *El cuello no engaña*, es el título que se le dio en la versión en español. (*N. de la T.*)

La alienación corporal empieza de jóvenes

«Me contento con que me guste mi aspecto», me dijo Jessica Ann con un tono de suma resignación, mientras yo tuve que hacer un esfuerzo consciente para no quedarme boquiabierta, puesto que Jessica Ann es una de las mujeres más flamantes, atractivas, sanas y vitales que conozco. Hacía varios meses que la conocía, pero todavía me costaba entender lo despiadada que era respecto a su aspecto. No obstante, dada la educación que había recibido, no era muy difícil adivinar dónde había aprendido esa conducta.

Jessica Ann se había educado en una familia conservadora y estricta, era la mayor de cuatro hermanos y la única chica. Su madre, que trabajaba en casa, estaba obsesionada con convertirla en una «dama», pero ella no era nada femenina, era alocada y temeraria (podía correr más, lanzar más lejos y ser más inteligente que sus hermanos en la mayoría de los juegos). Así que su madre intentó feminizarla a la fuerza, obligándola a llevar vestidos, lacitos y a ser glamourosa. No obstante, cuando Jessica Ann llegó a la pubertad y se le fue despertando su feminidad natural, su madre volvió a asustarse y empezó a avergonzar sistemáticamente a su hija por ser demasiado llamativa y provocadora, cuando en realidad, simplemente estaba siendo ella misma. Para tranquilizar a su madre, comenzó a llevar sudaderas con capucha y tejanos viejos y a buscar consuelo emocional en la comida. Cuando la conocí había adelgazado dieciocho de los veintitrés kilos extras que había venido arrastrando la mayor parte de los años de su vida y quería que la ayudara a perder esos últimos cinco. Había recurrido a mí porque sabía que cuando renunciara a su última «armadura», que es lo que eran para ella esos últimos cinco kilos, tendría que afrontar el hecho de ser físicamente vulnerable en el mundo, y lo que eso suponía ahora, a sus treinta años, le asustaba bastante.

«Sencillamente, no sé si seré capaz de seguir aguantando tantas críticas —me dijo durante una sesión telefónica—. Sobre mis enormes tetas o porque mi ropa no es lo bastante clásica. Antes tampoco fui capaz de ganar la batalla contra mi madre. Recuerdo que un día me había arreglado para el baile de otoño en el instituto, y cuando bajé la escalera, delante de mi pareja me dijo: "¿Vas a ir así?" Llevaba un vestido que me había dejado mi prima mayor; era un traje bastante sencillo y largo que se había puesto para ir a la boda de una amiga. Recuerdo que no entendía cuál era el problema, me quedaba perfecto, me sentía bien y me veía guapa, al chico que vino a buscarme también le gustaba... —En ese momento, le falló la voz.

»Siempre que mi madre me hacía ese tipo de comentarios, me sentía mal. Como si el cuerpo en el que había nacido no fuese adecuado. ¿Sabes a qué me refiero?»

Ella había captado el mensaje, aunque no fuera intencionado, de que convertirse en mujer no estaba bien. Así que empezó a esconder sus curvas, a enterrar su feminidad debajo de vestidos anchos, y a construir una barricada entre su cuerpo y el resto del mundo comiendo en exceso y acumulando grasa. Ésta fue su forma de evitar las críticas y de conectar con otras personas.

La historia de Jessica Ann me rompe el corazón porque muchas mujeres hemos aprendido a avergonzarnos de nuestro cuerpo gracias a nuestras madres. Dedicamos muchas sesiones a intentar entender lo que puede que quisiera transmitirle su madre, pero al final no nos fue de gran utilidad. Lo que sí nos fue útil fue esto: siempre que criticamos a alguien por su aspecto (a nosotras mismas o a otra persona) no estamos viendo a esa persona. Cuando decimos cosas desagradables sobre la forma en que se comporta una mujer (incluso que pueda estar cargando con más kilos de los que le corresponderían), la estamos rechazando rotundamente. La vergüenza es rechazo, y si siempre nos estamos avergonzando de nosotras mismas, nos estamos alejando de todas las cosas buenas de la vida, incluida una verdadera vida íntima rica y variada. Creo que la madre de Jessica Ann intentaba protegerla de algunas de las realidades del sexo, que a veces pueden incluir violencia y que nos asustan a la mayoría de las mujeres, pero Jessica Ann transformó ese miedo inconsciente en una barrera física protectora de grasa.

Como muchas mujeres, se había enterrado bajo el pesado peso de la vergüenza física durante la mayor parte de su vida, y eso le había afectado en todo: en su relación con la comida, en sus sentimientos sobre si era una mujer deseable, en sus relaciones íntimas con los hombres. Resumiendo, su desprecio por su cuerpo le había impedido disfrutar de la vida y vivir con más pasión y alegría. Ella se daba cuenta de que aprender a salir de la sombra de esa vergüenza era lo más importante que haría nunca, que no confiar en la comida para que le proporcionara su armadura contra los hombres y las pruebas que le pondría la vida la harían vulnerable, pero también la liberarían. Por fin, había empezado a entenderlo.

En nuestra cultura, todas estamos en contra de que nos valoren por nuestro aspecto. ¿Quién puede competir con Barbie o con Bratz? Aunque nuestras madres estén contentas con su propio cuerpo y nos sirvan de modelo para que amemos el nuestro, seguimos estando sometidas a una presión implacable para estar más delgadas, ser más rubias, tener los ojos más azules (a decir verdad, se ha estudiado el ideal de belleza estadounidense, y es un ideal muy monocultural y pobre). Las niñas tienen cada vez menos oportunidades de ser un poco salvajes, mientras que las mujeres de más de cuarenta están obligadas a borrarse todos los signos del envejecimiento casi antes de que aparezcan. De vez en cuando, en las colas de caja del supermercado veo las fotos de las revistas donde aparecen antiguas estrellas de la gran pantalla con el rostro tan estirado e irreconocible que me invade el miedo y la vergüenza.

No es fácil ser mujer hoy en día, pero tampoco estoy segura de que podamos culpar a los hombres de ello. Además, encontrar a alguien a quien culpar nos aleja de nuestro objetivo; no importa de dónde vengan todos estos mensajes revueltos, sencillamente, hemos de rechazarlos y eliminarlos de nuestra vida.

Conseguir que se acepte que seamos mujeres sanas

En parte creo que la razón por la que a la madre de Jessica Ann le entró el pánico cuando su hija empezó a hacerse mujer fue que nos sentimos amenazadas cuando vemos que una mujer es consciente de su propio poder, ya sea político, económico o sexual. Sheryl Sandberg escribe sobre esto en su superventas *Vayamos adelante*, que trata sobre la razón por la que no hay más mujeres en puestos directivos. Habla de que cuando un hombre toma una decisión firme es considerado un «líder» y cuando pide un aumento recibe elogios; sin embargo, cuando una mujer hace lo mismo, se la considera una «zorra». No es de extrañar que no demos ningún paso para conseguir uno de esos despachos de grandes ventanales que ocupan los altos cargos; a ninguna nos seduce la idea de que nos consideren zorras, frías, mandonas o cualquier otra cosa negativa, sólo porque decimos o hacemos algo con convicción. ¡Por el amor de Dios!, lo cierto es que no somos ninguna de esas cosas. Y estamos hartas de que nos cuelguen alguna de esas etiquetas. En realidad, estamos tan hartas que muchas hemos tirado la toalla y nos hemos escondido bajo ella. Descubrir la forma de cuidarnos en lo que respecta a la comida está relacionado con este tipo de sumisión. Muchas veces veo mujeres que no quieren acabar de perder los pocos kilos que les quedan porque están totalmente convencidas de que, si lo hacen, se volverán demasiado fuertes y supondrán una amenaza para muchas de las personas que las rodean.

Si una mujer entregara el peso que está enmascarando su poder, se volvería más ágil, llamaría más la atención y sería más visible, lo que la obligaría a responsabilizarse más de su vida.

Y ser responsable de algo asusta. No es de extrañar, porque si somos responsables corremos el riesgo de ser vistas y de tener éxito, y si tenemos éxito..., no gustaremos a nadie o no nos querrá nadie. Bueno, ésta es una versión de esa forma de pensar, pero ha llegado el momento de rechazar este tipo de razonamiento porque no es más que basura tóxica.

La clave está en recuperar nuestro poder, independientemente de lo que crean nuestras madres, hermanas o compañeras y el resto de las mujeres de nuestra vida. Depende de nosotras dar el primer paso hacia nuestro poder y así servir de ejemplo a las demás. Yo, como Sheryl Sandberg, creo que aprender a amar a las mujeres poderosas se convertirá en un fenómeno viral si damos la oportunidad de que ello suceda. El primer gran paso que has de dar para reclamar tu poder personal es aprender a amar tu cuerpo. Creo que ninguna hemos de resignarnos a ser chiquillas (en diminutivo, discretas y dulces), en vez de ser mujeres (voluptuosas, locuaces y valientes) para ser amadas y aceptadas.

Recupera tu atractivo sexual

Uno de los aspectos de la vergüenza del propio cuerpo que casi me ha traumatizado y que ha hecho muy desgraciadas a un sinfín de mujeres es cómo nos afecta ésta en nuestra capacidad para disfrutar del sexo. Esto es algo totalmente paralelo y relacionado con nuestra capacidad —o incapacidad— para encontrar placer y disfrutar de la comida. En ambos casos, avergonzarnos de este tipo de relaciones se manifiesta en nuestra falta de sinceridad para ser nosotras mismas y expresar lo que necesitamos.

La mayoría de las mujeres que se exceden comiendo encuentran en ello algún tipo de consuelo emocional que no encuentran en sí mismas o en otras personas. O lo hacen, aunque sea inconscientemente, para no ser atractivas y así no tener que responsabilizarse de su aspecto sexual. Por otra parte, las mujeres que pasan hambre están haciendo lo mismo, pero a la inversa, literalmente, están dispuestas a hacerse desaparecer para conseguir encajar en los nocivos cánones de belleza.

Lo que todas hemos de tener bien claro es que la sexualidad no tiene nada que ver con nuestro aspecto físico, sino con nuestro aspecto emocional. Y el sexo implica sentirse bien.

Yo he tenido mucha suerte. Crecí en una familia donde no se alardeaba del sexo, pero tampoco se ocultaba. A una edad bastante temprana entendí que el sexo era una parte natural y saludable de la vida y que sucedía allí mismo en la casa donde yo vivía. Aunque eso no significa que estuviera bien preparada para mi floreciente sexualidad. También tuve la suerte de vivir en un barrio donde había buenas escuelas que impartían clases de educación sexual de un año de duración a los alumnos y alumnas de quinto grado. Mi profesora, la señora Brown, estuvo embarazada la mayor parte de ese año. Esta circunstancia facilitó que nos hablara del sexo de un modo muy natural y nada alarmante. A principios de curso, puso una caja de cartón en una esquina de su mesa y nos dijo que depositáramos allí anónimamente cualquier pregunta que tuviéramos respecto al sexo o a nuestro cuerpo en cualquier momento del año. Ella leería la pregunta en clase y la respondería, puesto que estaba segura de que, si alguien quería saber algo específico, los demás también querrían tener esa misma información.

No sé qué fue lo que me impulsó a hacerlo, pero un día escribí una pregunta y, cuando todo el mundo estaba saliendo de clase, la deposité furtivamente en la caja. Al día siguiente, cuando llegó la hora de hablar de sexualidad, la señora Brown miró la caja y sacó la pregunta: «¿Qué me pasaría si me trago el semen?» ¡Ésa fue mi pregunta!

Yo me puse roja como un tomate, mientras el resto de la clase estalló en una risotada. No tenía ni idea de por qué había hecho esa pregunta, pero recuerdo que me quedé mucho más tranquila al saber que no te podías quedar embarazada por tragarte el esperma. Esto demuestra mis conocimientos sobre el sexo a los once años.

Un par de años después, cuando por fin llegué a la pubertad, parecía como si hubiera atravesado una cortina invisible y me hubiera adentrado en un mundo mucho más serio y oscuro. Recuerdo que en nuestro curso había una niña que no tendría más de doce años en aquel entonces que nos dijo en el patio que su tío la obligaba a mantener relaciones sexuales con él. ¡Me asusté tanto al oír esto que salté del columpio y salí corriendo! (Afortunadamente, otra compañera de clase contó a uno de los profesores lo que había oído.) Fue por esa época cuando tuve mi primera regla, y por supuesto me vino cuando estaba en la escuela. Ese día nos tocaba natación, durante todo el año nuestra profesora de gimnasia nos había estado diciendo que las chicas podíamos hacer de todo —incluido nadar— cuando teníamos la regla. Pero yo no tenía tampones, y aunque los hubiera tenido, no hubiera sabido cómo ponérmelos. La enfermera de la escuela me dio una compresa enorme para que me la pusiera en las bragas, así que me tuve que quedar sentada en el banquillo mientras todas las demás nadaban. Fue humillante y desconcertante.

Pronto empecé a pensar en chicos y a masturbarme, y al poco tiempo comencé a hacerlo con algunos de los muchachos, pero sólo con los que estaba segura de que guardarían nuestra cita en secreto. Aunque fuera la década de los ochenta, y estuviera en Portland, no me apetecía ganarme la reputación de «putita», pero quería saber cómo olían los chicos, cómo los sentía, cómo sabían. Sencillamente, no quería que nadie me juzgara —mucho menos, mis amigas— por sentir curiosidad por el sexo, ni siquiera en aquellos tiempos.

Una amiga mía, no hace mucho fue a una conferencia de Gloria Steinem, y al final de su charla, una joven en edad de entrar en la universidad le dijo a Steinem que entre sus propias compañeras había mucha presión para que realizaran sexo oral a los chicos que les gustaban. Steinem le preguntó a la joven: «Bueno, puede ser, pero ¿y tú qué?» Mi amiga me contó que el público interrumpió con un aplauso, mientras Steinem planteaba la pregunta primordial, y tantas veces omitida: «Sí, querida, pero ¿y *tu* placer?»

El placer sexual femenino sigue siendo un tema tabú que aterra a la gente. Desde luego es demasiado complicado como para tratarlo aquí, pero es un asunto del que hemos de empezar a hablar abierta y sinceramente, porque estoy convencida de que la expresión total del deseo y el placer femenino —incluida nuestra necesidad de sexo— es la clave para nuestra salud y bienestar.

Y me estoy refiriendo al placer en el sentido más amplio de la palabra, que incluye el placer que deberíamos experimentar con nuestra relación con la comida. Aquí es donde comida y sexo están muy interconectados. Cuando el sexo se convierte en algo demasiado peligroso para nosotras como para disfrutar plenamente de él, la comida pasa a ser nuestra versión segura del sexo. Muchas de las necesidades y deseos saludables que tenemos de caricias, intimidad y sexo son reconducidas hacia los hábitos furtivos, adictivos y nocivos que generamos en torno a la comida, que se ha convertido en el único medio aceptado de saciar nuestros deseos, pero al elevado coste de nuestra relación con nuestro cuerpo.

La intensa presión a la que estamos sometidas para ser consideradas deseables como si fuéramos objetos nos obliga a que pasemos hambre para conseguir un ideal poco realista, o que nos atiborremos para acallar nuestra tremenda soledad o insatisfacción sexual. En ambos extremos de este continuo, hay todo un mundo de sufrimiento y de vergüenza constante con el que quiero que rompan las mujeres.

Lo sé, porque yo también he estado allí. Y es un lugar horroroso, oscuro y solitario.

Cuando era una joven adolescente, tuve la suerte de descubrir a los chicos y sus cuerpos. Quería explorar cosas con ellos, sin embargo, este deseo saludable y natural me mandó a los infiernos, como les sucede a tantas jóvenes. Y eso que no llegué a la mayoría de edad en una familia, época o cultura en que se insistiera que tenía que conservar mi virginidad hasta que me casara con mi verdadero amor, pero tampoco... me eduqué en una sociedad en la que se nos enseñara a celebrar el despertar de nuestra sexualidad. Nadie me animó a abordar mi sexualidad con autoridad y naturalidad. Una vez besé a un chico y me gustó, y luego besé a otro, y a otro, pero siempre lo hacía a escondidas de todo el mundo, especialmente de mis padres y de mis amigas. Esperé a tener relaciones sexuales hasta casi haber cumplido los dieciocho años, entonces estaba enamorada del chico con el que tenía una relación larga, doy gracias por que mi primera relación sexual fuera tan buena y segura. A pesar de mi temprana y saludable experiencia sexual, como les sucede a todas las mujeres, he tenido etapas de estar desconectada de mi sexualidad, de olvidarme de mi atractivo y no considerarme ni merecedora ni deseable, y siempre que me ha sucedido esto he perdido el contacto con la parte más vital y auténtica de mí misma.

Sentí este tipo de vergüenza sexual cuando me enteré de que mi esposo me estaba engañando. Incluso antes de eso, me sentía sola y abandonada en mi matrimonio, puesto que su trabajo le obligaba a viajar muy a menudo. Estaba sola en casa con un recién nacido, sexualmente frustrada y echando tanto de menos a mi marido que a veces me resultaba muy difícil soportar esta situación. Echaba de menos a mi hombre cachondo, al chico que me había hecho perder la cabeza y con el que había descubierto tantas cosas sobre la vida y el amor. Cuando por fin regresaba a casa y volvíamos a estar juntos un tiempo, empezaba a dudar de mi atractivo, pues él ya no me buscaba sexualmente. Empecé a sentirme mal, pero no sabía por qué. Cuando era yo quien me insinuaba, él ponía excusas diciendo que estaba cansado, que había trabajado demasiado o que estaba estresado. Resumiendo, que me cortaba el rollo. No sabía qué hacer, ni cómo volver a conectar con él, así que mis dudas sobre si era atractiva y deseable no hicieron más que aumentar y empeorar. Luego me enteré de que se había estado acostando con alguien que había conocido a través del trabajo, y cuando le pregunté por esa persona, me respondió que era posible que se hubiera enamorado de ella.

En ese momento, mi mundo se vino abajo. Pero no sólo perdí a mi esposo, sino también a mí misma. Caí en un profundo agujero negro de vergüenza. Era la vergüenza del rechazo, la vergüenza de ya no ser deseada. Fue devastador. Y me quedé anulada.

Mi vida cambió de un modo verdaderamente brusco. Me trasladé a un pequeño apartamento con mi bebé y empecé a dar palos de ciego, in-

Disfruta de la capacidad de placer de tu cuerpo

tentando recomponer mi vida. Me di cuenta de que no me sentía muy a salvo en el mundo, y desde luego, no me sentía a gusto conmigo misma. En aquellos tiempos cuando caminaba por la calle y alguien me silbaba al pasar, en lugar de no hacer caso, era como si me dieran una bofetada. Descubrí que ser tratada como un objeto de cualquier forma, aunque fuera mediante un cumplido, exacerbaba mi malestar con mi persona. Tardé bastante tiempo en darme cuenta —de hecho, fue cuando ya había superado esto— de que la traición había tenido su propia forma de distorsionar y deshacer las cosas, eso me asustaba y era nuevo para mí. La sensación de pérdida de control o, para ser más exacta, de no controlar en absoluto la trayectoria de mi vida me daba pánico. Me planteé muy seriamente marcharme de mi ciudad adoptiva, Nueva York, y regresar a Portland, Oregón, mi tierra natal; sólo quería cortar con todo, salir corriendo y abandonar mi tipo de vida en esa ciudad, convencida de que si volvía a mi casa estaría a salvo.

Pero sabía que esa solución no era real y que huir en ese estado sería como huir de mí misma. Así que me quedé y aprendí a estar conmigo misma, a pesar de que sentía que me tambaleaba y que estaba en un estado de caótica fragilidad.

Los años siguientes fueron de grandes descubrimientos sobre quién era yo, cuáles eran mis creencias y lo que realmente quería de la vida. Sabía que quería volver a sentir un amor profundo y tener relaciones sexuales con un hombre, pero literalmente tenía la sensación de que me había quedado fuera del amor. Mi libido se había congelado, como si el rechazo de mi esposo hubiera sido una pistola de electrochoque que me hubiera dado justo en mi punto G. No tenía ni idea de cómo volver a sentirme seductora y sexy. No sabía cómo volver a estar a gusto en mi cuerpo. Me sentía herida y sola, y salir de este profundo aislamiento me llevó algunos años y mucho trabajo.

En primer lugar, tuve que reconocer que tenía deseo sexual y que esto era saludable e importante. Me puse en contacto con asesores, *coaches* y amigas que me animaron a hablar abiertamente de estas cosas, a romper los tabúes que tanto me habían aislado y me habían hecho ser tan reservada respecto a este tema.

Al principio, hablar abiertamente de la lujuria, la atracción y el deseo —todo ello— me ponía muy nerviosa y, por supuesto, me avergonzaba y me costaba mucho. Pero al poco tiempo sentí que tenía más energía y fuerza, que me sentía viva. Me di cuenta de que el *coaching* que estaba recibiendo era para que viera mis deseos sexuales con una mentalidad abierta y con curiosidad, que es lo mismo que les aconsejo a mis clientas respecto a la comida. Recibí ayuda del destacado equipo de Ariel y Shya Kane, cuyo taller «¡Lunes por la noche y estoy viva!», me aportó la comunidad y el apoyo que necesitaba para salir de mi aislamiento, lo cual fue importante para que volviera a acercarme a los hombres y a salir con ellos sin juzgar y sin expectativas. Necesitaba afianzarme en un estado mental de escucha, especialmente de escucha de mi cuerpo y sobre cómo se sentía en compañía de la persona con la que me citaba. Eso es también lo que aconsejo a mis clientas respecto a la comida. Los Kane me enfatizaron que salir con alguien una vez —sólo una vez, durante una hora— me aportaría mucha información importante respecto a mí misma, incluida información que podría conducirme a un cambio interno verdadero y significativo y a tener relaciones mucho más sanas. Pensé en todas las veces que les decía a mis clientas que le dieran una oportunidad a la col rizada, así que sabía que tenía que intentarlo, a pesar de que hacía muchos años que no tenía una cita.

Y empecé a salir, a explorar y a conocer a mi yo sexual de una forma nueva y acrítica. Fue la etapa más liberadora de mi vida. Aunque mi prioridad era ser una buena madre, no cedí a las presiones para buscar «al hombre adecuado» o a alguien que quisiera comprometerse en una relación. Por el contrario, seguí mis instintos y me enrollé con hombres para tener relaciones consensuadas, divertidas y sin estrés. Esa etapa de mi vida fue increíblemente saludable, gracias a ella pude reintegrarme en mi cuerpo, recuperar mi seguridad en mí misma respecto a ser atractiva y deseable, y empezar a conocer mis necesidades y deseos más profundos.

No hace mucho saqué las cuentas y, durante ese período de dos años después de mi divorcio, tuve como unas cien primeras citas, que en su mayoría, también fueron las últimas, por supuesto, pero eso era lo que tenía que ser. Fue útil conocer a alguien en una cafetería y al cabo de unos minutos saber que no iba a haber nada más entre nosotros después de esa cita. Conecté con algunos hombres y me acosté con algunos de ellos, pero no me comprometí con ninguno. Al menos, no hasta que conocí a Bob, mi pareja actual.

Cuando conocí a Bob, me llamó la atención lo abierto y sincero que era. De entrada me dijo que antes de trasladarse a Nueva York había estado viviendo en una comunidad en la que todo giraba en torno al sexo sano y libre. Mi cerebro entendió «¡Culto al sexo!», pero en vez de salir corriendo, le escuché. Me dijo que le gustaba coquetear con el mundo del BDSM (prácticas eróticas que incluyen el *bondage*, dominación, interpretación de roles, es decir, toda una serie de cosas morbosas, divertidas y excitantes). Me miró directamente a los ojos y me dijo: «Voy a decirte algo: ¡pone muy cachondo!» En cuanto me dijo eso, sólo pude pensar en marcharme enseguida a casa con él. Me invitó a su casa, me enseñó un par de trucos sencillos con una cuerda, y casi me vuelvo loca de deseo. Pero no quería dormir conmigo. Todavía no, quería que nos conociéramos mejor, que habláramos sobre lo que queríamos encontrar en una pareja sexual, en el sexo y en nuestro propio cuerpo.

¿De dónde había salido este hombre?

Nunca había tenido en mi vida una conversación tan profunda, importante y franca con nadie respecto al sexo. Con Bob me metí en el mundo del BDSM, que luego se ha hecho tan famoso con el superventas *Cincuenta sombras de Grey*. Al principio ese ambiente me ponía nerviosa. Las fiestas donde los invitados se ataban haciéndose corsés de cuerda unos a otros, o representaban ciertas escenas, a lo Stanley Kubrick en *Eyes*

Wide Shut, me asustaban y excitaban a un mismo tiempo. No obstante, cuando empecé a hablar con la gente me di cuenta de que no corría ningún peligro. En realidad, eran personas agradables y sinceras interesadas en crear fantasías sexuales que condujeran a los adultos que consintieran en ello a llevar su placer hasta el extremo sin correr ningún riesgo. Las personas que he conocido en este mundillo son maduras y tienen claros sus deseos sexuales, y todo esto me pone muy cachonda y me satisface mucho. Es un mundo que se basa en la comunicación abierta, la seguridad, en los límites claros y respetados, y en una profunda confianza; es decir, en todas las cualidades imprescindibles para una auténtica sexualidad. Los encuentros en este mundo implican que haya una comunicación constante entre la pareja y que siempre te tengas que preguntar: ¿qué es lo que deseo? ¿Qué me preocupa? ¿Cuáles son mis límites? Éstas son las preguntas que hemos de hacernos diariamente cuando nos sentamos a comer.

He entrado en una fase en mi vida en que me siento poderosa sexualmente, que tengo una relación con un hombre que me ama y me respeta profundamente, y que además se maneja bastante bien con la cuerda. Es una gran bendición. Y he descubierto que, cuando me siento segura en mi cuerpo y ante mi pareja de confianza, puedo relajarme y entregarme al placer. Ahora, cuando pienso en el pasado, puedo decir sinceramente que doy gracias por las hermosas, reveladoras y transformadoras experiencias que me aportó ser rechazada. Creo que por fin me estoy convirtiendo en la mujer sexualmente satisfecha que siempre he querido ser.

Por qué es tan saludable el sexo

Cuando confiamos en nuestro cuerpo y le permitimos gozar de una sexualidad salvaje y ardiente, nos aporta muchos beneficios para la salud. Una vida sexual activa nos ayuda a conseguir el peso adecuado. Sí quemamos calorías practicando sexo, pero lo más importante es que nos nutre en el aspecto fisiológico y emocional, de manera que nuestro apetito se regula y controla espontáneamente, a la vez que le da un empujón a nuestro metabolismo y equilibra nuestras hormonas. El sexo sustituye comer compulsivamente por lo que realmente deseas: contacto físico, consuelo, conexión. El sexo también aguza nuestros sentidos y suaviza las asperezas de nuestros estados de ánimo inundándonos de las endorfinas de la alegría que nos ayudan a sentirnos bien. Nos mantiene flexibles, pone a punto nuestros músculos y conserva sana nuestra glándula tiroides. Es bueno para el corazón y la circulación (¿has observado alguna vez qué bien tienes el cutis cuando estás satisfecha sexualmente?). Y eso no es todo. Es bueno para la salud de tu boca (besar hace que fluya nuestra saliva, evita la caries dental y favorece la digestión), y reduce el dolor y la inflamación. Refuerza nuestro sistema inmunitario y nos ayuda a dormir mejor. Algunos investigadores dicen que en los hombres incluso ayuda a combatir el cáncer (los estudios demuestran que los hombres que eyaculan a menudo tienen menos tendencia al cáncer de próstata en la madurez de su vida). Tener una vida sexual saludable es la base para una buena salud general y recomiendo a todas mis clientas, tanto si tienen pareja como si no, que busquen la oportunidad y que se pongan manos a la obra.

Los beneficios metabólicos de los orgasmos

Cuando tenemos un orgasmo, nuestro cuerpo se inunda de hormonas favorables y nuestro sistema metabólico se revitaliza y refuerza de un modo increíble. Los orgasmos no sólo hacen que tu mente desconecte, sino que están cargados de beneficios. Aquí tienes algunos: tener orgasmos regularmente (al menos una vez a la semana) ayuda a que nuestro cuerpo genere tejido sano, absorba nutrientes y equilibre nuestras hormonas. Las mujeres que practican sexo de forma habitual, dicen que tienen menstruaciones más regulares y menos molestas. Los orgasmos también potencian la fertilidad. Durante el orgasmo se liberan todo tipo de hormonas favorables, incluidas la DHEA (que mejora el funcionamiento del cerebro, la capacidad de respuesta del sistema inmunitario y el crecimiento y reparación celular), el estrógeno y la oxitocina (un analgésico y relajante muscular natural), y en parte ésta es la razón por la que nos dan ese brillo saludable que tenemos después de haber hecho el amor. El orgasmo también estimula el hipotálamo, que libera hormonas que calman el apetito, regulan la temperatura corporal y hacen que todos los fluidos reproductivos fluyan y se equilibren. También masajean el sistema linfático, que forma parte del sistema de eliminación de toxinas y desechos. Sentirse tan bien no tiene ningún efecto secundario.

Cómo el placer engendra placer

Cuando empezaba a disfrutar de una vida sexual más abierta y saludable, también comencé a desear comer carne. Fue como si todos mis sentidos se hubieran despertado de un largo y oscuro sueño, y tanto mi cuerpo como mi paladar quisieran más sabor, más alimento y más satisfacción. Ahora, cuando pienso en ello, me resulta curioso que me fuera mucho más fácil aceptar que quería y necesitaba sexo morboso, que romper mi veganismo y comer carne. Tuve que hacer muchos esfuerzos para superar mi sentimiento de fracaso, de decepción —sentimientos de vergüenza y autodesprecio incluidos—, hasta llegar a permitirme alimentar mi cuerpo con lo que me estaba diciendo que más deseaba y necesitaba.

Estaba descubriendo en primera persona lo profundamente relacionados que están el sexo y la comida, y cuántos prejuicios hemos de desterrar para poder tener una relación saludable con ambos.

Últimamente he estado ayudando a una clienta que se llama Donna, que estaba saliendo de un matrimonio sin amor y sin sexo. Cuando hablamos del tema, me dijo que su esposo la había rechazado sexualmente de tal manera que, cuando estaba encima de él intentando desesperadamente involucrarle, tenía la sensación de estar masturbándose. Se sentía tan humillada y rechazada que acabó no sintiendo nada. Siempre tenía ganas de dormir, o por la noche, cuando los niños ya estaban acostados, le apetecía tomarse una copa de vino, dos o incluso tres. Muchas veces se quedaba dormida en el sofá, para no tener que dormir al lado de su marido que ya no la deseaba. Cuando empezamos nuestro trabajo, todo parecía que giraba en torno a volver a la moderación en su dieta, aprender a escuchar de nuevo a su cuerpo y darle lo que necesitaba para estar despierto y alerta, en vez de apático y pesado. Donna se esforzó mucho por concentrarse en sí misma, y empezó a trabajar en su dieta y en su estado de salud general. Dar este paso para cuidarse le provocó lo que ella describía como un «picor» o sensación de «energía reprimida» que no podía seguir negando. Esto despertó el deseo de que volviera el amor a su vida y de sentirse más realizada.

«Al principio me decía a mí misma que podía seguir con un matrimonio sin amor y sin sexo, que era lo correcto, sobre todo por los niños —me dijo—. Pero cuando empecé a cuidar más mi salud, a comer bien, a descansar y a sintonizar con lo que mi cuerpo me decía que quería, no pude seguir negando mi necesidad de sexo. Una noche, cuando los niños estaban dormidos y estaba a solas con mi marido, empecé a hablarle. Me di cuenta de que mis manos que habían estado cruzadas sobre mi pecho como si me estuviera protegiendo, se abrieron y relajaron cuando le dije calmadamente y con claridad que quería separarme de él. —Se sentó erguida y se acerco a mí—. Decir eso en voz alta fue aterrador, pero al momento me sentí mucho mejor. Me sentí bien siendo abierta y sincera. Me sentí bien atreviéndome a hablar en mi nombre y a decir lo que realmente necesitaba. A partir de entonces, supe que todo iría bien.»

Hablamos de que su sinceridad la había ayudado a liberar mucha energía. Me explicó que al día siguiente, cuando llevó a sus hijos al museo, sintió que tenía que llevárselos a un lado del pasillo para decirles algo.

«Me siento mucho más ligera. Más libre. Me he liberado de algo que me pesaba mucho.»

A las pocas semanas de haber hablado con su marido, también se había desprendido de casi tres kilos, sin haber hecho nada.

Esto es lo que se consigue amando saludablemente a tu cuerpo.

Aunque Donna sigue en las primeras fases de descubrir con quién quiere estar en su próxima relación íntima, la maravillosa sensación de libertad y de sentirse viva que noto en su voz es contagiosa e inspiradora.

Hace poco hice una salida de campo con mi clienta Jessica Ann, la de la madre que la había frustrado cuando empezaba a ser femenina. Fuimos a una de mis *sex shops* favoritas de Nueva York, Babeland, y la ayudé a elegir su primer vibrador. Cuando entramos en la tienda, me fijé en que Jessica Ann no paraba de mirar a su alrededor, como si estuviera esperando que de pronto saltara un policía de la brigada antivicio de detrás del mostrador para arrestarla. Por el contrario, uno de de los dependientes de la tienda se acercó a nosotras y nos hizo una excelente presentación sobre la gran gama de vibradores que tenían. Jessica Ann empezó a hacer preguntas, y al poco rato se había decidido por un modelo que tenía algunos extras. Después de salir de la tienda, tuve la sensación de estar caminando con una mujer nueva, que estaba entusiasmada por explorar su sexualidad. Cuando nos separamos, hice que me prometiera que experimentaría con su nuevo juguete con alegría y que haría todo lo posible para dejar a un lado la vergüenza o los prejuicios. Me prometió que así lo haría.

El deseo femenino es algo hermoso. Estamos en la tierra durante tan poco tiempo y nos perdemos tantas oportunidades de experimentar placer por estar a disgusto en nuestro cuerpo. Para cambiar esto hemos de aprender a amarnos desde dentro.

Disfruta de la capacidad de placer de tu cuerpo

Mi clienta Lysa es un gran ejemplo de no querer esperar a tener el cuerpo perfecto, a que llegue el momento perfecto o el hombre perfecto para ocuparse de su faceta sexual. Aunque ha adelgazado más de once kilos desde que estamos trabajando juntas, se lanzó al mundo de las citas cuando sólo había perdido unos pocos kilos.

«Cuando empecé a cultivar realmente una relación íntima conmigo misma e incluso antes de cambiar mis hábitos alimentarios, comencé a desear tener alguna relación íntima con otros.»

Lysa me contó que antes siempre decía que no, pero que ahora intentaba decir sí todas las veces que se sintiera a gusto. Me dijo que sabía que iba en la buena dirección cuando se ponía nerviosa o estaba entusiasmada por algo. Le pedí que me diera un ejemplo y me respondió tímidamente.

«No quiero fanfarronear sobre el acróbata del circo, pero se puede decir que en estos momentos mi vida sexual es bastante excitante e interesante.»

Que así sea, porque al final del día, al final de esta vida, nadie se pondrá a pensar si fuimos lo bastante delgadas, lo bastante calladas, lo bastante sumisas o lo bastante «guapas», según lo que cada cual entienda por belleza. Lo que nos llevaremos será la experiencia de si realmente aprovechamos nuestra vida, si amamos lo suficiente, nos divertimos lo suficiente y si dimos y recibimos suficiente placer. Esto es el deseo: disfrutar de la vida al máximo.

Para eso ha sido creado tu cuerpo.

Mira las entrevistas adicionales sobre la relación entre el sexo, el deseo y la comida en:

www.AlexandraJamieson.com/WFDbonus

9
DESCANSO Y REJUVENECIMIENTO

El sueño es esa cadena de oro que une la salud con nuestro cuerpo.
THOMAS DEKKER

Dormir es una práctica espiritual.
GABRIELLE BERNSTEIN

De todas las cosas que ansiamos en esta vida, la que más necesitamos —sin embargo, es una de la que más nos privamos— es el sueño.
En nuestra sociedad se le da poca importancia al dormir como actividad esencial para fomentar la vida. De hecho, alardeamos (o nos quejamos) de haber dormido poco casi como si fuera un acto heroico. Thomas Edison, el incansable inventor, decía que dormir era «una pérdida de tiempo imperdonable» y alardeaba de que podía pasar con cuatro o cinco horas de sueño cada noche y que podía trabajar una media de quince a veinte horas al día. Pero Edison muchas veces también se olvidaba de mencionar que era un adicto a las siestas, tenía catres escondidos en los rincones de sus laboratorios, en su biblioteca, e incluso en su jardín. De modo que, aunque puede que no respetara mucho el sueño, sí es cierto que lo necesitaba, y dormía, aunque lo hiciera de maneras poco ortodoxas.

La editora y activista política Arianna Huffington, recientemente, dio una conferencia a un grupo de mujeres de negocios sobre cómo ha llegado a estar convencida de que dormir es uno de los grandes factores del éxito. Pero ella no había pensado siempre así. No descubrió el valor del sueño hasta que un día se quedó dormida trabajando. Estaba sentada en su silla y se cayó de bruces sobre la mesa dándose un golpe tan fuerte que se rompió un hueso de la cara y tuvieron que darle varios puntos. Después de este «accidente» que fue provocado por su hábito de trabajar demasiado y dormir poco, se dio cuenta de que dormir era un tema importante, incluso feminista, y animó a las mujeres que asistieron a su charla a que iniciaran una revolución para dormir lo suficiente. Hasta llegó a decir que ya era hora de que las mujeres «*duerman* su camino hacia la cumbre». Es una brillante líder del pensamiento que lucha por algo de suma importancia, que es: que las mujeres consideren una prioridad y un hábito imprescindible dormir lo suficiente para poder vivir intensamente y alcanzar el mayor éxito posible.

Desde los tiempos de Edison las horas de sueño de un estadounidense tipo se han reducido de una media de 8,5 horas por noche a 6,5 horas. Eso supone una pérdida de dos horas de cerrar los ojos, o lo que es lo mismo, una disminución de casi el 25 por ciento en tan sólo cien años. Esto supone un cambio de conducta masivo en un tiempo relativamente corto. Esta reducción de la dosis diaria de sueño se ha cobrado un precio muy alto en nuestra salud, en nuestro rendimiento laboral y en nuestra capacidad para mantenernos a salvo, incluso vivas. Los científicos están recopilando datos reveladores que demuestran que no ganamos nada yendo por la vida con cara de sueño y adormiladas.

Si quisiéramos culpar a alguien de esto, estaría justificado señalar a Edison, a quien se atribuye la invención de la bombilla, invento que nos condujo a un estado de luz diurna perpetuo. Pero vivir en un mundo de luz artificial, a pesar de sus ventajas, ha alterado nuestros relojes biológicos internos, que quieren —y necesitan— que durmamos más de un tercio de nuestro tiempo, que para la mayoría de las mujeres se traduce en un mínimo de ocho horas cada noche.

Todos los seres vivos necesitan dormir

Todas las criaturas vivas, incluidos algunos organismos unicelulares, necesitan dormir. Los investigadores están descubriendo que todas las especies nacen con un «reloj biológico interno» (en los humanos está situado en la base del cerebro) que establece el ciclo óptimo de sueño-vigilia para cada animal específico. Los seres humanos procedemos de regiones ecuatoriales, donde el día se divide con bastante claridad en dos mitades de doce horas, media de luz solar y media de oscuridad. Nuestros relojes biológicos no son de veinticuatro horas por casualidad, programados fortuitamente para despertarnos y estar activas con el sol y para reposar y dormir cuando termina la luz diurna.

Los historiadores del sueño saben que mucho antes de que hubiera luz eléctrica o despertadores, las personas se retiraban al atardecer, o alrededor de las ocho de la tarde, y dormían profundo hasta la medianoche. Luego, desde la medianoche hasta las dos de la madrugada, se despertaban para dedicarse a la meditación (es la hora del día en que los artistas experimentaban la calma creativa, hacer el amor, escribir poemas, todo ello en el silencio de la oscuridad y la comodidad de la cama). Tras este período de dulce semivigilia, se sucedía otro de cuatro horas de sueño profundo, desde aproximadamente las dos de la madrugada hasta las seis. Luego, cuando salía el sol, la mujer medieval o renacentista se levantaba renovada y lista para empezar el día. Este patrón de sueño partido dejó de estar de moda hacia finales del siglo XVII, con la llegada de mejores medios de iluminación (las velas eran más baratas, ya no eran un lujo sólo para ricos; París empezó a iluminar sus calles, primero con velas, más adelante con lámparas de gas y de aceite, y como es natural otras ciudades siguieron su ejemplo). Este paso hacia la iluminación artificial coincidió con la apertura de los primeros cafés, y entre la aristocracia se puso de moda, incluso en aquellos tiempos, estar despierto hasta altas horas de la noche en estos lugares de encuentro. Así que mucho antes de que la luz eléctrica fuera omnipresente ya estábamos empezando a valorar más la actividad —y a permanecer activos gracias a la cafeína— que el descanso.

Últimamente, los investigadores están recreando este patrón de sueño «dividido», confinando hasta catorce horas seguidas en la oscuridad y en entornos que inducen al sueño a los sujetos que participan en sus estudios. Tras un período de adaptación, todos los participantes de los estudios dijeron que nunca se habían sentido tan despiertos y despejados en su vida, aunque hubieran estado despiertos durante un rato a mitad de la noche. Es una parte importante a mencionar de esta investigación, porque a muchas nos entra el pánico o la ansiedad cuando nos despertamos a medianoche. Espero que saber que esto puede deberse a una programación innata en nuestro cerebro nos ayude a tranquilizarnos durante estos períodos de semiconsciencia.

Si te pasa esto de despertarte a mitad de la noche, por qué no utilizas ese tiempo para llevar un diario o para contemplar las cosas bellas de la vida. (En la Edad Media, era un momento para la oración profunda, para comunicarte con un poder superior.) La hora del «crepúsculo» entre los dos sueños profundos es cuando se liberan las importantes hormonas que reducen el estrés. Esto podría explicar la razón por la que los expertos del sueño dicen a las personas que padecen este tipo de insomnio de segunda hora que no se asusten, que se relajen, que sepan que, aunque estén despiertas, en realidad es el momento (cuando el cuerpo está quieto, pero la mente alerta) en que desarrollan sus mejores defensas contra el estrés. Quizá sea el motivo por el que el Dalái Lama dice que el sueño «es la mejor meditación». Tal vez él entiende que la consciencia plena, que es la esencia del verdadero bienestar, sólo se puede alcanzar cuando hemos descansado bien.

Lo que me encanta del sueño no es sólo el gran misterio que sigue siendo para el ser humano, sino también que los neurocientíficos están empezando a comprender muy específicamente la increíble actividad que tiene lugar en el cerebro durante este tiempo en que el cuerpo está quieto. Sabemos que durante el sueño se consolida la memoria y el aprendizaje; por eso es mucho más importante dormir bien antes de hacer un examen que permanecer despierto estudiando, intentando acumular datos. Los genes esenciales para nuestra restauración y rejuvenecimiento celular sólo se activan de noche cuando entramos en el estado conocido como sueño. Los psiquiatras e investigadores de los ritmos circadianos están descubriendo que existen conexiones concretas entre los patrones de sueño saludables y la prevención o el tratamiento eficaz de las enfermedades mentales graves. Pero más allá de estos vínculos importantes, todavía tenemos un gran desconocimiento sobre muchos de los procesos que fomentan nuestra salud y que se producen durante el sueño.

Sin embargo, afortunadamente, hemos podido extrapolar algunas de las ventajas al comprender el efecto negativo que tiene sobre nuestra salud la falta de sueño. Algunos expertos calculan que casi un tercio de todos los problemas de salud están directamente relacionados con la falta de sueño. Por ejemplo, las lesiones provocadas por los accidentes de coche son un problema de salud grave, y aunque se habla mucho de los riesgos de conducir ebrio, la mayoría no sabemos que en Estados Unidos más de cien mil accidentes de coche al año se atribuyen al cansancio. Cuando andamos cortos de sueño, tenemos tendencia a los «microsueños», que son episodios de sueño breves e involuntarios que pueden durar desde una fracción de segundo hasta unos treinta segundos. Los microsueños se producen cuando estamos demasiado cansados o hacemos algo monótono.

Lo más aterrador de estos microsueños es que no sabemos cuándo se van a producir, ni tampoco podemos recordar el último que hemos tenido. Son breves períodos de oscuridad absoluta y suceden porque, al haber alcanzado cierto umbral de cansancio, a nuestro cerebro ya no le importa si estamos conduciendo o no; si ha de descansar, lo hará al precio que sea, incluso aunque el precio sea la tumba.

Pero esto es sólo uno de los problemas de salud al que nos enfrentamos si no dormimos lo suficiente. Entre muchas otras enfermedades, también nos arriesgamos a padecer: problemas inmunitarios, enfermedades relacionadas con el estrés (incluidas enfermedades cardiovasculares, diabetes y algunos tipos de cáncer), problemas cognitivos (pérdida de la memoria, falta de creatividad, falta de criterio), y la más llamativa, el aumento de peso, especialmente en las mujeres.

Dormir para estar delgada y esbelta

La relación entre engordar y no dormir lo suficiente es una de las que más se ha estudiado. Los investigadores que han estudiado a miles de personas han descubierto que los sujetos que duermen menos de siete horas tienen casi el 30 por ciento de probabilidades de ser obesos. Para los que duermen menos de seis horas, las probabilidades aumentan al 50 por ciento. Es decir, si no duermes bastante, es probable que almacenes y retengas grasas, a pesar de todos tus intentos en las horas de vigilia para evitar que te suceda eso. Este hecho podría explicar parcialmente por qué las dietas no funcionan. Si estamos ocupadas con el próximo proyecto laboral, con los niños o con el siguiente medio maratón, a costa de perder horas de sueño, puede que nos encontremos con que estamos poniendo en peligro nuestra salud de formas que ni siquiera podemos llegar a imaginar.

Esto para las mujeres supone un riesgo aún mayor porque necesitamos dormir más que los hombres. Aunque los investigadores no están muy seguros de cuál es la razón, algunos dicen que es porque usamos más nuestro cerebro durante el día que los hombres, así que necesitamos más tiempo para que la corteza (la zona del lenguaje y de la memoria de nuestro cerebro) descanse y se recupere. Sea cual sea la razón de nuestra necesidad de dormir más, los investigadores han podido cuantificar la diferencia: han descubierto que las mujeres necesitan como promedio unos veinte minutos más de sueño que los hombres cada noche, y si no los dormimos, corremos el riesgo de padecer más depresiones, inflamaciones, dolores y problemas de coagulación de la sangre (que aumenta nuestro riesgo de sufrir un accidente cerebrovascular) que los hombres.

Y, por supuesto, nuestras hormonas también influyen en que nuestro sueño sea o no sea tan reparador como debería.

Nuestra vida hormonal tiene un ritmo, y en general los cambios más espectaculares se producen en nuestros años fértiles, cuando la oleada de hormonas de la fertilidad puede influir en que el fluctuante arco de nuestro ciclo mensual sea más pronunciado (segregamos menos melatonina, la hormona del sueño, cuando tenemos la menstruación) y luego, otra vez, al final de nuestros años de fertilidad, cuando la menopausia trae consigo el declive de esas mismas oleadas hormonales y experimentamos un tipo de intensidad metabólica diferente, porque nuestros cuerpos tienen que adaptarse a una distribución hormonal completamente distinta.

Por supuesto, entre estas etapas hormonales, justo en el medio están los años en que tenemos hijos, nos estamos preparando para nuestra carrera, cuidamos a nuestros padres o la combinación de las tres cosas, y estas responsabilidades hacen que a muchas mujeres conseguir una buena noche de sueño les resulte imposible.

Cuando me separé de mi marido, pasé una etapa horrorosa de dormir mal que tuvo un visible efecto dominó en mi salud. Tuve erupciones cutáneas, tenía tendencia a echarme a llorar porque me dolía todo el cuerpo a causa del agotamiento, me quedaba dormida en los momentos más extraños, estaba de mal humor con mi hijo. Sabía que la única manera de superar todo eso era dormir bien. Me costó mucho (y mucho apoyo por parte de mis amigas y seres queridos que me ayudaron a sobrellevar el estrés al que estaba sometida), pero pude volver a cruzar la línea y recobrar el hábito de dormir bien y mantener la actividad en mi vida mientras me recuperaba emocionalmente.

La necesidad de «Zzzzz» que tenía Cate

Tuve una clienta que se llamaba Cate, que había tenido tres hijos prácticamente seguidos. Tenía dos bebés que llevaban pañales al mismo tiempo y un preescolar al que perseguía a todas partes. Poner los niños a dormir, a hacer la siesta y cuidarlos implicaba que tenía que estar en pie muchas horas del día y de la noche. Cuando una amiga le dijo con toda la buena intención que hiciera la siesta con sus hijos, no sabía si echarse a llorar o reír, porque cada uno estaba en una etapa diferente de desarrollo y no tenían los mismos horarios o necesidades de sueño.

Cate sobrevivió a esos años de maternidad como si fuera una zombi, y cuando por fin todos sus hijos fueron al colegio y pudo volver a trabajar a tiempo completo, tampoco podía dormir bien. Cuando fue a visitarse con su ginecólogo, le habló de su problema de insomnio y de lo mucho que le estaba afectando y el doctor le recetó un somnífero. Ella sabía que ésa no era la solución, y por eso se puso en contacto conmigo.

«Estoy cansada. Me siento pesada. No puedo pensar bien.»

Así es como describía ella su estado actual. Con tan sólo tres frases cortas, describió los tres problemas principales que tienen las mujeres que no duermen bien. Todo su sistema estaba trastocado y su agotamiento le estaba creando toda una serie de malos hábitos que exacerbaban su confusión y le hacían tomar malas decisiones alimentarias. La necesidad de dormir le hizo engordar y la llevó a depender de estimulantes como el café, las bebidas energéticas y los refrescos *light*, para poder aguantar el día de trabajo. Sé que Cate hacía todo lo que podía, a pesar de las señales de aviso que le enviaba su agotado cerebro, pero incluso con todas estas muletas, tenía ganas de llorar y estaba alicaída, y tal como ella cuenta, se sentía permanentemente desorientada. ¡Y lo estaba! Estaba totalmente desincronizada de su reloj biológico.

Cuando el cerebro se trastoca tanto debido a la falta de sueño como le pasaba a Cate, envía mensajes desesperados de socorro, suplicando que le des cualquier fuente de energía que le aporte el combustible utilizable más inmediato posible. El cerebro cuando está agotado pide azúcar, estimulantes e hidratos de carbono en un desesperado y mal orientado intento de espabilarse y volver a funcionar con normalidad. Entonces empieza un círculo vicioso en el que intentamos satisfacer las necesidades de nuestro cerebro e ingerimos cafeína, dulce y alimentos cargados de hidratos de carbono para poder funcionar. Por la noche estamos tan ebrias con todas estas sustancias que han estado interfiriendo con nuestro sistema metabólico durante todo el día que puede incluso que recurramos al alcohol, o a algún otro tipo de tranquilizante, para ver si conseguimos serenarnos lo suficiente para dormir unas cuantas horas.

Cuando nuestro sistema se ha descompensado de esta manera, es difícil que consigamos el estado de sueño profundo restaurador que necesita el cerebro para descansar y rejuvenecer. Cuando suena el despertador, salimos de un estado de sueño inadecuado, nuestro cuerpo tiene la resaca de todos esos estimulantes, y nos arrastramos a repetir todo el ciclo. Cuando estamos desquiciadas y con necesidad de dormir, nuestro cerebro pone la directa y empieza a producir demasiadas grelin (la hormona del hambre) y pocas leptinas (la hormona que indica al cerebro que estamos «llenas») y satura el torrente sanguíneo de hormonas del estrés como el cortisol. Es un estado horroroso; cualquiera que haya experimentado el desfase horario en un viaje lo sabe, y la pobre Cate vivía constantemente bajo esta nube de alteración del tiempo. A pesar de la dedicación que les debía a sus hijos, a su trabajo, a su esposo, y a todo lo demás, tenía que hallar la manera de que Cate rompiera con este ciclo imposible.

Así que empezamos por lo básico.

Le mencioné algunas estadísticas sobre el sueño y entendió que tenía que dormir un mínimo de ocho horas para sentirse mejor. Le recomendé que intentara dormir ocho horas cada noche al menos durante un mes, para que pudiera ver claramente cómo le sentaba hacer esto. Empezamos a reorganizar todo su día. Puesto que tenía que estar en pie a las seis y media para levantar a su familia, darle el desayuno y salir de casa a tiempo, debía estar en la cama y durmiendo como muy tarde a las diez y media de la noche.

Puesto que la mayoría necesitamos al menos quince minutos para quedarnos dormidas (puedes saber si una persona anda muy mal de sueño si se queda dormida antes de ese tiempo), quería que Cate se metiera en la cama sobre las diez de la noche. Eso significaba que tendría que olvidarse de las dos horas que pasaba entre las diez y la medianoche con su marido, viendo las noticias y *The Colbert Report*, tomándose uno o dos vasos de vino. Le molestó mucho tener que renunciar a este tiempo «suyo», pero aceptó probarlo.

La primera semana fue todo un reto para Cate porque podía oír el sonido amortiguado de la televisión en la otra habitación y a los niños moviéndose en sus camas. Al principio, le resultaba imposible desconectar su cerebro de «madre» hipervigilante. Pensaba en todo lo que le quedaba por hacer, la colada, las cosas del trabajo, algo que tenía que preparar para uno de los trabajos escolares de los niños. La primera noche se puso tan nerviosa que ¡incluso se levantó de la cama para mirar su correo electrónico a las tres de la madrugada!

Pero después de tres días de intentar conseguir una buena noche de descanso, logró quedarse dormida antes de las diez y media y se despertó justo antes de que sonara el despertador a las seis y media. Ésa fue la primera noche de ocho horas de sueño de Cate en seis años. La noche siguiente sucedió lo mismo, y la otra, y las cosas también empezaron a cambiar durante el día para ella.

Ahora, cuando se despertaba, estaba tranquila y descansada, y no necesitaba recurrir inmediatamente a una gran taza de café. Por el contrario, se tomaba unos minutos para estar sentada y planificar el día mientras se hidrataba con un gran vaso (o dos) de agua. Algo tan sencillo como tomarse un vaso de agua al levantarse fue para ella, con sus propias palabras, «lo único que he hecho en años para cuidarme». Como ahora su cerebro estaba menos estresado y producía menos grelin, la hormona del hambre, desayunaba cosas más saludables. En vez de comer los cereales azucarados de siempre (a pesar de que los compraba diciéndose que eran para su hijo de siete años), se comía un huevo (para las proteínas) con algo de fruta fresca. También se llevaba la comida de casa, que consistía en una ración de cualquier cosa saludable que hubiera preparado su marido (el cocinero de la familia) la noche anterior. Se dio cuenta de que ya no le obsesionaba la máquina de tentempiés que había en la cocina de su trabajo, ni se sentía impulsada a tomarse un café al caramelo cuando llegaba la predecible hora de la somnolencia del mediodía. Ahora cerraba la puerta de su despacho, corría las cortinas, y hacía una pequeña siesta de quince o veinte minutos cuando notaba el bajón de energía de las tres de la tarde. Esto era lo más subversivo y radical que había hecho nunca en su trabajo. Y se sentía de maravilla.

A finales de mes, Cate dormía habitualmente ocho horas cada noche. Y sin hacer ninguna dieta conscientemente, también adelgazó tres de los casi dieciséis kilos que había engordado desde que tuvo a su último hijo. Pero adelgazar fue sólo un agradable beneficio extra. Lo que realmente le importaba era que estaba menos deprimida, menos estresada, y tal como ella misma dijo, «por fin apta de nuevo para manejar maquinaria pesada». Sentía que ya no estaba supeditada al lento funcionamiento cerebral que le ocasionaba la falta de sueño. Volvía a sentirse viva y a ser capaz de tomar decisiones importantes sobre cómo iba a cuidarse para seguir mejorando.

El sublime arte de hacer la siesta

Cada vez está más claro que hacer la siesta puede ser increíblemente beneficioso para el rendimiento físico y mental. Cuando Arianna Huffington se dio cuenta de los beneficios de dormir, creó «habitaciones para hacer la siesta» en el *Huffington Post* y allí a sus empleados (así como en otras empresas innovadoras, como Google) les animan a que entren en una de esas habitaciones oscuras y frescas durante el día para que recarguen su cerebro. Algunos equipos del deporte profesional como los Texas Rangers montan zonas de descanso en los estadios para que, incluso cuando los jugadores están de viaje, puedan ajustar sus relojes biológicos y mantener su agudeza mental, estado de alerta y rapidez. Los estudios demuestran que el estímulo que obtiene el cerebro después de haber hecho una siesta puede durar desde una hora hasta tres.

Hacer siestas estratégicas es un arte, y lo único que hace falta es un poco de planificación y comprender qué es lo que se entiende como una buena siesta.

Existe un consenso bastante amplio respecto a que una cabezadita que dure entre veinte y treinta minutos antes de las cuatro de la tarde le aporta al cerebro la cantidad de tiempo óptima para «defragmentar» y eliminar los datos no deseados, a fin de poder tomar buenas decisiones y ser capaz de asimilar información importante después de la siesta. Eso tampoco impedirá que puedas dormir bien por la noche. Los investigadores también han observado que si duermes bastante más que eso puedes levantarte aturdida y desorientada, y puede afectar a tu sueño nocturno.

Se sabe que las siestas: aumentan el estado de alerta en el trabajo en un cien por cien, mejoran nuestras habilidades motoras básicas y nuestra capacidad de reacción y exactitud física, alivian el dolor, incluidos los dolores de cabeza y las migrañas, fomentan la creatividad, reducen el ritmo cardíaco, favorecen la pérdida de peso, mejoran el estado de ánimo, aumentan la libido y estimulan la salud celular. Esto es sólo una lista parcial.

En resumen, pocas personas se despiertan de una siesta breve encontrándose mal. Las siestas nos ayudan a sentirnos bien, recargadas y felices. De hecho, son tan eficaces que yo me he propuesto hacer siestas de veinte minutos, a las tres de la tarde, la «hora del poder», al menos tres días a la semana, especialmente, en los períodos de máxima ocupación. A las clientas que van a trabajar en coche y que no tienen un despacho privado para hacer una pausa de treinta minutos les recomiendo que se sienten en el coche, cierren los ojos y se pongan un antifaz o se tapen la cabeza con el abrigo. Y si no puedes hacer la siesta, siéntate en algún lugar tranquilo, cierra los ojos y relájate un rato. Te irá de maravilla.

La belleza del sueño

Crear y mantener un lugar muy cómodo, funcional y acogedor para dormir es una de las mejores cosas que podemos hacer por nosotras. Para dormir bien, tienes que descansar en una habitación fresca y oscura, donde no haya aparatos electrónicos (móviles, tabletas, portátiles, incluso algunos apasionados del sueño dirían que ni siquiera despertadores). Animo a mis clientas a que inviertan en ropa de cama de algodón suave y orgánico o de bambú (yo prefiero una cama cómoda y de calidad a un par de zapatos caros de diseño) y que el mobiliario de la habitación sea mínimo y lo más natural posible. Recomiendo esto porque siempre estamos expuestas a muchas toxinas medioambientales cuando estamos fuera de casa y el lugar donde dormimos debería ser lo más orgánico posible. (Me gasté más en mi colchón orgánico no tóxico que en mi primer coche, pero dado que respiro a unos centímetros de mi colchón durante un tercio de mi vida, prefiero no inhalar los gases tóxicos que desprenden los colchones «tratados y con materiales ignífugos».)

A una clienta que tenía un problema respiratorio grave le aconsejé que se cambiara el colchón y se comprara uno orgánico y no tóxico, y sus problemas respiratorios y alérgicos desaparecieron. Hizo cuentas y reconoció que el colchón le estaba ahorrando dinero en medicación y visitas al médico, y que al cabo de un año ya estaría amortizado. A todas mis clientas les pido que revisen su colchón para que vean si realmente es cómodo y está en buenas condiciones, y si no es así, les aconsejo que se planteen seriamente invertir en otro mejor.

También les recomiendo que pongan ciertas plantas en el dormitorio. Los científicos de la NASA en su libro *How to Grow Fresh Air* [Cómo cultivar aire fresco], revelaron que hay varias plantas comunes que absorben diferentes toxinas del aire y que desprenden oxígeno puro a diversas horas del día. La sansevieria (también conocida como lengua de suegra, ¡que terrible nombre y asociación!) proporciona oxígeno durante la noche, bombeando en el aire la cantidad que necesitamos durante la noche. Las plantas de aloe vera absorben los gases carcinógenos del formaldehído de la pintura y de los muebles. Las sansevierias absorben el monóxido de carbono tóxico que puede emanar de los hornos o garajes.

Mucho antes de que entres en tu santuario del sueño deberías hacer cosas durante el día que te ayudaran a destensar tu cuerpo y tu mente para lograr una relajación y reparación profunda cuando te vas a dormir. Esto implica reducir la cantidad de cafeína u otros estimulantes, y si es posible, no tomar ninguno después de comer (salvo, por supuesto, un poquito de chocolate negro si es lo que verdaderamente deseas). También implica hacer suficiente actividad física antes de que el sol se ponga y que sientas que estás equilibrada en la escala del hambre cuando llegue el momento de interiorizarte.

Otra cosa que recomiendo mucho es tomar baños de agua caliente, apagar el televisor y leer durante aproximadamente una hora, jugar a algún juego tranquilo en familia, dibujar o escribir un diario, o hacer cualquier actividad que nos relaje. También ayuda bajar la intensidad de las luces una media hora antes de acostarse, incluso en tu cuarto de baño cuando te estás lavando los dientes, de modo que cuando vayas a meterte en la cama, todo induzca al sueño, a hacer el amor, a abrazarse o a ponerse al día. Las ocho horas como mínimo que pasamos durmiendo son el pilar de cualquier régimen de belleza saludable. Las toxinas salen de nuestras células durante el sueño y se restaura la armonía celular. No hay nada como un buen descanso para que una mujer brille desde dentro (a excepción, por supuesto, de un sexo apasionado, que se vuelve todavía más tórrido cuando está precedido o seguido de una magnífica noche de descanso).

Una buena noche de sueño hace mucho bien. Le da un empujón a nuestra salud y bienestar general aliviando cualquier dolor que puedas padecer, y reduce el riesgo de que te lesiones debido a algún accidente; estabiliza y equilibra tu metabolismo del azúcar y otras funciones endocrinas, reduce el riesgo de infecciones, refuerza el sistema inmunitario, ayuda a mantener un peso saludable, previene el inicio de enfermedades graves, como las cardíacas y el cáncer: los beneficios de dormir bien son infinitos.

Dormir bien también nos ayuda en nuestra relación con la comida. Una de mis citas favoritas sobre el sueño es la del doctor David Gozal, un investigador del sueño de la Universidad de Chicago. Él dice que el sueño es «el alimento del cerebro», ¡y es verdad! Cuando alimentamos a nuestro cerebro con el descanso que necesita, es cuando mejor nos apoya, en cuerpo y alma. Cuando estamos descansadas, podemos relajarnos, especialmente en lo que respecta a la comida. Entonces podemos tomar buenas decisiones que nos beneficiarán. Por eso dormir bien es tan maravilloso y necesario.

10

TOMA EL SOL

Concentrarnos al cien por cien en nuestra respiración o en nuestros pasos es una vía de liberación. En tan sólo unos segundos nos convertimos en personas liberadas, libres para transformar las energías de los hábitos de nuestros antepasados.

THICH NHAT HANH

Del mismo modo que nuestro cuerpo ansía dormir, también ansía estar al aire libre y bajo la luz solar, ansía moverse en el vibrante mundo natural en el que hemos nacido. Sé que esto parece bastante obvio, pero una de las principales quejas que escucho de las mujeres es que no tienen suficiente tiempo para estar en contacto con la naturaleza. La mayoría pasamos demasiadas horas dentro de algún lugar debido a nuestros compromisos familiares, nuestros trabajos y otras responsabilidades. En vez de salir a dar una vuelta, a pasear, a contemplar la naturaleza o a jugar al aire libre, la mayoría estamos pegadas a una mesa de despacho mirando la luz extrañamente hipnótica de la pantalla del ordenador, luego cuando se pone el sol, y nos sentamos delante de la pantalla del televisor, que tiene una luz igualmente antinatural.

Consumimos mucha luz artificial y apenas luz natural, irónicamente esto no hace más que empeorar cuando al salir al aire libre nos protegemos con mangas largas, sombreros, gafas de sol y protección solar. Quizá nos estamos pasando. En lugar de vivir afuera, como lo hacían nuestros antepasados ecuatoriales, nos hemos convertido en seres de interior y, por consiguiente, estamos sufriendo una deficiencia epidémica de vitamina D.

Por qué necesitamos la vitamina D

Nuestro cuerpo crea vitamina D cuando le da el sol a nuestra piel, pero casi el 65 por ciento de las mujeres no tenemos suficiente, puesto que hay muy pocos alimentos que tengan dosis importantes de vitamina D. Los alimentos que contienen vitamina D son de origen animal, como pescado graso de agua fría (anchoas, sardinas y atún) y las yemas de huevo.

A muchos productos lácteos les añaden vitamina D, especialmente a la leche, porque es esencial para el desarrollo y el mantenimiento de unos huesos fuertes, puesto que permite la absorción del calcio y del fósforo en las células óseas. Érase una vez, hace mucho tiempo, los médicos descubrieron que la «terapia del sol» corregía la malformación ósea (conocida como raquitismo) en los niños, así que mandaron a los niños a jugar al aire libre a la hora del mediodía para que absorbieran la máxima cantidad de sol. Posteriormente, se descubrió que el sol era un potente antídoto para la tuberculosis, y florecieron sanatorios en entornos naturales donde había mucho sol y aire fresco. Curiosamente, estos descubrimientos condujeron a la fiebre del bronceado que comenzó a principios del siglo XX, y que empezó a decaer hace algunos años con la obsesión de proteger al máximo nuestra piel del sol. Pero muchos científicos creen que hemos llevado esto demasiado lejos: los beneficios de estar expuestos a los rayos solares al menos media hora al día superan los riesgos de la falta de exposición. Eso se debe a que la luz solar —que se convierte en vitamina D en nuestro cuerpo— nos protege contra enfermedades cardíacas, artritis reumatoide y otras enfermedades autoinmunes, hipertensión, muchos tipos de cáncer, dolor crónico y muchas otras condiciones que nos afectan desproporcionadamente a las mujeres.

Por ejemplo, algunos estudios indican que casi el 70 por ciento de las mujeres que padecen cáncer de mama tienen deficiencia de vitamina D. Se ha podido observar que cuando a las pacientes de cáncer de mama se les han suministrado suplementos de vitamina D, el índice de crecimiento de su cáncer disminuyó notablemente. Esto es sólo una prueba más que demuestra que la vitamina D fortalece las células y las mantiene sanas ante la adversidad, y por eso se cree que puede ser útil para prevenir todos los tipos de cáncer.

La vitamina D es la única vitamina que no podemos conseguir a través de nuestra dieta, y aunque podemos tomarla como suplemento, los expertos de la salud están de acuerdo en que la mejor forma de conseguirla es estando al aire libre, exponiéndonos a la luz solar. La vitamina D, en su conversión en el cuerpo, se convierte en una hormona que hace que muchos procesos metabólicos funcionen correctamente.Uno de los más importantes es ayudarnos a mantener la atención y a que nuestro cerebro sea eficiente.

Asimismo, la vitamina D refuerza la capacidad de las células inmunológicas para luchar contra las infecciones. Por esta razón se cree que contrarresta los síntomas de muchas enfermedades autoinmunes, desde las de la glándula tiroides hasta el lupus, ya que ayuda al sistema inmunitario a cumplir su función de discriminación celular.

Tener suficiente cantidad de vitamina D aguza la memoria y mejora nuestro estado de ánimo, nos ayuda a perder peso y favorece nuestra capacidad para combatir las infecciones y prevenir enfermedades. Nuestro cuerpo está provisto de infinidad de receptores de vitamina D: la piel, el cerebro, el corazón, nuestros genitales, nuestras mamas. Todos ellos absorben los componentes esenciales que se convertirán en la hormona soluble en grasa, que es tan importante para el correcto funcionamiento de más de un millar de genes e innumerables procesos celulares.

Así que adelante: da un paso al frente, sal de tu despacho y ve en busca del sol.

Estar sentada es el tabaquismo de nuestra generación

Toda esa luz artificial no es el único inconveniente de estar encerradas todo el día; estar sentada muchas horas seguidas, encorvadas sobre una mesa de despacho, también supone un gran riesgo para la salud.

Creo que fue el año pasado que se investigó el efecto que tiene sobre nuestra salud estar muchas horas sentadas y los resultados han sido espeluznantes. Como media pasamos más de nueve horas al día sentadas, y otras siete durmiendo. Si reflexionamos sobre ello, eso implica que pasamos más de dos tercios del día sobre nuestros glúteos o sobre nuestra espalda. Y a nuestro cuerpo no le gusta esto. De hecho, los médicos consideran que pasar más de nueve horas al día sentadas es una dosis «letal» de postura sedente. Estar demasiado tiempo sentado perjudica a nuestra columna y nuestra postura, hace que se atrofien nuestros músculos y se vuelvan fofos, genera aturdimiento mental, y puede acarrear graves problemas circulatorios que pueden afectar a nuestras piernas y pies. Y no es sólo estar sentada en tu silla de despacho lo que es tan perjudicial; las investigaciones demuestran que tumbarte en el sofá y sumarle a tu cuerpo una hora más de inactividad al día viendo televisión aumenta el riesgo de muerte en un 4 por ciento. Piensa en lo que te cuesta ver una película de dos horas, si no te mueves lo suficiente para compensar la maldición de este sedentarismo.

Nilofer Merchant, líder visionaria e inventora, ha llegado a decir que estar sentado es el «tabaquismo de nuestra generación» porque *duplica* el número de probabilidades de muerte de las que provoca el tabaquismo. Esto hace que me entren ganas de dejar de escribir, levantarme de esta silla y ¡salir a correr por mi vida! Afortunadamente, nos está llegando el mensaje, como se está viendo con la nueva moda de las mesas elevables, y algunos trabajadores —especialmente, escritores que están sentados muchas horas— han optado por mesas con cinta de andar incorporada. Estas innovaciones van en la buena dirección, pero todavía nos falta el objetivo principal, que es que necesitamos levantarnos, estirarnos y darle a nuestro cerebro un buen descanso, a la vez que dejamos que nuestras extremidades, músculos y cinco sentidos tomen el mando durante un rato, y eso es mejor hacerlo al aire libre.

Merchant aborda este tema sugiriendo que si tenemos una reunión la hagamos paseando, en vez de sentadas, y no se refiere sólo a paseos por la oficina; no, se refiere a sacar a las personas a dar largos e incluso intensos paseos al aire libre. Ella calcula que recorre de 32 a 48 kilómetros a la semana con una media de cuatro reuniones caminando. Descubrió que caminar con un compañero o compañera de trabajo (en vez de estar sentados en la oficina cara a cara con una mesa entre medio) le ha ayudado a escuchar mejor a las personas y a ser más creativa resolviendo problemas. Además, al ser una persona a la que nunca le ha gustado hacer ejercicio porque la aleja de las actividades —incluido el trabajo— que más valora, de este modo siente que no está sacrificando una cosa por otra. Dice que siempre, sin excepción, cada vez que sus compañeros de paseo terminan una de estas reuniones están eufóricos, adjetivo que no se suele utilizar para describir una reunión de trabajo.

Si no te puedes permitir un paseo formal o tomarte un descanso fuera de la oficina durante tu jornada laboral, deberías levantarte y moverte, al menos una vez cada hora, aunque sólo sea ponerte de pie y estirarte. También animo a mis clientas a practicar algunos estiramientos de yoga sencillos. Mi clienta Beth, que es diseñadora, hace incluso una secuencia de yoga vinyasa modificada de quince minutos, todos los días sin excepción, a las tres o cuatro horas de haber iniciado su día laboral; jura que esto le ayuda a serenarse y la relaja, incluso aunque le acechen las fechas de entrega. Si puedes, intenta hacer algunos ejercicios para abrir las caderas, unas pocas flexiones de brazos o saltos en tijera, para que el ritmo cardíaco se acelere y circule la sangre. El mero hecho de levantarte y dar una vuelta por la oficina durante cinco minutos cada hora ayuda a contrarrestar el efecto perjudicial de estar sentado mucho tiempo seguido. Además te despejará la cabeza, y te ayudará a concentrarte y a ser más productivo. Si trabajas en una oficina con un solo espacio abierto, haz algunos ejercicios suaves en el lavabo. Sí, lo has oído bien: haz «aeróbic en el baño», planchas sobre el borde del lavabo, un minuto de sentadillas apoyada en la pared, sentadillas completas sin pared que tienen el beneficio añadido de que refuerzan el suelo pélvico y corrigen la incontinencia urinaria. Puede parecer absurdo, pero estas pequeñas secuencias de actividad muscular favorecen nuestra circulación sanguínea y activan nuestro metabolismo.

La historia de Karen

Tengo una clienta relativamente nueva que se llama Karen, que está intentando encontrar la manera de comer bien sin tener que recurrir a los batidos dietéticos preparados, y conseguir una relación más seria con la comida. Uno de los cambios que le pedí que hiciera fue que se tomara al menos media hora —sólo treinta minutos— al día para salir de su despacho e ir a comer. Es gerente de cuentas, un trabajo muy estresante, que en su caso está agravado por una supervisora despótica que insiste en que los empleados no se muevan de sus puestos de trabajo, ni siquiera para ir a comer.

Debido a esta situación, Karen se ha acostumbrado a tomarse un batido que lleva en su bolso. (En su oficina ni siquiera hay una cocina adecuada o una sala de descanso, lo cual me parece totalmente inhumano.) Trabaja todos los días durante la «hora de comer» y hasta las siete y media de la tarde.

Cuando nos vimos recientemente, me comentó que su jefa iba a estar fuera durante una semana y le dije que esto podía ser una gran oportunidad para cambiar este hábito y salir a comer fuera. Tuve la impresión de que mi propuesta la frustró. No quería que le dijera que lo que necesitaba para mejorar su relación con la comida era levantarse y salir a la luz del sol durante unos minutos, lo que quería que le dijese era qué podía comer en vez del batido dietético. Pero me negué a confeccionarle un menú o a darle ninguna recomendación específica sobre alimentación. Por el contrario, me centré en lo que más necesitaba, que era romper el terrible hábito de trabajar mientras comía.

Pronto nos encontramos en un grave punto muerto, y nos pasamos la hora tratando de negociar cabezonamente sobre el tema. Karen insistía en que sólo podría tomarse dos pausas para comer fuera del despacho, ni una más. Cuando la presioné un poco más, y le recordé que su jefa ni siquiera estaría allí para controlarla, casi se puso a llorar. Nadie, según parece —especialmente, nadie en su estricta empresa—, le había sugerido que se merecía algún tipo de descanso, aunque sólo fuera media hora, que si he de ser sincera considero que es sólo la mitad del tiempo que se necesita para salir a comer. Seguí explicándole amablemente que al salir de su oficina y comer afuera, o incluso en el vestíbulo de su edificio (que tenía una zona muy cómoda para sentarse con grandes ventanales), empezaría a notar cambios importantes en su relación con la comida. Quería que experimentara lo que era comer sin estar encorvada delante de una pantalla de ordenador, con las manos más ocupadas sobre el teclado que en la comida. Quería que hiciera una pausa de su trabajo, tanto psíquica como física. Tuve que repetírselo muchas veces para que entendiera que lo que le estaba pidiendo era una actitud de defender su derecho a cuidarse, que a su vez cambiaría su relación, no sólo con la comida, sino con todo lo demás. Quería hacerle entender que no importaba lo que comiera, que su relación con la comida no cambiaría si seguía comiendo de ese modo.

Al cabo de una hora de estar hablando de esto, seguía sin tener muy claro lo que le estaba diciendo, pero me di cuenta de que algo había cambiado en ella, porque estaba menos a la defensiva y era más vulnerable. Cuando nos levantamos al terminar la sesión, Karen me preguntó si podía abrazarme antes de marcharse. ¡Por supuesto! La estrujé con fuerza y emoción susurrándole al oído: «Creo en ti. Puedes hacerlo». Y realmente esperaba que pudiera, porque para Karen salir de su trabajo, supondría un salto cuántico en su intención de cuidarse y amarse. Ésa era la dirección que debía tomar para cambiar su relación con la comida y empezar a identificar lo que su alma estaba anhelando realmente.

¿Por qué no hago ejercicio?

No soporto la palabra «ejercicio». Me recuerda a la clase de gimnasia cuando iba al colegio, que fue una de las experiencias más traumáticas de mi vida. ¿A quién le gusta que la obliguen a trepar por una cuerda delante de un puñado de chicos llevando un abultado corsé de sujeción para la espalda? La experiencia me dejó traumas psicológicos permanentes.

Ejercicio lo identifico con trabajo. Y cuando me muevo, no quiero que sea un trabajo, quiero que sea divertido. Quizá pueda parecer que le estoy buscando los tres pies al gato a la semántica, pero deja que me explique: ¡me gusta moverme, me encanta! Sólo que no lo hago bien cuando mover mi cuerpo es como tomarme una especie de medicina amarga, como suele suceder cuando voy al gimnasio.

Sé que no soy la única persona que ha pagado una matrícula cara en un gimnasio sólo para pisarlo con menos frecuencia que la consulta del dentista. No sé si fue porque me sentí intimidada (los pósteres del tamaño de dos pisos de altura de la marca überfit con modelos escuálidas que cubrían la pared del edificio, probablemente, no ayudaran demasiado) o porque capté la vibración de «aguanta hasta el final» que transmitían docenas de almas mudas que pedaleaban en la bicicleta estática, subían peldaños en la máquina de *step* o se machacaban en la máquina de abdominales, pero, sea cual fuere la razón, ir al gimnasio me desmoralizaba y no me apetecía en absoluto. Así que me liberé (y liberé a mi tarjeta de crédito) del compromiso y me di de baja.

No me malinterpretes. No me importa estar con otras personas que están sudando: me encanta la euforia colectiva que se respira después de una clase de yoga intensa o, lo que es mejor, el subidón de una clase de danza libre, como la que hicimos con Grandma Fun. Pero estas actividades no las considero ejercicio, sino un juego. Y jugar es algo que hago con bastante frecuencia.

¿Recuerdas cómo te desmadrabas y jugabas de pequeña, preferiblemente si era en algún lugar lejos de tus padres, donde pudieras traspasar las fronteras de tu mundo conocido, probar cosas que fueran arriesgadas, emocionantes y que te dieran confianza? Estoy segura de que sí.

Recuerdo que cuando estaba en Oregón y pasaba los largos días de verano sobre mi fantástica bicicleta, la que tenía el sillín en forma de banana y con dibujos de florecitas. Iba como una bala por todas partes sobre aquella cosa, los flecos que colgaban del manillar volaban, llevaba el pelo enredado, las rodillas arañadas, pero sin parar de pedalear, dando botes por los bosques y trazando nuevos caminos de tierra con mi tribu de amigos. Éramos salvajes y libres, y sólo íbamos a casa cuando nos estábamos muriendo de hambre y era demasiado oscuro para ver el suelo.

Cuando no estábamos en el bosque, pedaleábamos en dirección al lago, con los bañadores puestos debajo de nuestros *shorts*, las toallas sobre los hombros, y chancletas en los pies. En aquellos tiempos no llevábamos cascos, y no se tenía que pagar entrada, así que con muy poco dinero nos bastaba para pasar el día, veinticinco centavos para una bolsa de palomitas y para una coca, y los otros veinticinco para jugar una hora al ping-pong o al tejo. Nos pasábamos el día nadando, esforzándonos para aprender las técnicas que necesitábamos para poder ir a la piscina más grande, donde había una zona para salto desde trampolín de altura. Ésa era la piscina donde estaban todos los adolescentes, pero a nosotras no nos importaba; sólo queríamos ver quién era el que hacía el mejor salto o cruzaba antes la piscina. No nos importaba lo más mínimo nuestro aspecto en traje de baño. Todas estábamos fuertes, morenas y teníamos confianza en nosotras mismas. En esos largos días de libertad aprendí muchas cosas, como la resiliencia, la confianza, el valor del fracaso, el don de la tenacidad, y muchas cosas más. Cuando era una niña salvaje, aprendí quién soy y de qué estoy hecha.

¡Cómo echo de menos sentirme así ahora! Y lo intento siempre que puedo. Hacer «ejercicio» no me aporta el entorno de apertura que necesito para conseguirlo. Así que tengo que buscar en otra parte el tipo de placer físico intenso que me hace sentirme libre. Y me he dado cuenta de que la mayoría de mis clientas también necesitan y quieren esto.

Para mí, el principal medio para conectar con esta euforia de mi infancia ha sido tener una bicicleta. Cuando escribía este libro, me di cuenta de que siempre había tenido una bici, desde que tenía cuatro años. Tuve una durante toda mi etapa de enseñanza básica, media, instituto y universidad. Cuando me trasladé a San Francisco después de graduarme, también me llevé la bicicleta. Era una *mountain bike* vieja y hecha polvo, que resultaba perfecta para explorar la ciudad. Conocer una ciudad en bicicleta me hacía sentirme segura y menos «sola», me sentía más integrada en el entorno.

Cuando me marché de San Francisco para ir al lago Tahoe, la vieja *mountain bike* se vino conmigo. Cuando llegaba el invierno y tenía que desplazarme, caminaba o incluso hacía autoestop, que era bastante habitual entre los jóvenes de ese pueblo de montaña. No era temeraria, utilizaba el mismo criterio que usaba de pequeña para evaluar a quien me ofreciera llevarme (generalmente, era algún conocido), y si era un extraño y me daba mala vibración, educadamente rechazaba el ofrecimiento.

Cuando terminé mis estudios en la escuela de cocina de Nueva York, me marché a Milán, Italia, para hacer prácticas de segunda chef, y utilicé mis pequeños ahorros para comprarme una bici con cesta. Exploré cada palmo de esa gloriosa ciudad en bicicleta. Las pocas veces que llovió, tomé el transporte público, y lo lamenté, porque los autobuses iban abarrotados de pasajeros taciturnos, cabizbajos y mudos. Sin embargo, cuando iba en bici solía ir silbando, cantando o hablando en voz alta conmigo misma. Muchas veces cuando me paraba, me ponía a hablar con alguien que acababa de conocer. Ir en bicicleta era mucho más que hacer ejercicio para mí; era una forma de vida. Era vivir. Era vitalidad cien por cien pura y sin adulterar. Y sigue siéndolo.

Cuando tuve a mi hijo añadí algunos juguetes a mi repertorio de juegos. Pasaba mucho tiempo con mi niño en los magníficos parques de Nueva York, generalmente, empujando un columpio. Después de hacer esto durante muchos años (y de preguntarme siempre por qué los asientos de los columpios eran tan diminutos que no cabía un adulto detrás), al final hice algo inteligente y me compré un *hula hoop*. Ahora, mientras mi hijo se columpia solo, yo estoy cerca moviendo mis caderas con mi *hula hoop* con unos bríos que parece como si se fuera a acabar el mundo. Cuando es hora de marcharnos, los dos nos vamos cansados y felices.

Otra actividad lúdica que me encanta es bailar. Pero nunca he tomado clases de baile formales, memorizar pasos complejos me cuesta mucho, y me frustro cuando veo lo desincronizado que está mi cerebro de mis pies. Recientemente, una de mis *coaches* me llevó a mí y a un grupo de otras diecisiete mujeres a una clase de *pole dancing* (barra de estríper) en Nueva York a un lugar llamado S-Factor. Me dijo que me pusiera algo «sexy y cómodo», así que me presenté con unas mallas de yoga y un *top* de tirantes.

La instructora nos condujo a una sala grande y oscura en la que había una docena de barras de estríper en el medio. Todas nos sentamos alrededor de las mismas y la profesora se fue hasta el potenciómetro de la pared y bajó todavía más las luces. Entonces, puso una música muy sensual y nos dirigió para que hiciéramos una serie de ejercicios en el suelo, que serían los movimientos que usáramos en las barras. Nos animó a que utilizáramos nuestras voces y caminó entre nosotras diciéndonos: «¡Sí!, ¡Así se hace! y ¿Puedes sentirlo?», en un tono seductor y divertido.

Al poco rato, había perdido la vergüenza y me sentía suelta y libre, como cuando jugueteaba como un delfín en la piscina de mi infancia. Luego nos animó a que hiciéramos el *shimmy** y nos arrastráramos por el suelo, si nos fluía hacerlo. Me di cuenta de que había creado el entorno

---

* Movimiento de hombros típico de la danza oriental. *(N. de la T.)*

perfecto para eliminar todos los prejuicios e inhibiciones que nos impiden disfrutar. Estaba lo bastante oscuro y la música lo bastante alta como para que se callara mi mente canalla y me permitiera estar totalmente presente. Luego vino a cada una de nosotras y nos condujo a las barras por turnos.

Conmigo movió la cabeza y me dijo, «¡Vale, haz esto!» Y lo hice: de pronto me dejé ir, mi pelo volaba, cerré los ojos, y mi cuerpo empezó a moverse de formas que jamás hubiera podido imaginar. Cuando terminó mi turno, sencillamente me invitó a que volviera a sentarme a un lado y siguiera divirtiéndome. Cuando acabó la clase (era de una hora, pero fue como un abrir y cerrar de ojos), estaba empapada en sudor y tenía tantas endorfinas recorriendo mis venas que sentía que flotaba.

La vibración colectiva era increíble: estaba en un grupo de mujeres realmente ardientes, seguras de sí mismas y que se sentían vivas. Fue una experiencia *increíble*, y muy liberadora. Pero sobre todo fue una pasada.

Desde entonces, he ido con mi grupo Mastermind para emprendedoras a saltar en cama elástica, e incluso a algo más arriesgado como jugar al balón prisionero (donde enseñamos a un grupo de chicos adolescentes cómo se hacía). También he llevado a algunas de mis clientas a clases de *Shrink Session*, que es una combinación audaz de *hip-hop*, yoga, respiración y afirmaciones en voz alta que te dejan en un estado de paz, relajación y despreocupación. Decirte a ti misma cosas positivas en voz alta mientras te mueves por una sala con otras personas hace que tu torrente sanguíneo se llene de oxitocina, la hormona del «amor». Es una experiencia de comunión profunda y de proximidad que nunca había experimentado en ninguna otra clase. Curiosamente, la oxitocina es una hormona que también inhibe los antojos, esto podría explicar por qué nos olvidamos de comer cuando nos enamoramos.

Jugar tiene estos beneficios. Hará que te enamores de ti misma. Y cuando te amas a ti misma, pueden suceder todo tipo de cosas maravillosas.

Por qué nos libera el juego

Se están realizando muchas investigaciones que demuestran lo bueno que es jugar. Los científicos están descubriendo que jugar es una actividad esencial para cambiar los hábitos porque nos conduce a una zona de confort que hace que se renueve nuestra actitud hacia la vida de una forma afirmativa, creativa y orientada a las soluciones. En el juego estamos abiertos a lo inesperado, así que estamos abiertas a nuevas conductas. Jugar es una vía de crecimiento, nos saca de nuestra mente y hace que sea nuestro cuerpo el que quiera llevar la batuta. Jugar es pasar a la acción, y la acción es lo que necesitamos para cambiar cualquier hábito.

Piénsalo bien: ¿qué otra actividad hace que nos entreguemos tanto sin tener ni idea de cuál va a ser el resultado? Cuando los niños juegan al escondite, nadie puede predecir quién ganará, quién perderá o quién abandonará y se marchará a casa. Jugar es pasar a la acción sin preocuparse de los resultados, lo bueno es precisamente la incertidumbre del resultado. Así es como hemos de ver la comida y nuestros antojos; hemos de fijarnos en lo que sentimos —en el momento— y confiar en que si hacemos algo servirá para que nos sintamos bien no sólo cuando lo hacemos (relajadas, felices, sin estrés, y no demasiado llenas), sino también más tarde.

Éste es el gran don del juego: nos garantiza que nos sentiremos cómodas con nuestro cuerpo y que tomaremos decisiones que favorecerán este estado de bienestar y fluidez. Para conectar con nuestros verdaderos deseos, es imprescindible que reconectemos con nuestra «jugadora» interior. Al recordar cuándo te sentías más fiera y más libre, conectarás con esa parte de ti que trasciende las opiniones y las etiquetas.

Mi clienta Erin tuvo una infancia verdaderamente difícil y para ella era casi imposible conectar con esa sensación de libertad que sólo el juego desenfrenado puede despertar en nosotras. Estaba frustrada porque no podía sentirla, y yo sabía que eso era un motivo de sufrimiento para ella, así que dedicamos más tiempo a trabajar el reconocimiento y procesamiento de su falta de felicidad de niña. Pero un día... ¡sucedió algo grande! Erin recordó una vez que había ido a la playa con unas amigas y la libertad que había sentido adentrándose en el oleaje y jugando con las olas. Le pedí que me contara ese recuerdo con todos los detalles posibles, y lo hizo con gusto.

«Sólo quería fusionarme con esas olas. Me encantaba tener los brazos sobre mi cabeza y saltar en el momento preciso, para que me levantara la ola. Recuerdo que tenía una gran sonrisa en mi cara. Me sentía como si fuera gigante, como si formara parte del mar, del sol, de la arena. Recuerdo que cuando llegué a casa me gustó tener el traje de baño lleno de arena. Era una señal de que estaba viva.»

Cuando jugamos, conectamos con la parte más elemental y auténtica de nosotras mismas, el lugar donde residen nuestros deseos. Sólo podemos acceder al mismo dejándonos ir y autorizándonos a divertirnos. A todas mis clientas las animo a que aprovechen cualquier oportunidad para jugar. Si te fijas un poco, esas oportunidades están por todas partes, lo único que has de hacer es conectarte a YouTube y escribir las palabras *flash mob»* [acto multitudinario] y ya estarás en la vía. Ve a un parque para perros, a un parque infantil o a una clase de zumba en algún centro cívico. Las personas se las arreglan para encontrar tiempo lúdico en los lugares más sorprendentes, lo único que has de hacer es buscarlo. ¿Quieres sentirte de maravilla y que conectas con tus deseos? Sal de casa y juega.

Experimenta una Shrink Session con su creadora
Erin Stutland y Alex en:
www.AlexandraJamieson.com/WDFbonus

11

PARTE DE CERO CON LA COMIDA

Primero comemos, luego hacemos todo lo demás.

MFK Fisher

Uno de los grandes beneficios de tranquilizar a nuestro cuerpo haciendo una pausa cuando nos surge el antojo de algo, eligiendo otra cosa en lugar de actuar como de costumbre o desintoxicándonos y dándole la oportunidad de regenerarse y reequilibrarse, es que hacemos un muy necesario descanso de nuestra ansiedad respecto a la comida. Respiramos profundo y nos alejamos de todo ello —antojos, comer demasiado, sentimientos de culpa, vergüenza, subidones de azúcar, aturdimiento por hidratos de carbono— y simplemente nos relajamos. Luego, cuando estamos preparadas, podemos plantearnos el tema de la comida con calma y con curiosidad.

Para ello hemos de aprender a confiar en nosotras mismas respecto a la comida. Y quiero decir confiar realmente y estar convencidas de que controlamos nuestra relación con lo que comemos, en vez de que sea a la inversa. Para ello hemos de salir de nuestra cabeza y de nuestra mente canalla, y dejar que sea nuestro cuerpo el que tome el mando. Nuestro cuerpo es sabio y tiene una increíble capacidad de autocuración, si le permitimos usarla. Para que esté fuerte, tenga poder de regeneración y un alto rendimiento, hemos de darle la comida adecuada.

Deja que tu cuerpo lleve las riendas

Ya he mencionado antes la profunda conexión que existe entre el cuerpo y la mente, y cómo los nutrimos o contaminamos, según nuestra alimentación. Cuando no comemos para obtener paz y equilibrio, estamos reforzando los bucles de hábitos negativos que nos tienen atrapadas por nuestra dependencia en patrones alimentarios poco saludables. Sabes que cuando eliminas los alimentos conflictivos de tu dieta, tu cuerpo se calmará, y a su vez calmará a tu mente. Desde ese estado de equilibrio, tu mente también podrá relajarse y distanciarse de las cosas, y —si se lo permitimos— el cuerpo podrá tomar el mando y guiarnos hacia los alimentos que realmente necesita y desea.

Es importante enfatizar este punto: nuestro cuerpo está diseñado para funcionar con eficiencia, suavidad, y desde un estado de bienestar general. Lo único que hemos de hacer es no interferir en la forma que tiene nuestro cuerpo de recobrar la salud. Una de las formas de hacer esto es escuchar su deseo de ingerir los alimentos correctos.

Para ayudar a mis clientas a que entiendan esto, les digo que se imaginen un animal salvaje y poderoso comiendo. Tanto si a tu mente le ha venido la imagen de un oso pardo deambulando por un río para atrapar a un salmón, como un pájaro recogiendo las semillas de un girasol de finales de verano, cada una de estas criaturas, sea cual sea su especie, se siente atraída naturalmente hacia los alimentos que les sientan bien. El oso pardo no espera a que salga un oso «experto» de los bosques y le diga qué pez contiene más ácidos grasos omega-3, y el pájaro no va a esperar a que su madre le diga qué semillas tienen menos hidratos de carbono. Cada uno, cada ser, sabe exactamente lo que necesita, si se relaja y confía en sí mismo.

Lo mismo nos sucede a los seres humanos.

Para encontrar nuestro camino de vuelta a la comida, primero hemos de *querer* ser personas íntegras, vivir con sinceridad y entusiasmo, y para ello hemos de confiar en nosotras mismas, en cuerpo y alma. Hemos de confiar en que nuestro cuerpo sabe lo que necesita y que compartirá esa información con nosotras si le damos el espacio y la tranquilidad que precisa para descubrirlo.

Aprender a confiar en nosotras mismas es cuestión de tiempo, de paciencia y de adoptar lo que los budistas denominan «la mente del principiante», que a mi entender significa estar dispuesta a no juzgar, y a volver a empezar siempre que haga falta. Si comes algo que no te va o que no te sienta muy bien, no pasa nada. ¡Es muy importante que sepas lo que no te conviene! Aquí no podemos cometer errores. Ni hay listas de alimentos, restricciones, prohibiciones, calorías que contar o raciones que medir; nada de eso. Sólo estás tú, con tu cuerpo sabio y tu deseo de sentirte mejor y segura de ti misma. Es así de simple.

¿Por qué comemos?

La razón más básica y primaria de por qué comemos es para tener suficiente energía para estar vivas. Ante todo, la comida es nuestro combustible. Pero, por supuesto, no es sólo eso. También es una de las mayores fuentes de placer de las que disponemos. Tan sólo por haber escrito la línea anterior todas mis papilas gustativas se han despertado, y una serie de recuerdos sensoriales de alimentos ha invadido mi mente: el cálido olor a masa cuando paso por delante de mi pizzería favorita de Nueva York en un fresco día otoñal, o el fresco sabor de un batido verde después de haber dormido profundamente toda la noche; o el olor y el sabor de la primera mora madura de la estación de verano, y al mirar hacia abajo me doy cuenta de que voy descalza por primera vez en mucho tiempo. ¡Dios mío! La comida es una fuente inagotable de placer; de verdadero placer, de placer puro y duro, de placer que nos llena de alegría.

Pero también tiene su lado oscuro, especialmente para las mujeres. Para muchas de nosotras la comida tiene también ingredientes tóxicos escondidos, como la vergüenza, el sentido de culpa y el miedo (que están presentes furtivamente, como sucede con el glutamato monosódico, en la mayoría de las comidas). Me refiero a los ingredientes emocionales que nos tientan con la misma fuerza irresistible que la mayoría de los alimentos altamente procesados que hacen que nuestro cerebro se encienda como si fuera una máquina del millón. Hemos de ser honestas con nosotras mismas respecto a la frecuencia, aunque sea falsa, con que se manifiestan estos ingredientes emocionales nocivos y malsanos. Hemos de tomar la decisión definitiva de que vamos a evitar comer alimentos que hagan que nos sintamos enfermas, despreciables, gordas, no deseables: es decir, todas las formas degradantes de autodesprecio en las que utilizamos la comida para sabotear nuestra vida. A partir de ahora vamos a despertarnos cada mañana con la resolución de que no vamos a comer sólo para nutrirnos, sino como una forma de cuidarnos. Vamos a alimentarnos por amor y con amor.

Además de satisfacer la necesidad básica de nutrirnos, hemos de hacernos esta pregunta básica: ¿por qué comemos? Yo les hago a mis clientas esta pregunta y al principio siempre les entra una especie de risita nerviosa, seguida de momentos de intenso silencio. Eso es porque la mayoría nunca nos hemos planteado esta pregunta seriamente.

¿Por qué como? Si eres sincera contigo misma, puede que comas porque te sientes sola, porque estás estresada, porque te faltan horas de sueño, porque estás sexualmente insatisfecha o quizá porque estás intentando integrarte en algún acto social importante cuando lo que en realidad necesitas es estar en casa disfrutando de tu propia compañía. La respuesta a esta pregunta es flexible porque cambia constantemente; a veces cambia varias veces al día. Para alimentarnos con cariño hemos de tener claro qué es lo que nos motiva a comer cada vez que nos llevamos algo a la boca.

No me malinterpretes: no se trata de contar calorías, ni de pesar y medir las raciones o de seguir unas directrices rígidas respecto a lo que puedes y no puedes comer. De hecho, te estoy sugiriendo que hagas justo lo *contrario*. Se trata de alejar tu atención de las influencias externas y de que te centres en ti. Se trata de que cuando lo hagas seas firme y sincera contigo misma, pero también compasiva, de modo que tu mente canalla esté totalmente excluida de esta conversación. Como es natural, intentará intervenir de vez en cuando, pero el truco es reconocer su voz negativa y sus pensamientos tóxicos y dejar que desaparezcan. Luego puedes poner tu energía mental en lo que realmente importa, que es elegir conscientemente alimentos que te ayuden a sentirte bien en tu piel.

Has de aprender a escucharte, e identificar cómo estás físicamente y emocionalmente antes de dar el primer bocado. Esto es comer conscientemente, y practicarlo te liberará.

Lo siguiente que te has de preguntar es: ¿cómo quiero sentirme con lo que voy a comer? Es decir, ¿qué estado esperas o pretendes conseguir? ¿Quieres estar más atenta? ¿Te basta con calmar la sensación de hambre en tu estómago para poder seguir con la actividad que estás realizando? ¿Quieres estar tranquila, concentrada y en paz? ¿Quieres sentirte más ligera y vital? ¿O quizá necesitas hidratarte, estar más presente y conectada? Cuando tengas claro lo que pretendes conseguir comiendo, pasarás al estado en que comer te producirá un profundo placer y tendrá mucho sentido. Porque cuando comer es un acto de autoconsciencia y de autocuidado, es un acto transformador: se vuelve divertido, se convierte en motivo de satisfacciones varias y en una fuente de amor vivificante.

Pero la comida no puede sustituir a las relaciones

Se habla mucho de los «alimentos nostálgicos» y las empresas que se dedican a su fabricación ganan miles de millones de dólares. Pero lo cierto es que los alimentos no pueden proporcionarnos el tipo de consuelo que realmente anhelamos. La comida o estresa nuestro cuerpo o lo calma nutriéndolo y dándole energía. Pero la comida no puede aportarnos consuelo emocional, eso es un privilegio de los humanos.

Es muy importante que recordemos esto siempre que sintamos esa sed existencial de calor humano que nos bloquea por sorpresa con más frecuencia de lo que queremos reconocer. Es un anhelo que todas hemos sentido alguna vez, independientemente de cuál sea nuestra situación respecto a las relaciones. Tener ganas de que te amen o de estar acompañada es una parte del alma humana a la que la mente canalla le encanta fastidiar, y esto no hace más que intensificar nuestra ansiedad respecto a la comida.

Por el contrario, cuando estamos atrapadas por emociones incómodas, hemos de ser capaces de darnos cuenta, y luego, puesto que ya no estaremos confundiendo estos complejos sentimientos con el hambre física, podremos elegir mejor nuestros alimentos. Cultivar este estado de conciencia nos permite hacer una pausa, por breve que sea, cada vez que sintamos la tentación de reaccionar a un sentimiento comiendo. Entonces podemos elegir lo que mejor satisfaga ese anhelo, como llamar a una amiga o amigo, salir a dar un paseo o pasar la noche entre las sábanas en compañía de un buen amante.

Es importante que recordemos que comer cuando estamos ansiosas o estresadas no ayuda a que nuestro cuerpo se tranquilice. Es cierto que la comida puede inducirnos a una especie de coma y disfrazar nuestra ansiedad drogando a nuestro cerebro con azúcar, pero esa paz profunda que tanto anhelas no la encuentras en el fondo de la tarrina de helado. Cuando estamos sometidas a una fuerte carga emocional, alejarnos de la comida (especialmente del alcohol o de cualquiera de los Seis Tóxicos) y hacer algo que nos resulte divertido y agradable ayuda a que nuestro corazón procese esos sentimientos y se libere de los mismos. Si enseguida vamos a anestesiarnos con la comida, nuestros sentimientos sufrirán un cortocircuito y se verán atraídos hacia un pernicioso bucle de antojos.

Para romper este ciclo hemos de digerir realmente nuestros sentimientos y ser capaces de aceptar lo que descubramos. Cuando notes que tus emociones empiezan a desbordarte, es importante que te mantengas a distancia de la tienda de comestibles, del súper de la estación de servicio, y muy especialmente de los autorrestaurantes. Ése es el momento en que has de revisar tus sentimientos. Ponte la mano en el vientre, cierra los ojos, respira profundo y pregúntate: ¿qué es lo que necesito realmente para sentirme como yo quiero? ¿Qué me está pidiendo realmente mi cuerpo sabio? El mero hecho de plantearte esta pregunta —la pregunta última que se hace una persona que se preocupa por sí misma— empezará a transformar tu relación con la comida, sin que tan siquiera hayas dado un bocado.

Entonces es cuando la desintoxicación puede ser de gran utilidad. Cuando eliminamos conscientemente ciertos alimentos de nuestra dieta, creamos un espacio en nuestro interior que nos permitirá que se produzca el cambio. Siempre utilizo esta técnica de un modo muy suave y amable. Puede ser algo tan simple como decidir no tomar alcohol en todo un mes, o carne roja durante una semana, o chocolate en el día de hoy. Con esto lo que consigo es que sientas que tu fuerza interior está al alcance de tu mano, es una señal de que realmente te cuidas al practicar ser consciente de lo que le sucede a tu cuerpo. La desintoxicación es como la burbuja del nivel del carpintero: es una forma de seguir haciendo limpieza para recobrar nuestro equilibrio.

Comer para equilibrarnos

Una de mis citas favoritas sobre la comida es la del inimitable Fran Lebowitz, que dijo una vez: «La comida es una parte importante de una dieta equilibrada». ¡Amén! La principal dificultad que tenemos la mayoría es tener claro qué es lo que se puede considerar alimento y qué es lo que no merece esa calificación. Una vez que lo tengamos claro, hemos de dejar que nuestro cuerpo aprenda qué es lo que necesita, qué cantidad y con cuánta frecuencia.

La persona que aclaró los conceptos básicos sobre la comida moderna, que supo pasar de todas las tonterías que se dicen sobre las dietas y que hizo que nos volviéramos a centrar y a hablar de la comida y del comer con sensatez y como personas adultas es el escritor Michael Pollan, autor de *El dilema del omnívoro*. La filosofía básica de Pollan respecto a la comida está claramente resumida en una especie de mantra zen: «Come, no demasiado, y principalmente verduras». De forma breve, Pollan nos recuerda que hemos de ser conscientes de qué comemos y cómo comemos, y nos indica directamente la mejor fuente de nuestra alimentación: el huerto.

La conciencia plena es la cualidad esencial que hemos de utilizar para recolectar, preparar y comer los alimentos. Cuando somos conscientes de los alimentos de una forma que yo considero que supone un cambio de 360 grados, sabemos que la decisión que tomamos cuando estamos en un eslabón de nuestra cadena alimentaria individual, afectará a las decisiones que tomaremos en otros eslabones inferiores de la misma. Por ejemplo, cuando compro en una parada del mercado de un agricultor de mi área y me llevo manzanas orgánicas en plena temporada, éste será el alimento al que recurriremos en mi casa cuando queramos tomar un tentempié. Si, por el contrario, siempre vas a la tienda que tienes cerca, lo más probable es que siempre estés picando alimentos procesados, que no son ni de lejos tan nutritivos y saludables como algo que compras en una parada de frutas y verduras del mercado o incluso en la tienda de comestibles. En resumen, es importante dónde y qué compras.

Come para ser real

Cuando Pollan habla de la comida, está hablando de cosas que proceden de fuentes naturales, no de las que salen de una caja o lata. Nos recomienda que no comamos nada que «tu bisabuela no reconocería como comida». O sea, si algo tiene una lista de ingredientes que eres incapaz de pronunciar o que no conoces del todo: no es comida. ¿Y si lo que vas a comprar es de color rosa brillante o azul eléctrico? No es comida. ¿Y si no se deteriora y no acaba floreciéndose? No es comida. Cualquier cosa que haya sido tratada en una cuba con muchos productos químicos misteriosos. Indudablemente, no es comida.

Cuando te comprometes a comer sólo alimentos de verdad, de pronto, tus opciones se simplifican mucho y son más satisfactorias. Quiero aclarar que lo que yo llamo alimentos de verdad, a veces recibe el nombre de alimentos integrales o limpios. Puede tratarse de algo que tenga el certificado de cultivo orgánico, sin pesticidas o de agricultura hidropónica, o algo que te haya dado el vecino de su huerto que abona con poso del té o del café. De lo que se trata es de que no proceda de una fábrica y que no sea de ingeniería alimentaria, sino que proceda directamente de la naturaleza.

¿Has estado alguna vez en un mercado con paradas donde venden productos traídos directamente del campo? Si has estado, sabrás lo embriagador y gratificante que es caminar entre las paradas de frutas, verduras, flores y frutos secos frescos. Después de haber dado una vuelta por el mercado siempre me siento conectada con la tierra, revitalizada y muy agradecida. Pero ¿te has fijado qué poca variedad de alimentos hay? Un supermercado está lleno de productos en cajas, envasados, procesados y refinados que pretenden ser alimentos. Pero en un mercado es diferente: sólo hay frutas y verduras frescas. O según dónde vivas y la temporada que sea, puede que también haya miel, huevos frescos, quesos de la región y carnes de animales criados en libertad. Esto es comida de verdad. Es sencilla, pero está cargada de nutrientes, sabor, textura y aroma. Cuando te comprometes a comer comida sana, es que ya has dado un gran paso —una acción importante y significativa— para cuidarte mejor. Cuando tomes la decisión de que vas a hacer todo lo que puedas, incluso ir a un sitio para comprar cada cosa, para llenar tu despensa con los productos más frescos que puedas encontrar, el resto de productos alimentarios dejará de seducirte.

Elige alimentos que satisfagan tus deseos

Hacer la compra tiene mala fama. Se ha convertido en una tarea más, que la mayoría tememos, y opino que es porque, en general, no la hemos anotado en nuestra agenda como algo importante. Es normal aconsejar que nos planifiquemos unas horas para hacer ejercicio, como planificamos una reunión importante, pero nunca he oído a nadie que aconsejara que planificaras un día y una hora para ir a hacer la compra, con ese mismo sentido de que sea algo prioritario, que nos divierta y nos llene. Pues bien, a mí me gustaría sugerirte que empezaras a hacerlo.

Es importante que vayas a comprar cuando no estés cansada, disgustada o hambrienta. Lo mejor es ir a hacer la compra cuando estés descansada, tranquila y atenta; o sea, como te gustaría estar para una reunión importante con tu jefe. Ponte algo con lo que te sientas bien, en lugar de ir con un chándal viejo. Echa un vistazo a tu alrededor. ¿Tienes algún mercado al aire libre, tienda *gourmet*, tienda de productos étnicos, cooperativas agrícolas (donde pagas una cuota directamente al agricultor al principio de la temporada para que te suministre regularmente productos frescos)? Hay muchos lugares estupendos para comprar comida que no son las tiendas de comestibles, pero ¡las tiendas de comestibles también son fantásticas! Quiero decir que a mí me encanta la cadena de tiendas de productos naturales Whole Foods como a la que más. El truco está en mantenernos alejadas de las latas y cajas, y dirigirnos a las zonas donde se pueden escoger, oler, pesar y seleccionar los productos frescos.

Cuando salgas a comprar, no importa dónde, pregúntate: ¿qué alimento me sentará realmente bien? Y luego puedes desglosar más la pregunta: ¿qué alimento me dará energía, me relajará, o aumentará mi atención, sin ponerme nerviosa? Sigue planteándote éstas y otras preguntas importantes sobre cómo quieres sentirte cuando comas algo que estás a punto de comprar, y pasa de cualquier alimento que sepas que no te va a proporcionar el estado que tú deseas.

Aquí tienes un maravilloso ejemplo de una de mis clientas que está aprendiendo a hacer esto. Pamela solía alimentarse de entrantes «sin grasa» congelados. Trabajaba muchísimo, tenía nada menos que dos trabajos a tiempo completo, pero su mayor deseo era acabar de pagar sus préstamos de estudios. Puesto que trabajaba casi setenta horas a la semana, lo único que podía hacer cuando tenía la nevera vacía era ir medio a rastras al supermercado más próximo. Cuando llegaba allí, se había hecho bastante tarde, estaba exhausta y famélica, y sólo le quedaban fuerzas para llegar hasta la nevera de las comidas congeladas, coger un puñado de la primera marca de cenas dietéticas que estuvieran expuestas y ponerlas en el carro. Luego pasaba su tarjeta de crédito, ponía la comida en una bolsa, terminaba su recorrido en coche hasta casa y colocaba lo que había comprado en el congelador.

Todas las noches, y lo digo literalmente, porque solía cenar después de las nueve de la noche, Pam ponía en el microondas alguno de esos platos preparados y se lo engullía de pie en la encimera de la cocina. Acto seguido se desplomaba sobre la cama. No disfrutaba nada comiendo. No disfrutaba de los alimentos. Se quedaba dormida sintiéndose hinchada y pesada y se despertaba cansada y con hambre. Me dijo que sentía como si se estuviera envenenando, pero no sabía qué otra cosa podía hacer.

Empezamos ciñéndonos al mismo horario de compras, pero le prohibí comprar congelados. Le sugerí que comprara comida fresca. Esto le provocó una reacción inmediata: «No me voy a poner a cocinar a las nueve de la noche». Le dije que no quería que cocinara, sólo que comiera algo que fuera nutritivo y que satisficiera sus deseos. Incluso me ofrecí para acompañarla al supermercado... antes de las once de la noche, puesto que no hay nada en el mundo que pueda mantenerme despierta más tarde de esa hora. Entonces se dio cuenta de que le estaba hablando muy en serio, y me dijo que no era necesario que fuera con ella, pero quedamos en que yo la acompañaría por teléfono a hacer su compra.

Esa noche, cuando fue a comprar, se sentía de otro modo, ahora tenía una cómplice, alguien con quien explorar los alimentos, y esto le ayudó a implicarse más en lo que estaba haciendo, en vez de tomárselo como otra tediosa tarea más. Le indiqué que fuera directamente a la sección de verduras y que me dijera qué era lo que tenían en la zona de las ensaladas preparadas. ¡Hay muchas opciones! Se decidió por la Mezcla de Primavera Toscana, era una bolsa con verduras orgánicas y hierbas frescas con tres lavados y lista para comer. Antes de que abandonara esa sección, le pedí que cogiera dos plátanos, dos manzanas y dos naranjas.

A continuación, nos dirigimos hacia donde estaban los frutos secos y las frutas secas. Allí cogió una bolsa de nueces pecanas y una bolsita de arándanos rojos secos. La última parada era la zona de los lácteos, donde le dije que comprara queso feta.

—Ya estás —le dije, y se fue hacia la caja.

—Bueno, esto me ha salido mucho más barato, y ¡la bolsa pesa menos que de costumbre! Pero ¿sabes qué?, siento que he comprado mucha más comida —recalcó mientras se dirigía hacia su coche.

Y era verdad.

Terminamos la conversación hablando del tema de que lo único que tenía que hacer era poner la ensalada preparada en un cuenco, añadirle algunos frutos secos y arándanos rojos, luego echarle un poco de queso feta, un poco de sal, pimienta y un chorrito de aceite de oliva. Le dije que incluso podía cortar una manzana a rodajas o un aguacate y agregarlo a la mezcla. Hacer todo esto no le llevaría más tiempo del que tardaba en calentarse uno de sus platos congelados en el microondas. Le pedí que me llamara al día siguiente cuando tuviera un momento libre.

—Hola, Alex. ¡Gracias por ayudarme a hacer la compra! Mi ensalada estaba exquisita. Cuando me fui a la cama me encontraba de maravilla y esta mañana me he despertado renovada y fresca por primera vez en…

Esperé a que me respondiera.

—Bueno, he de tomarme esto en serio.

—¿Tomarte en serio qué? —le pregunté.

—A mí. Mi salud. Lo que como.

Entonces me di cuenta de que Pamela iba por buen camino. Empezaba a entablar una relación sincera y seria con la comida. Seguí asesorándola y al cabo de un tiempo encontró el momento para empezar a cocinar, y descubrió algo que saben la mayoría de los cocineros: cocinar es relajante. Pero para ello primero tuvo que acondicionar su cocina para poder disfrutar tanto de la preparación como de la degustación de sus comidas.

La cocina es un espacio sagrado

Siempre me desconcierta el hecho de que hay personas que se gastan un dineral en reformar su cocina, para luego llenarla de frascos, latas, bolsas, cajas y bricks, los mismos alimentos nocivos que abarrotaban la cocina antigua. Aquí es cuando ser conscientes puede volver a redimirnos de nuestros viejos hábitos. Pasamos mucho tiempo fantaseando sobre cómo queremos que sea nuestra cocina: qué tipo de electrodomésticos queremos comprar, qué tipo de baldosas quedarán mejor, etc. Pero pocas personas dedican su tiempo a visualizar qué van a cocinar en ese extraordinario y nuevo horno digno de un chef o qué van a almacenar en la espléndida nevera de acero inoxidable de última generación.

No necesitas una cocina como las que salen en la revista *Architectural Digest* para darte cuenta de que dondequiera que prepares la comida es un lugar sagrado. Lo sé por experiencia propia con mi primera cocina en Nueva York. Mi pareja y yo vivíamos en un pequeño estudio de un solo espacio, en el barrio de East Village, que por aquel entonces todavía no se había aburguesado. Era un quinto piso sin ascensor, y la ducha y la bañera estaban casi en la cocina, que tenía la cocina de cuatro fuegos más pequeña que he visto en mi vida. El horno no daba para más de una bandeja de la mitad del tamaño de las habituales, parecía un horno de muñecas. Junto a éste estaba el único fregadero del apartamento. Ni siquiera había encimeras para trabajar. En aquellos tiempos estaba en la escuela de cocina, y mi compañero era un productor de cine en ciernes, así que nos pusimos manos a la obra, unimos nuestras venas creativas y fabricamos estantes, pusimos ganchos para colgar e hicimos encimeras con una plancha de acero inoxidable.

En ese espacio es donde se produjo la magia. En esa cocina me enamoré del arte de cocinar, fue donde creé y probé todas las recetas de mi primer libro. Empecé a confiar en mi relación con la comida real, y aprendí a relajarme y a dejarme guiar por mi cuerpo.

Fui capaz de trabajar en ese reducido espacio del tamaño de un dedal, porque era imposible almacenar cosas. Esa cocina era tan diminuta que sólo podía comprar lo que iba a cocinar ese día, de lo contrario, no me cabría en la mininevera que teníamos en una esquina de nuestro hogar de 37 metros cuadrados. Cuando las cosas son tan sencillas, parece que se abre todo un universo de opciones y pueden suceder cosas realmente maravillosas, como así fue. Esta cocina fue mi espacio sagrado. Sentía un profundo respeto por lo que hacía en ella y me compré un buen cuchillo, varias ollas y sartenes de calidad, y unos cuantos utensilios imprescindibles. Intentaba hacerlo todo con los ingredientes frescos que encontraba, y me encantaba mezclar sabores y aromas, me sentía orgullosa de lo que creaba en ese espacio. Para mí, estar en la cocina es estar en casa.

Desintoxica tu cocina

Cuando he de ayudar a mis clientas (y familiares y amigos) a que encuentren su lugar en su cocina, soy tan estricta como Supernanny y el implacable Simon Cowell. ¡Nada me entusiasma más que un armario de cocina lleno de productos con fechas de caducidad! Tengo fama de no mirar apenas el reverso de la caja, porque cuando veo que la lista de ingredientes supera las dos líneas, enseguida te puedo decir que, sea lo que sea lo que haya dentro, ya lo puedes tirar. Michael Pollan está de acuerdo conmigo en esto: nos recomienda que nos olvidemos de los alimentos que contengan más de cinco ingredientes. A veces he tenido que contenerme para no apartar a la clienta y tirar a una bolsa de basura de un solo barrido todos los productos de los estantes, este tipo de limpieza es algo que cada cual ha de hacer por sí mismo.

Recuerdo que tuve una clienta que se llamaba Vivian, que le entusiasmaba tanto como a mí eso de limpiar la cocina.

—Esto es como un episodio de *Obsesivos compulsivos*, ¡aunque con la comida! —me dijo con alegría—. Pero cuando empezamos, tenía muchos problemas para desprenderse de las cosas, aunque supiera que no le hacían falta. Nos topamos con este muro de profunda resistencia cuando llegamos a una pila de cajas de mezcla para hacer brownies que estaba al fondo del estante. Todavía no habían caducado, así que fueron a parar a la pila de latas y alimentos envasados que Vivian tendría que llevar al banco de comida de su barrio cuando hubiéramos terminado con la limpieza.

Le pregunté por qué le costaba tanto deshacerse de esas cosas, puesto que hacía meses que ya había eliminado el azúcar y los procesados de bollería.

—Me recuerdan a mi madre —respondió.

Luego me explicó que su madre utilizaba la misma marca para hacerle brownies cuando estaba enferma de pequeña. Hacía ya algunos años que su madre había muerto, y reconoció que tener esas cajas —aunque sólo fuera para mirarlas— hacía que sintiera a su madre más cerca.

—¿Y si le sacas una foto a la caja con tu teléfono móvil? —le sugerí.

Le encantó esta idea, sacó una foto de la caja, y la puso junto con el resto de los alimentos que iba a donar. Enseguida habíamos vaciado y limpiado los armarios, e incluso pudimos limpiar su nevera, lanzamos por la borda botellas a medio llenar y tarros que no se veían que estaban en la puerta del refrigerador. Durante el tiempo que estuvimos trabajando juntas, me enteré de muchas cosas sobre Vivian, ya que me obsequió con fragmentos realmente interesantes de su historia con la comida. Al final, esta limpieza de la cocina resultó ser una experiencia que nos unió mucho. ¿Qué fue lo mejor de todo? La cocina de Vivian estaba limpia y descargada, se podía relajar y entretener en ella.

Descubre el placer de cocinar

Las personas a las que les encanta comer siempre son las mejores.
JULIA CHILD

Cuando yo era pequeña, a mi madre le encantaba mirar el programa de Julia Child en la televisión, no sólo porque aprendía más de un truco culinario, sino porque a Julia siempre se la veía exultante detrás de su encimera de trabajo. Su voz transmitía su alegría y tenía un gran sentido del humor, incluso a veces un poco picante. En aquella época también había otro chef en la televisión, un hombre que se hacía llamar el Gourmet Galopante, y que andaba pavoneándose por su cocina con un vaso de vino que rellenaba continuamente. Al final de los episodios era evidente de que el vino se le había subido a la cabeza y sus carcajadas le delataban.

Comparemos aquellos programas de cocina antiguos con los que se hacen ahora. La mayoría son concursos, donde los participantes han de preparar algo absurdamente complicado con ingredientes exóticos difíciles de encontrar, mientras que algún chef sádico califica su esfuerzo. Me refiero a que ¿dónde está aquella Julia que se hizo famosa por caérsele un pollo al suelo, recogerlo y seguir con el programa como si nada, cuando la necesitas? Cocinar no ha de ser una tortura. O al menos no debería serlo. Pero hay muchas personas que lo ven de ese modo, lo cual no tiene mucho sentido, dado cuánto nos gusta a todos comer.

Luego viene la excusa de que estamos muy ocupadas y que cocinar supone mucha molestia: es difícil, lleva tiempo, ensucias mucho..., como si te estuviera oyendo. Es cierto que puede implicar todas esas cosas. Pero también es una actividad energética de primer orden y capaz de satisfacer nuestros deseos. Cuando cocinamos estamos creando una especie de magia para invocar algo delicioso, nutritivo y terapéutico. De las cosas sencillas, surge todo un universo de posibilidades y de placer, especialmente cuando descubres que te gusta estar en la cocina. Además, cocinar es la destreza más importante de la vida; si sabes cocinar siempre tendrás una misión importante, podrás expresar tu amor y gratitud de formas prácticas, y alimentarte tú y alimentar a los demás de maneras deliciosas.

Cocinar también es un arte que se desarrolla con la práctica y con el tiempo. Si tocas un instrumento musical o practicas algún otro talento artístico, sabrás a qué me refiero: una vez has asimilado lo básico y empiezas a adquirir confianza, entras en el mundo de la improvisación y de la creatividad, entonces cocinar se convierte en una expresión singular y única de tu identidad como persona.

Cuando cocinamos para nosotras y para los demás, nuestra gran atención y devoción infunde integridad propia a lo que estamos preparando. Eso se debe a que cuando cocinamos —si realmente lo hacemos con entrega— estamos totalmente presentes y conscientes de cada paso que damos en el proceso. Estar en la cocina, trabajar sola o con alguien, es un acto de devoción. Es una forma de alabar los buenos ingredientes, buenos instrumentos y a las buenas personas a las que vamos a alimentar. Cuando estoy realmente en esa zona, me siento como una diosa, y me encanta ese sentimiento.

Me he dado cuenta de que donde mejor consigo ese estado de fluidez es en la cocina. No puedo describirlo, pero cuando estoy troceando ingredientes frescos y bellos, o cuando estoy removiendo el contenido de una olla, mis manos y mi corazón sintonizan de una forma profundamente satisfactoria que para mí sólo es comparable con hacer el amor. Cuando estoy perdida en una receta y me aparto de la estructura segura que ésta me proporciona, invento algo nuevo, entonces entro en una agradable y poderosa zona que me aporta un grado de realización personal difícilmente superable. Es emocionante, vivificante, potente. Y lo único que pretendo es que mis clientas experimenten esta misma alegría.

Una de las cosas que más me gustan de cocinar es que la cocina es enemiga de la perfección. Intentar ser «perfecta» es una meta absurda que ha perjudicado y preocupado a las mujeres durante demasiado tiempo. Cocinar no es una ciencia exacta, es como la vida: a veces se te quema; a veces una masa no se levanta; a veces nos sale demasiado picante, y a veces demasiado soso. Hacer la comida es como hacer un castillo de arena: trabajas y admiras tu obra, y de pronto, ¡puf! Ha desaparecido.

Pero cuando cocinas bien, el recuerdo de una buena comida, o de una manzana exquisita, o de un trocito de chocolate sublime, queda almacenado en tus células. Entonces es cuando la comida se convierte en tu cuerpo; se convierte en parte de tu memoria celular y te da forma.

Reverenda Debi

Tengo una clienta, la encantadora y alegre reverenda Debi, que es una misionera con un gran corazón. También ha sufrido problemas digestivos durante muchos años. Cuando la conocí, le habían extirpado una gran parte de intestino delgado y su aparato digestivo era extraordinariamente lento e hipersensible. Debi me pidió que la ayudara a descubrir qué alimentos podía tolerar y que le aportaran los nutrientes que tanto necesitaba.

Poco a poco fuimos introduciendo cosas como cereales integrales previamente puestos en remojo la noche anterior (esto les quita la acidez), buey orgánico criado con pasto, hígado y salmón salvaje por sus grasas saludables y gran contenido de nutrientes. Le enseñé a prepararse batidos verdes revitalizantes con *bok choy*, guisantes, manzanas y otros alimentos nutritivos que su delicado sistema digestivo podría asimilar.

Debi era una buena alumna y estaba muy contenta con lo bien que le sentaban estas nuevas y deliciosas opciones alimentarias. Pero lo que más le gustaba era lo que disfrutaba preparándolas en su nueva habitación favorita: su cocina.

«He seguido al pie de la letra tu consejo de relacionarme con la comida sin juzgarla y con intención de curarme —me dijo—. Ahora sí que estoy convencida de que la comida está de mi parte. Gracias a esto mi tabla de cortar es como un altar para mí, un lugar donde realizo un trabajo sagrado. Quiero honrar a mi comida, así que he tirado todos los envases de plástico que no hacían más que ocupar espacio y los he sustituido por saludables recipientes de vidrio. Me he deshecho de todo aquello que no ensalza la belleza de mi obra.»

Hablamos sobre cómo se comía lo que preparaba, y me explicó que, aunque vivía sola, ponía la mesa cada noche, encendía una vela, repetía una oración y saboreaba su cena.

«Es mi momento para cuidarme, Alex. La cena es cuando celebro quién soy, introduciendo algo realmente saludable e integral en mi cuerpo.»

Desde que ha cambiado su dieta y su relación con la comida, se ha vuelto más sociable y ha trasladado lo que ha aprendido sobre cómo le afectan ciertos alimentos al mundo exterior. Ha recuperado la fuerza para rechazar ciertos platos (incluso los fritos que le encantaban y que los tomaba desde la infancia) y ponerse límites respecto a la comida. Le ha dado una energía tremenda y ha empezado a organizar sus propias cenas íntimas de celebración en su encantadora y regia mesa de comedor.

«Compartir la mesa con tus seres queridos es muy hermoso —me dijo hace poco—. Es una afirmación de la vida.»

Debi comprendió lo que intento transmitir a todas las mujeres, que es que la forma en que nos alimentamos es una expresión externa de nuestra relación con nosotras mismas. Hemos de estar convencidas de que nos merecemos la buena alimentación, que sólo la comida saludable y auténtica puede ofrecernos, y que somos dignas de crearla y compartirla con nosotras mismas y con nuestros seres queridos.

Aprender a descubrir los alimentos que mejor nos sientan, prepararlos, relajarnos y desintoxicarnos del resto del mundo, a la vez que disfrutamos con nuestras comidas, son habilidades que requieren su tiempo. No es un proceso lineal, ni hay una meta que alcanzar. Sólo estás tú, la comida y tu deseo de cuidarte lo mejor posible.

Cuando veas la comida con gratitud y curiosidad, y escuches atentamente a tu cuerpo, descubrirás una forma de comer que te inspirará y te nutrirá.

Para conocer estrategias de desintoxicación para tu cocina, visita:

www.AlexandraJamieson.com/WFDbonus

12

POR QUÉ TE LIBERA EL DESEO

> *Nuestro mayor temor no es no estar a la altura. Nuestro mayor temor es nuestra extraordinaria fuerza que sobrepasa cualquier límite. Es nuestra luz, no nuestra oscuridad, lo que más nos asusta. Nos preguntamos: ¿quién soy yo para considerarme brillante, espléndida, talentosa y fabulosa? En realidad, ¿quién eres tú para no considerarte así?*
>
> MARIANNE WILLIAMSON

Pero primero tenemos miedo

La primera vez que leí esta cita de Marianne Williamson (que muchas veces se atribuye a Nelson Mandela, otro de mis héroes que jamás renunció a su deseo de libertad), tuve un flash, porque yo he experimentado en primera persona lo aterrador que puede ser descubrir tu verdad. Para identificar nuestros deseos y actuar hace falta tener agallas; has de tomar la decisión de que te importa más cuidarte que lo que puedan decir los demás.

Esto es lo que me sucedió a mí cuando empecé a aceptar y a respetar mi sexualidad. Esta etapa de mi maravilloso despertar erótico se produjo después de mi traumático y doloroso divorcio. Mi ruptura matrimonial despertó mi inseguridad respecto a mi atractivo sexual como pareja y a mi derecho a sentirme sexualmente realizada. A pesar de mi miedo a volver a tener relaciones íntimas con un hombre y de mi desconfianza en el sexo opuesto, volví a salir al ruedo y empecé a tener citas, y descubrí que podía examinar y explorar mis necesidades sexuales flirteando, besando, abrazando, y —cuando me sentí más segura de mí misma y se dieron las circunstancias apropiadas— teniendo relaciones sexuales increíbles, calientes y terapéuticas con nuevas parejas. Empecé a entender lo que necesitaba para sentirme lo bastante segura para confiar en mi sexualidad, en mis deseos sexuales e identificar qué cualidades necesitaba realmente en una pareja sexual.

Lo curioso fue que a medida que aumentaba mi confianza sexual, los hombres con los que salía se fueron volviendo más recelosos y desconfiados. Querían que siempre les estuviera confirmando que les encontraba atractivos, y los últimos hombres con los que salí, antes de encontrar a mi pareja actual querían que les asegurara que no me acostaría con otros hombres. Esos hombres querían que fuera monógama con ellos, aunque yo tenía claro que mi realidad de aquellos momentos eran las citas sin ningún compromiso. Cuando me negué a sus peticiones, varios de ellos dejaron de responder a mis llamadas, mientras otros al principio reaccionaron negativamente. Pero luego se dieron cuenta de que no tenían derecho a juzgarme (¡puesto que apenas me conocían!), así que esas relaciones terminaron sin demasiado drama. Al final, lo único en lo que estaba de acuerdo con esas parejas era en que no estábamos de acuerdo en cómo veíamos nuestra sexualidad y nuestros cuerpos.

Había entrado en el mundo del deseo sexual sano, donde el placer personal era lo más importante. No pretendía aprovecharme o perjudicar a nadie, sino descubrir lo que quería y aprender a pedirlo. La finalidad era saber poner unos límites saludables, el consentimiento mutuo, el juego lujurioso y pasárselo bien. Sólo pretendía encontrar satisfacción en mí misma, y al reconocer mi deseo, podía complacer y satisfacer a los demás.

Empecé a darme cuenta de que respetar el deseo era la clave para cualquier relación sexual saludable.

Cuando se afianzó mi relación con Bob, mi atractivo novio, otro deseo contra el que había estado luchando e intentando acallar, consiguió abrirse camino a través de mi mente y de mi cuerpo, exigiéndome que lo satisficiera. Hacía dos años que mi cuerpo me había estado pidiendo carne, huevos y otros productos de origen animal. Como ya sabes, había sido vegana durante más de una década, y me había formado profesionalmente como chef vegana y asesora de salud holística abierta al veganismo (aunque curiosamente, la mayor parte de mis clientas no eran veganas, sin embargo, pude guiarlas con éxito hasta que encontraron la dieta que mejor les sentaba). Pero cuando mi cuerpo empezó a descomponerse, antes de que le concediera lo que realmente necesitaba, estaba tan avergonzada y me sentía tan culpable que escondía mis apetitos a todo el mundo, incluidos mi pareja y mi hijo.

La verdad es que tenía miedo de decepcionar a la gente; de abandonar de algún modo a mi tribu de guerreros de la salud, a mis clientas, o a cualquiera que se hubiera inspirado en mi trabajo cuando era vegana. Pero ante todo temía ser juzgada; tenía miedo de que al hacer este tipo de cambio pudiera parecer menos agradable, menos creíble o menos de confianza, así que oculté mis deseos. Pero hasta que no empecé a darme cuenta de lo nocivos que eran estos temores no pude aceptar y respetar estos deseos, porque en el fondo sabía que satisfacer mi deseo, darle a mi cuerpo lo que le apetecía y me estaba pidiendo desesperadamente, me convertiría en una persona más fiable, sincera, auténtica y mucho más de confianza para todas las personas que me rodeaban.

Así que empecé a comer huevos de gallinas de granja criadas en libertad, de alguna zona de proximidad, carnes de animales alimentados con pasto, pescado salvaje, para ingerir más ácidos grasos omega-3 saludables y evitar los peligros de comer productos de animales de granjas industriales, que contienen gérmenes inmunes a los antibióticos. Pero aun así no dije nada a nadie, ni siquiera a mis compañeras y compañeros de profesión más allegados. Y es porque en el fondo sabía que sería criticada y relegada por cambiar mi vida al cambiar mi dieta.

Pero lo cierto es que no estaba preparada en absoluto para lo que sucedió después.

El cambio asusta, pero una mujer poderosa asusta más

Cuando dejé de ser vegana, mis viejos amigos y amigas dejaron de hablarme, antiguos compañeros y compañeras de profesión me dieron la espalda, y empecé a recibir un aluvión de mensajes perversos y abominables a través de las redes sociales que superaban todo lo que había experimentado en mi vida hasta y desde entonces. ¡Algunos veganos extremistas hasta desearon verme muerta! No estaba preparada para ese ataque y no negaré que me afectó emocionalmente. Esos primeros días lloré mucho y sollocé bajo las sábanas de mi cama, hasta tal punto me afectó esa respuesta inicial.

Pero un buen día me llegó un correo electrónico en el que me felicitaban por haber sido tan valiente. Luego otro, y otro... empecé a recibir SMS, correos electrónicos, tuits y mensajes en mi página de Facebook, dándome las gracias por haber tenido el valor de hacer lo que sentía y haber sido sincera, y muy especialmente, por haber soportado tantas críticas. La marea de seguidores que empezó a extenderse después de que mis detractores hubieran manifestado sus perversas burlas, me elevó y me sacó del miedo y de la duda que tanto me habían bloqueado, no tardé en descubrir que el resultado de ser tan sincera y transparente era que me sentía mucho más ligera, calmada y llena de energía. En resumen, descubrí que la sinceridad me liberó. Y esta libertad era agradable. Fantástica.

Desde mi experiencia de hacer pública mi decisión, otras «celebridades» del veganismo me han confesado que también habían necesitado volver a incluir la carne en su dieta, pero que no estaban preparadas para anunciarlo públicamente a sus lectores y a sus seguidores. Tenían miedo de que les fuera mal su negocio, de perder credibilidad, de ser expulsadas de su comunidad. Entendía perfectamente su reticencia; yo tardé dos años desde mi primer antojo en hacer el anuncio oficial, a través de un vídeo que colgué en YouTube, donde confesaba mi evolución en la dieta. Me costó mucho encontrar el valor para decir lo que sentía en voz alta. Leer el impactante libro de Brené Brown, *Frágil, el poder de la vulnerabilidad*, me ayudó a entender que la vulnerabilidad es una fortaleza, no una debilidad. Cuando por fin logré sincerarme, me di cuenta de que fue lo mejor que había hecho en mi vida por mí misma.

Comparto esta experiencia porque quisiera que entendieras que concederte *tiempo* cuando estás intentando sintonizar con tus deseos es de vital importancia. Es esencial que seas amable contigo misma, y parte de esta generosidad has de expresarla no presionándote. Este proceso interno y personal, puede ser lento o inmediato, es algo tan personal como tú misma, y parte de esa autoliberación profunda que surge de encontrar la forma de expresar tus más profundos y sentidos deseos, se produce en esta etapa en la que has de ser muy paciente. Darte el tiempo y el espacio que necesitas para perseguir tu estrategia es fundamental para que se produzca cualquier cambio verdaderamente significativo. En mi práctica privada, me he dado cuenta de que mis clientas son muy duras con ellas mismas respecto al tiempo, suelen culpabilizarse si no lo consiguen enseguida. Tengo que asegurarles que la mejor forma de conseguir cambios duraderos que mejoran nuestra vida es tomándose las cosas con calma y equivocándose.

Ser capaz de reconocer tus propios deseos es la culminación del viaje del héroe. Las mujeres fuertes e independientes de todas las épocas nos han guiado con su ejemplo, demostrándonos cómo se vive con integridad y sin negar lo que es primordial, esencial y natural para cada una. Pero a las mujeres siempre nos ha salido caro conectar realmente con nuestros deseos. Nuestros antojos y deseos pueden ser percibidos como una amenaza, en vez de como un don de la vida.

Todo empezó con Eva

Basta con que nos remitamos a la Biblia y a la historia de Adán y Eva para comprobar que los deseos de las mujeres se han etiquetado como peligrosos o malos. Lo único que hizo Eva fue coger una manzana, para algo muy simple y natural, alimentarse y conocer. Lo único que quería era estar satisfecha. Quería energizarse a través de la experiencia. Y este anhelo la llevó al deseo de alimentarse con algo sano, fresco y real. Venga: ¿qué tiene eso de malo? Luego resultó que el acto de coger la manzana había sido un acto egoísta, para el que el mundo todavía no estaba preparado. Esta acción tan simple fue considerada una amenaza por la autoridad patriarcal de Dios de los tiempos en que se escribió la Biblia, y cualquiera que fuera la razón, los poderosos de la época creyeron que debían equiparar el hambre y la pasión naturales de Eva con el concepto de «pecado». Es decir, Eva fue considerada una pecadora por querer cuidarse. ¿Te recuerda algo?

En ese momento de hambre, Eva se sentía tan bien y a gusto en su propia piel que se acercó a ese árbol desnuda como un bebé. Vale la pena que recordemos que su amante y pareja sexual, Adán, también iba desnudo, y que ninguno de los dos parecía tener ningún tipo de prejuicio, como avergonzarse de su cuerpo. Adán era sin duda un ser iluminado porque secundó a Eva en su deseo, y al igual que ella, quería probar esa deliciosa y madura manzana. Nos hemos pasado los últimos milenios intentando regresar a ese estado de libertad inocente, abierta, desnuda y pura. Intentando regresar a ese jardín.

Si contemplamos la historia de Adán y Eva bajo esta perspectiva, podríamos equiparar a Dios con la gran maquinaria de la alimentación industrial, que les está apartando de los alimentos orgánicos y de la sexualidad sana que necesitan para sentirse libres en sus cuerpos. Es imposible no querer a Eva porque fue la primera feminista molesta. La primera en reclamar un placer real y nutritivo.

Me gustaría poder decir que las cosas han mejorado realmente para nosotras desde que se escribió la historia de Eva, pero sólo estamos llegando al punto en que una mujer que expresa sus más profundos deseos —tanto si implican comida, sexo, familia o juego— no es criticada o juzgada inmediatamente. Pero todavía nos queda un largo camino por delante. Incluso hoy en día, con demasiada frecuencia, cuando una mujer expresa sus deseos provoca un gran revuelo. A lo que he de añadir ¡que las críticas más duras suelen venir de otras mujeres! Y yo quiero ponerle fin a esto. Y esto terminará cuando cada mujer se comprometa a dejar de juzgarse a sí misma y a las demás con tanta dureza. Pero hasta que lo consigamos, el mero hecho de dar un paso hacia el deseo, hacia nuestro estado natural más puro, sigue siendo para las mujeres tanto individual como colectivamente, un primer paso radical y muy necesario.

Estoy segura de que cuanto más nos apoyemos unas a otras en descubrir y expresar nuestros deseos sin avergonzarnos, más fácil nos resultará a todas, y mejor podremos satisfacerlos. Cuando pongamos en práctica esta idea de apoyarnos mutuamente de verdad, empezarán a suceder cosas maravillosas por todas partes. El poder femenino es el recurso natural sin explotar más grande que tenemos, y cada vez que una mujer realiza su deseo, esa energía fluye hacia el mundo y hace que éste sea un poco mejor. Imagina el poder que se desataría si dejáramos de concentrarnos en lo que marca la báscula o de preguntarnos si somos lo bastante buenas o merecedoras para algo. Conectar con el deseo nos ayuda a superar estas limitaciones y a pasar a la acción.

No es necesario que lo hagas sola

De hecho, no quiero que lo hagas sola. Es muy importante que tengas el tipo de personas comprensivas y amables a tu lado cuando estás aprendiendo a identificar y a expresar tus deseos. Albert Einstein le preguntó una vez a su compañero de laboratorio Niels Bohr, si creía que la luna seguía estando cuando nadie la veía. Le estaba poniendo un ejemplo de que algo puede existir, aunque no lo veamos. Estoy de acuerdo con esto..., ¡pero sigo queriendo ver esa enorme bola brillante de la luna! Esa vieja luna que hace que las mareas se sincronicen con el movimiento del planeta, la que regula los ritmos hormonales, la que cuando está llena, es una gran metáfora de lo que le sucede a la mujer cuando realiza sus deseos. Porque siempre que una mujer encuentra el valor para actuar sobre su deseo, el resto del mundo se beneficia de su acto de osadía, por silencioso o privado que éste sea. Cada vez que una mujer pide un aumento de sueldo, pone fin a un matrimonio que no funcionaba; o se compromete a comer sólo alimentos orgánicos y saludables; cada vez que una de nosotras emprende una acción para mejorar su salud, bienestar y felicidad, no sólo mejora la salud y el bienestar de todos los demás seres del planeta, sino que con su ejemplo, *autoriza* a las demás mujeres a que satisfagan sus antojos para que su vida tenga más sentido y vitalidad.

Los seres humanos somos criaturas tribales. Estamos hechos para estar en contacto con los demás, a través de la familia, la pareja, las comunidades o las empresas. Estamos hechos para ayudarnos a evolucionar los unos a los otros, para ayudarnos a realizar nuestros sueños. Eso es lo que alimenta el deseo: el deseo de ser miembros vitales, útiles y apreciados de nuestras comunidades. Cuando tenemos el amor y apoyo genuino de nuestros seres queridos, todas somos capaces de ser la mejor persona posible, de convertirnos en nuestra mejor versión de nosotras mismas.

Pero a veces eso implica que tendremos que prepararnos para encontrar a nuestra tribu. Puede que tengamos que recurrir a algún terapeuta, contratar a un *coach*, apuntarnos a un gimnasio nuevo, encontrar un mentor o hablar con las madres del otro lado de la zona de recreo, para encontrar personas que estén dispuestas a vernos con ojos nuevos y una mente abierta. O a veces simplemente tendremos que arriesgarnos a que los que ya nos conocen y aman nos vean con ojos nuevos;

puede que tengas que encontrar el valor para abordar una conversación delicada, en la que quieres decirle a un ser querido que no estás recibiendo el tipo de apoyo que tú necesitas. Por experiencia propia sé que estas conversaciones cambian la energía que se mueve a nuestro alrededor de un modo que siempre es extraordinariamente beneficioso, aunque durante su transcurso puede que nosotras o la otra persona nos sintamos algo incómodas. Hemos de encontrar personas que aprueben nuestros deseos, pero que no se sientan impulsadas a interferir en nuestros intentos para satisfacerlos.

Nos amamos mejor los unos a los otros cuando podemos valernos por nosotros mismos, ser fuertes e independientes, y cuando estamos amigablemente separados. Para que cualquiera de nuestros deseos se haga realidad, éstos necesitan espacio y tiempo. Necesitan sitio para germinar (el deseo empieza con un anhelo, una oración, una idea, una chispa de creatividad) y crece, y esto sólo puede suceder dentro del cuerpo y el alma de una mujer que se permite desarrollar sus deseos sin poner trabas. Si la agobiamos, la acosamos o dudamos de ella corremos el riesgo de proyectar nuestras propias sombras sobre esos deseos incipientes y que nunca lleguen a ver la luz que necesitan para que realmente pueda desarrollarse su potencial.

De modo que, aunque hemos de saber que somos amadas, no podemos esperar que los otros satisfagan nuestros deseos; estos últimos son nuestros para que podamos poseerlos, expresarlos y saborearlos. De vez en cuando, me encuentro con este tipo de transferencia con clientas que empiezan a venir con mucha motivación y energía, pero que por alguna razón inexplicable, en alguna parte del proceso de nuestro trabajo juntas, (inconscientemente) empiezan a proyectar todas sus expectativas sobre mí y luego dejan de actuar. Yo observo con impotencia que comienzan sutilmente a abandonarse, y en su lugar empiezan a esperar. Esperan a que yo haga algo o les diga la fórmula perfecta; cualquier cosa que las ayude a acercarse a la consecución de sus metas.

Con mi clienta Karen, la mujer que quería saber cómo comer mejor, pero que se negaba el derecho a tomarse treinta minutos para almorzar, me encontré en esa situación. Yo tenía clarísimo que lo que ella realmente quería era tener una buena relación con su cuerpo y una relación sana con la comida, pero había ingerido y asimilado todas las negativas de sus compañeras/os, en especial de su jefa que era extraordinariamente dominante.

Al principio de nuestra relación, sabía que iba a encontrarme con cierta resistencia, pero a medida que avanzaba nuestro trabajo y veía que Karen no estaba dispuesta a poner en práctica lo que yo le sugería, sinceramente, me planteé poner fin a nuestra relación. Es algo que hago muy pocas veces, pero he aprendido que si alguien no está realmente dispuesto a dar pasos reales y tangibles para expresar sus deseos, por más que yo le diga o haga no va a cambiar nada. Es decir, si mis clientes no se comprometen formalmente con ellas mismas a dar los pasos por difíciles que sean para romper con sus malos hábitos y crear otros nuevos, no hay mucho que yo pueda hacer por ellas.

Cuando llego a este punto con mis clientas, tengo la reputación de decir las cosas muy claras, aunque no gusten, sin críticas o reproches: simplemente les digo lo más claro posible que no veo que estén poniendo nada de su parte. Luego les digo que siempre estaré a su disposición y que si necesitan más tiempo para aclararse con sus metas, no pasa nada. Al dejarles espacio para que encuentren su camino, que tengan su propia conversación reveladora consigo mismas, en realidad, estoy haciendo mi trabajo. A día de hoy que estoy escribiendo esto puedo decir felizmente que todavía no he perdido a ninguna clienta.

Karen no quería contradecir la norma de no salir a comer de su jefa, pero quería que yo le contara las calorías por ella, o que le diera un régimen alimentario, o sea, que le diera una «solución» para lo que realmente tenía que hacer. Pero cuanto más intentaba eludir su responsabilidad para cumplir sus metas, más claro le decía yo las cosas, sabía que podría hacerlo, pero necesitaba llegar hasta el final y descubrir esa parte de ella misma que estaba convencida de que merecía la pena cuidarse.

Al deseo no le gusta cambiar de manos. Creo que ésa es la razón por la que fracasan muchas dietas. Se nos engaña a propósito para que acudamos a un «experto», a un «gurú» para que nos arregle. Pero buscar las respuestas fuera de nosotras no funciona cuando el deseo es real. Por el contrario hemos de dirigir nuestra esperanza hacia dentro y sentirnos realmente cómodas y seguras con nuestro propio saber hacer. Hemos de escuchar nuestros antojos y la sabiduría que hay detrás de la fachada de esa ansiedad. En nuestro interior está la motivación que nos impulsará a realizar nuestros deseos, y hemos de entender realmente que nadie más puede proporcionarnos esta motivación.

No estoy diciendo que otras personas no puedan aportarnos el apoyo emocional, económico, físico o social que necesitamos para presentarnos nuestra motivación de la forma más atractiva posible —para manifestar nuestros deseos en el mundo hace falta una audiencia receptiva y apreciativa— pero no podemos esperar que sea el público el que represente la función. Eso nos toca hacerlo a nosotras. Y para hacerlo bien hemos de dar rienda suelta a nuestra creatividad.

Esther Perel, la brillante psicóloga experta en amor, erotismo y relaciones, dice que una «crisis de deseo es muchas veces una crisis de imaginación». Ella considera que aunque nos hayamos comprometido (con una pareja, y extrapolando su idea, a comer alimentos sanos, dormir más, ser más compasivas con nosotras mismas respecto al trabajo), si no nos dejamos un espacio para explorar e indagar, nuestro deseo puede desvanecerse.

Esto nos lleva a algunas crudas verdades sobre el deseo. El deseo y el hábito parece que son incompatibles. Porque el hábito parece que carece de imaginación: nuestro cerebro va con el piloto automático cuando estamos haciendo algo por costumbre, así que no existe el elemento sorpresa, el elemento descubrimiento, y el deseo es ante todo la búsqueda constante de la novedad, incluso en alguien a quien conocemos de toda la vida, o al hacer algo tan mundano como comer. No obstante, yo veo cierta libertad en el ámbito de los hábitos útiles. Muchos artistas en vez de verse obligados a crear una obra de arte partiendo de cero, prefieren jugar con un diseño de concepto*.

Puesto que el deseo actúa más allá del hábito, también es una invitación al fracaso, que es lo que la mayoría intentamos evitar a toda costa. Yo considero que mi vida es una serie de fracasos con éxito. En el mundo real de los adultos, no siempre se cumplen nuestros deseos, pero eso no significa que tengan que desaparecer; cuando encontramos resistencia o llegamos a un punto muerto en la persecución de nuestros sueños y deseos, es el universo que nos está indicando que hemos de modificar nuestro rumbo. Las mujeres que entienden esto, aceptan que el fracaso y el rechazo son experiencias fundamentales para lograr su objetivo, afrontan las dificultades de la vida con una actitud aventurera que supera su temor al fracaso.

En otras palabras, cuando empezamos a entender que el fracaso sólo es un eslabón más en el proceso de definir y lograr nuestros deseos, estamos más cerca de realizar la acción correcta. Aceptar el fracaso como una posibilidad más, sin criticarnos durantemente por ello, crea expectación y entusiasmo. Una amiga mía que es escritora me dijo que cuando enviaba sus escritos a las editoriales para ver si se los publicaban se tomaba cada negativa como si fuera una rosa roja. «Cuando he conseguido un ramo gigante, como una o dos docenas, pienso que estoy cerca de conseguir el sí.» Mientras me decía esto, me la imaginé de pie, sonriendo, con un enorme ramo de aromáticas flores bajo su nariz. Sabía que ella era feliz en su intento de conseguir lo que más le importaba. Esto es el deseo.

---

* El diseñador de concepto, también llamado «futurista visual», proyecta productos para resolver un problema o una necesidad, aunque no son para una realización inmediata, incluso pueden pasar muchas décadas. (*N. de la T.*)

El deseo es un verbo: descubrir, declarar y hacer

El mayor reto para una mujer es sacar el deseo de su cabeza, dejar que vaya hasta su corazón y convertir ese profundo impulso en una acción significativa y con un propósito. Esto puede suponer un tremendo esfuerzo, porque hemos de ser conscientes, interiorizarnos para conectar con el deseo que tenemos dentro, y cuidarlo para que se convierta en acción. Ser conscientes requiere práctica y compromiso. Sin embargo, nadie puede ser siempre consciente. Si fuera así, esa persona sería un robot o un sabio que vive en la cima de una remota montaña alejada del mundo.

Para descubrir nuestros deseos hemos de cultivar la atención plena, un estado de conciencia de alerta. Esto lo practicamos eliminando los excesos de nuestra vida; tanto si se trata de pasar menos horas delante del ordenador, como de eliminar los alimentos procesados de nuestra dieta o de no tomarnos un segundo vaso de vino, simplificar favorece la atención plena.

Igual que sucede con mi propia práctica de meditación, sintonizar con nuestros pensamientos, reconocer nuestras autocríticas como las grabaciones que en realidad son, y dirigir nuestra atención hacia nuestros deseos es un proyecto para toda la vida. Siempre hemos de estar eliminando basura para poder ver la realidad con los ojos y la mente abiertos. Ésta es la única manera en que podremos romper los hábitos que ya no nos sirven. No basta con imaginarnos que vamos a mejorar nuestra relación con la comida, como no basta con imaginar una pareja adecuada. Hemos de salir al ruedo y probar muchas cosas, observar cómo nos sentimos con los experimentos y transmitir nuestros descubrimientos. Hemos de estar dispuestas a hacerlo todo con pasión e imperfección. Cumplir nuestros más profundos deseos puede llevarnos algún tiempo. No es algo que baste con pensarlo, es algo que has de hacerlo.

Y hemos de hacer todo esto con alegría. ¡Como si fuera un juego! Para mí conectar con el deseo es como asumir el proyecto artístico más grande de toda tu vida; es descubrir lo que realmente te hace vibrar y luego descubrir las formas más revitalizadoras y emocionantes de trasladar todos esos deseos a este mundo maravilloso, en plena luz del día.

Mi mayor deseo

Las mujeres no sólo son deseables, sino que están deseosas. Cuando aunamos el valor suficiente para expresar y aceptar nuestros antojos, sufrimos una sorprendente y espléndida evolución. Se trata de pelar la cebolla femenina que se encuentra en el fondo de nuestro corazón. Cuando viene una clienta por primera vez, su motivación puede ser adelgazar, pero al cabo de un tiempo, cuando ya está trabajando para conseguir ese deseo preliminar, puede que se dé cuenta de que lo que en realidad quiere es estar más relajada respecto a la comida, y que desea eso para sentirse mejor en su cuerpo. Y quiere sentirse mejor en su cuerpo, para estar más a gusto con otras personas. Y quiere estar más a gusto con otras personas, porque lo que desea es proximidad, conexión, intimar. Quiere una pareja, una familia, una comunidad, amor. Quiere amor y ser amada, para poder dar lo mejor de sí misma al mundo.

El deseo es el fuego que ilumina a las mujeres. Vivir con deseo significa vivir una vida llena de arte y sentimiento. Ha llegado el momento de reclamarla. Ha llegado la hora de adentrarnos en nuestro deseo con el corazón encendido y los ojos bien abiertos.

Ésta es mi invitación personal.

AGRADECIMIENTOS

En primer lugar, quiero dar las gracias a las grandes estrellas de este libro: mis increíbles clientas y lectoras, a las que he aconsejado a través de mi página web, en los cursos *online* Cravings Cleanse y en programas tutoriales. Vosotras sois las valientes que os habéis lanzado al vacío que existe entre el efecto de las dietas y lo que todas esperamos encontrar: una relación verdaderamente hermosa y saludable con nuestro cuerpo y la comida. Vuestra vulnerabilidad y dedicación a vosotras mismas y a vuestros deseos es un regalo: vosotras invocáis a mi sanadora interior, a mi fuente de creatividad e inspiración. Cuando os estoy sirviendo y ofreciendo un nuevo camino para que alcancéis los deseos que os motivan, me siento viva, llena de esperanza y enamorada del mundo.

A mis padres, Jim y Eileen Jamieson, os adoro y valoro más que lo que podáis llegar a imaginar. Sois el pilar de mi vida. Dos personas que no podíais haberme proporcionado mejor piedra angular sobre la que construir mi creativa y ambulante vida. Papá tú me enseñaste que el cuerpo y el alma humanos son capaces de hacer cosas increíbles. Tu dedicación a tu vocación de la educación, de guiar a los niños en su aprendizaje y su crecimiento, sigue inspirándome hoy en día. «Gracias», sé que puede parecer un poco soso, pero te lo digo desde lo más profundo de mi corazón.

Mis hermanas, primos y primas, tías y tíos, y abuelas son fuentes inagotables de amor desenfadado e inspiración. Son las personas más inteligentes, creativas y humanitarias que conozco, os quiero a todos y a todas y estoy deseando compartir este trabajo con vosotros.

Mi más profunda, amorosa y divertida gratitud a mis amigos, profesores y guías inspiracionales: Brennan Wood, Jessica Ortner, Erin Stutland, Rebekah Borucki, Melissa Kathryn Farley, Ella Nemcova, Jennifer Giannettoni, Jennifer y Mike Jones, Kayce Neill, Diane Sanfilippo, y mi hijo, Laken.

A mis amigas y amigos del grupo Mastermind para empresarias, a las que he entrevistado, hecho preguntas, lanzado ideas, con las que he pasado un sinfín de horas diseñando estrategias y soñando, compartiendo, riendo y albergando esperanzas: Summer Bock, Terri Cole, Kavita J. Patel, Kristen Domingue, Stella Orange, doctora Sara Gottfried, Renee Airya, Robyn Youkillis, Alison Leipzig, Heather Pierce Giannone, Danielle Diamond, Jessica Scheer, Christina Weber, Jeannine Yoder, Rachel Tenenbaum, Michelle Goldblum, Latham Thomas, Jadah Sellner, Clay Hebert, Julia Roy, Cynthia Morris, Christina Salerno, Liz Scully, Kristoffer Carter, Karen Gordon, Maryellen Charbonneau, Stephanie Fields, Celia Slater, Heidi Nicholl, Paul Elliott, Leanne Ely, Marc David, doctora Sara Gottfried, Robin Nielsen, Debi Silber, Cynthia Pasquella y a tu plancha mágica para rizar el pelo, doctor Alan Christianson, Pedram Shojai, A. J. Yager, doctora Anna Cabeca, Mira y doctor Jayson Calton, Pattie Ptak, Camper Bull, doctor Tom O'Bryan, Cora Poage, Lindsay Wilson, Sirena Bernal, Jennifer Blackstock, Cassie Price, Sara Davidson, Kristen Bates, Carolyn Messere, Kristina Shands, Lois Wong, Allison Rutberg, Laura Dinstell, Ginny Johnson, Sara Mazenko, Sora No, Jeannine Yoder, Emily Rosen, Danielle LaPorte, Kris Carr, Kate Northrup, Christina Rasmussen, y Michael Parrish Dudell.

A mis *coaches* inspiracionales, J. J. Virgin, Jonathan Fields, Monica Shah, Ariel y Shya Kane, y Nisha Moodley. Gracias por ver y mantener una visión más amplia de este libro y de mí, a medida que hemos ido creciendo y transformándonos, hasta convertirnos en esta fuerza de la naturaleza.

Agradecimientos

A mi increíble grupo de apoyo: todo mi amor y gratitud.

Gracias a Luska Joseph por ir a recoger a mi hijo al colegio, y a mis extraordinarios asistentes, Jan Udlock y Janice Formichella.

Este libro no hubiera sido posible sin el entrañable apoyo de mi agente, Wendy Sherman. Desde nuestra primera llamada telefónica después de que vieras mi entrevista con Jonathan Fields, hasta nuestro alegre baile en el ascensor y nuestra reunión en Simon & Schuster, ha sido todo un placer lleno de diversión. Gracias a Tricia Boczkowski, mi brillante y adorable editora de Gallery Books. Todas las reuniones estuvieron colmadas de sonrisas y estoy encantada de que fueras tú quien se encargara de este libro.

Mi más sincero agradecimiento a mi editora y coautora, Emily Heckman. Nuestros paseos por los cañones de Malibú fueron una gran inspiración. Este libro ha surgido de esta colaboración y no hubiera visto la luz sin ti.

Por último, quiero darle las gracias al compañero de mi vida, Bob, nunca hubiera tenido el valor de «salir del armario del veganismo» sin ti, no se habría desencadenado la tormenta que vino a continuación. Tu amor, tu dedicación, tus cuidados y tu inteligencia son una increíble fuente de paz e inspiración. Te amo, y me encanta el arte que tienes para dejarme espacio para descubrir y perseguir mis deseos.

ECOSISTEMA DIGITAL

NUESTRO PUNTO DE ENCUENTRO

www.edicionesurano.com

2 AMABOOK
Disfruta de tu rincón de lectura y accede a todas nuestras **novedades** en modo compra.
www.amabook.com

3 SUSCRIBOOKS
El límite lo pones tú, **lectura sin freno**, en modo suscripción.
www.suscribooks.com

DISFRUTA DE 1 MES DE LECTURA GRATIS

1 REDES SOCIALES:
Amplio abanico de redes para que **participes activamente**.

4 QUIERO LEER
Una App que te permitirá leer e **interactuar con otros lectores**.

iOS